科学家精神丛书

科学家精神
SPIRIT OF SCIENTISTS

协同篇

科学家精神丛书编写组 ◎ 编

科学技术文献出版社
SCIENTIFIC AND TECHNICAL DOCUMENTATION PRESS

·北京·

图书在版编目（CIP）数据

科学家精神.协同篇 / 科学家精神丛书编写组编. —北京：科学技术文献出版社，2020.12（2023.5重印）

（科学家精神丛书）

ISBN 978-7-5189-7571-6

Ⅰ.①科… Ⅱ.①科… Ⅲ.①科学家—列传—中国 Ⅳ.① K826.1

中国版本图书馆CIP数据核字（2020）第266172号

科学家精神·协同篇

策划编辑：丁坤善 李 蕊 责任编辑：王 培 责任校对：王瑞瑞 责任出版：张志平

出 版 者	科学技术文献出版社
地 址	北京市复兴路15号　邮编　100038
编 务 部	（010）58882938，58882087（传真）
发 行 部	（010）58882868，58882870（传真）
邮 购 部	（010）58882873
官方网址	www.stdp.com.cn
发 行 者	科学技术文献出版社发行　全国各地新华书店经销
印 刷 者	北京时尚印佳彩色印刷有限公司
版 次	2020年12月第1版　2023年5月第2次印刷
开 本	710×1000　1/16
字 数	215千
印 张	17.75
书 号	ISBN 978-7-5189-7571-6
定 价	86.00元

版权所有　违法必究

购买本社图书，凡字迹不清、缺页、倒页、脱页者，本社发行部负责调换

编审委员会名单

主　任：王志刚
副主任：李　萌
委　员：戴国庆　李桂华　苗　鸿　高　翔
　　　　　戴国强　赵志耘　李　普　许志龙

我国科学家是充满理想和献身精神、具有优良传统的群体。长期以来，一代又一代科学家怀着深厚的爱国主义情怀，以忠诚和担当、智慧和才能、奉献和牺牲，为祖国和人民作出了彪炳史册的重大贡献，铸就了"两弹一星""载人航天"等光照千秋的精神丰碑，展现了高尚人格风范和优良作风学风。

进入新时代，世界正经历百年未有之大变局，我国正处于实现中华民族伟大复兴的关键时期，以习近平同志为核心的党中央审时度势、高瞻远瞩，提出创新是引领发展的第一动力，把科技创新放在国家发展的核心位置，开启了建设世界科技强国的伟大征程。伟大的事业需要伟大的精神。面对新形势、新挑战，党中央、国务院及时决策部署，中办国办印发《关于进一步弘扬科学家精神加强作风和学风建设的意见》，在继承发扬我国科技界优秀传统和进一步凝练升华宝贵精神基础上，以爱国、创新、求实、奉献、协同、育人为核心，系统概括阐释新时代科学家精神，全面提出加强作风和学风建设的工作部署，对筑牢科技界共同的价值观念和思想基础，激励和引导广大科技工作者接力精神火炬，奋进新的长征具有重要意义。

科学家精神 协同篇

弘扬科学家精神，要坚持党的领导。 要深入学习贯彻习近平新时代中国特色社会主义思想，特别是关于科技创新的重要论述、关于学风建设的重要批示指示，引导广大科技工作者提高政治站位，牢固树立"四个意识"，坚定"四个自信"，做到"两个维护"，把党的领导贯穿到科技工作全过程，确保沿着正确方向砥砺前行。

弘扬科学家精神，要深刻理解和准确把握其内涵实质。 新时代科学家精神内涵丰富，汲取了世界科技文明的精髓，吸收了中华优秀传统文化的精华和社会主义核心价值观的要义，把胸怀祖国、服务人民的爱国精神，勇攀高峰、敢为人先的创新精神，追求真理、严谨治学的求实精神，淡泊名利、潜心研究的奉献精神，集智攻关、团结协作的协同精神，甘为人梯、奖掖后学的育人精神融为一体，既传承精神血脉，又蕴涵时代特点，构成了中国科学家独特的精神内核。发之于中，必行于外。科学家精神是我国科学家创新进取的内在动力，优良的科研作风学风是率先垂范的外在表现。要把弘扬科学家精神与作风学风建设有机结合起来，统筹推进。

弘扬科学家精神，要突出价值引领。 要大力宣传科学家榜样典范，把握主基调，唱响主旋律，倡导科技报国，倡导严谨求实，倡导潜心钻研，倡导理性质疑，倡导学术民主，发挥示范带动作用，激励和引导广大科研人员争做"重大科研成果的创造者、建设科技强国的奉献者、崇高思想品格的践行者、良好社会风尚的引领者"，引领全社会尊重科学、投身科学，凝聚起建设世界科技强国的强大动力。

弘扬科学家精神，要坚持久久为功。 要进一步深化科技体制机制改革，突破不符合科技创新规律和人才成长规律的制度藩篱，正确发挥评价引导作用，为科技工作者潜心科研、拼搏创新提供良好政策保障。要坚守诚信底线，严守科研伦理规范，反对浮夸浮躁、投机取巧和"圈子"文化，营造风清气正的科研环境。要加大科学家精神宣传力度，创新宣传方式，讲好科技工作者科学报国故事，让科学家成为年青一代的偶像，在全社会形成热爱科学、尊崇创新的氛围。

为大力弘扬科学家精神，推动科技界树立优良作风学风，做好《关于进一步弘扬科学家精神加强作风和学风建设的意见》的贯彻落实工作，科技部组织编辑出版了《科学家精神》丛书，从爱国、创新、求实、奉献、协同、育人等方面，讲述新中国成立70年来为国家富强、民族振兴、人民幸福作出突出贡献的优秀科学家先进事迹，生动展示他们科学报国、甘于奉献、勇于创新的崇高精神和优良作风学风。希望这套丛书能够帮助广大科技工作者、社会公众、青少年进一步理解新时代科学家精神深刻内涵，激励大家以这些科学家为楷模，为建设世界科技强国、实现中华民族伟大复兴作出更大贡献。

科技部党组书记、部长

2020年4月

前 言
FOREWORD

创新是引领发展的第一动力，人才是我国经济社会发展的第一资源。党的十八大以来，以习近平同志为核心的党中央高度重视科技事业，对广大科学家群体寄予深切厚望。2019年6月，中共中央办公厅、国务院办公厅印发《关于进一步弘扬科学家精神加强作风和学风建设的意见》，明确提出"以塑形铸魂科学家精神为抓手，切实加强作风和学风建设，积极营造良好科研生态和舆论氛围"。2020年9月11日，习近平总书记在科学家座谈会上特别强调要大力弘扬科学家精神，为我们弘扬科学家精神树立优良学风作风提供了根本遵循。党的十九届五中全会提出，坚持创新在我国现代化建设全局中的核心地位，把科技自立自强作为国家发展的战略支撑，明确提出要弘扬科学精神，营造崇尚创新的社会氛围。

为贯彻习近平总书记重要指示精神和党中央国务院决策部署，科技部决定组织编辑出版宣传新时代科学家精神、倡导优良作风学风的《科学家精神》丛书。丛书结合当前科研作风学风建设实际，面向广大科技工作者、社会公众、青少年等读者对象，在《人民日报》《光明日报》《科技日报》等权威媒体科学家事迹相关宣传报道的基础上，以新中国成立70年来不同时期受到表彰宣传的科学家为主，通过一系列科学家的故事，力求深刻诠释、生动展示科学家精神的实质和内涵，以期在全社会深入弘扬新时代科学家精神，持续加强科研作风和学风建设，助力创新驱动发展战

科学家精神 协同篇
SPIRIT OF SCIENTISTS

略深入实施，为加快推进世界科技强国建设提供支撑。

新时代科学家精神是胸怀祖国、服务人民的爱国精神，是勇攀高峰、敢为人先的创新精神，是追求真理、严谨治学的求实精神，是淡泊名利、潜心研究的奉献精神，是集智攻关、团结协作的协同精神，是甘为人梯、奖掖后学的育人精神。这些精神特质，既有在科学技术发展过程中积淀的品格、方法和规训，又强调社会责任、价值观念等伦理维度，是仰望星空对真理的追求和脚踏实地创新探索的统一。

本丛书以此为依据，分为爱国篇、创新篇、求实篇、奉献篇、协同篇、育人篇共 6 册。每册围绕主题，以科学家出生年月、重大科技工程立项或实施时间为序，精选若干科学家和科学家群体的相应事迹。同时，每篇文章还设有科学家、科学家团队或重大科技工程简介，以便读者更好地了解科学家在相关领域取得的成就。《科学家精神·爱国篇》《科学家精神·创新篇》已分别于 2020 年 5 月和 9 月出版。

在《科学家精神·协同篇》的编写过程中，我们围绕"大力弘扬集智攻关、团结协作的协同精神"这一主题，在中国科技史学会、"老科学家学术成长资料采集工程"项目办公室及科学家团队、重大科技工程相关单位等帮助下，突出科学家们在协同创新过程中专业深度的挖掘，努力增强科学性，记述了 27 个科学家团队和重大科技工程在实施过程中，面向世界科技前沿、面向经济主战场、面向国家重大需求、面向人民生命健康，协同攻关、勇攀科技高峰的创新故事。其中，既有新中国成立初期取得"两弹一星"等重大突破，极大提升我国国防实力和战略威慑力的事迹；也有新时期不断探索浩瀚太空，取得的载人航天、月球探测等辉煌成就；还有粤港澳三方通力合作，在伶仃洋上绘制港珠澳大桥"珠联璧合"美景的故事。本册力图通过展现我国科学家群体以爱国和奉献为底色，自力更生、自主创新、戮力同心、协同攻关、勇攀高峰的优秀品质，激励广大科技工作者强化跨界融合思维，倡导团队精神，建立协同攻关、跨界协作机制；同时，坚持全球视野，加强国际合作，秉持互利共赢理念，为推动科技进步、构建人类命运共同体贡献中国智慧。

科技部领导高度重视丛书编辑出版工作，王志刚部长亲自为丛书作序，并和李萌副部长指导确定编写原则和编辑出版方案。科技部科技监督与诚信建设司会同办公厅、中国科学技术信息研究所、科技日报社、科学技术文献出版社等单位具体组织了丛书编辑出版工作，资源配置与管理司给予了大力支持。戴国庆、冯楚建、吕静、陈如标、汤孝军、刘琦岩等同志带领团队研究确定丛书定位、框架提纲、实施进度等整体方案，对丛书内容进行审核把关。赵为、冷文生、王中阳、王小龙等同志做了大量协调工作。科学技术文献出版社胡红亮、丁坤善、李蕊、丁芳宇、郝迎聪、崔静、刘伶、崔灵菲、赵斌、张闫、刘英、张红等同志组成工作专班，收集筛选大量资料，围绕本册主题遴选具有代表性的科学家事迹，整理改编相关内容，组织专家团队开展编写工作。特别是部分科学家所在单位和重大科技工程的组织、实施、管理单位对本书编写给予了大力支持。书稿形成后，我们邀请相关领域专家进行了审稿。

因时间紧迫、能力和水平有限，书中错误和不足在所难免，敬请批评指正。

编写组

2020 年 12 月

目 录
CONTENTS

1　　举国之力　东方巨响
　　　　——"两弹一星"工程

12　攀登科学高峰　探索生命奥秘
　　　　——人工合成牛胰岛素

23　筚路蓝缕　探索世界屋脊
　　　　——青藏科考

33　协同攻关　成就国之重器
　　　　——中国环流器装置

44　"白色荒漠"筑中国"长城"
　　　　——南极科考

54　千家协同建重器　电子对撞开新花
　　　　——北京正负电子对撞机

69　积力之所举则无不胜　众智之所为则无不成
　　　　——中科院北斗导航卫星研制团队

79　凝心聚力筑天宫
　　　　——中国载人航天工程建设团队

90　科技支撑　高峡出平湖
　　　　——三峡工程

科学家精神 协同篇
SPIRIT OF SCIENTISTS

100　面向国家重大需求　走集体创新之路
　　　　——辐射成像创新团队

106　矢志攻坚　稳步挺进万米深海
　　　　——载人深潜研发团队

116　"三线"调水　建重大战略基础设施
　　　　——南水北调工程

127　协同谱写天路之歌
　　　　——青藏铁路工程

138　攻坚核聚变研究　探索未来能源
　　　　——超导托卡马克创新团队

149　集智攻关奏响探月三部曲
　　　　——中国月球探测工程

157　三代核电扬帆起　乘风破浪同舟济
　　　　——"国和一号"研发团队

166　同力协契　缔造"中国速度"
　　　　——中国高速铁路

176　团结创新　铸就"电力天路"
　　　　——特高压高端换流变攻坚团队

183　中国超算的超越之路
　　　　——"天河一号"超级计算机

191　照亮微观世界的"神奇之光"
　　　　——上海光源

200　伶仃洋上珠联璧合
　　　　——港珠澳大桥

213　铸就"华龙一号"　打造国家名片
　　　　——"华龙一号"

223 "深海利器"助力大洋探秘

　　　——"向阳红01号"科考船

231 大力协同　探索宇宙星辰

　　　——中国天眼（FAST）

239 携手奋进　打造"地下航母"

　　　——隧道掘进机

248 打造量子通信中国"标杆"

　　　——"墨子号"量子科学实验卫星

258 协同创新　保障国家能源安全

　　　——天然气水合物国家重点实验室

举国之力　东方巨响
——"两弹一星"工程

1964年10月16日，在祖国的上空，一声春雷般的巨响向世界庄严宣告：中国第一颗原子弹爆炸成功！从此，中国人民终于独立自主掌握了核技术。接着，1966年10月27日，我国第一颗装有核弹头的地地导弹飞行爆炸成功。1967年6月17日，我国第一颗氢弹空爆试验成功。1970年4月24日，在浩瀚的宇宙，一曲嘹亮的《东方红》乐曲又向世界庄严宣告：中国第一颗人造地球卫星发射成功！我国科技工作者自力更生、奋发图强，仅用了10年左右的时间就创造了核弹爆炸、导弹飞行和卫星上天的伟大奇迹。这是党中央英明决策和统一领导的结果，也是我国广大科技工作者集智攻关、团结协作的结果。正如江泽民所说："在研制'两弹一星'的伟大历程中，全国各地区、各部门，成千上万的科学技术人员、工程技术人员、后勤保障人员，团结协作，群策群力，汇成了向现代科技高峰前进的浩浩荡荡的队伍。广大研制工作者求真务实，大胆创新，突破了一系列关键技术，使我国科研能力实现了质的飞跃。他们用自己的业绩，为中华民族几千年的文明创造史书写了新的光彩夺目的篇章。"

中央果断决策，稳步统筹推进

钱学森说过，"两弹一星"研制"是一件千头万绪的工作，需要组织成千上万人参加。那时参加这项工作的人，都是在极其困难的条件下，艰苦奋斗，夜以继日，甚至不惜牺牲地干。这样一支庞大的队伍，完成这么艰巨的任务，首先是因为有一个非常有力而且很有效的领导，这就是中国共产党的领导。"

20世纪50年代，襁褓中的新中国一穷二白、百废待兴，面对帝国主义的武力威胁和核讹诈，为了保卫国家安全、维护世界和平，在十分艰

难困苦的条件下，党中央果断地做出了研制"两弹一星"的英明决策。"两弹一星"是现代科技成果的融合和结晶，它的研制是一项规模庞大、技术复杂、综合性强的系统工程，广泛涉及研究、生产、试验、使用各个部门。"两弹一星"研制所采用的新技术、新材料、新工艺、新方案，更是外国人想都不敢想的大胆创新。"两弹一星"研制工作面临重重难关，仅使用的新型材料就不下 5000 种。这么多的原材料研制，没有集智攻关、团结协作的协同精神，简直是难以想象的。何况除了新型材料，还有电子元件、精密机械、仪器仪表、特殊设备、测试技术、计量基准等方面的工作。聂荣臻元帅把这些称之为国防尖端事业的"开门七件事"。这"开门七件事"，成为当时我国科技战线家喻户晓的动员令，动员全国数以百计的科研机构、高等院校、工厂进行协同攻关。

为了研制"两弹一星"，加速国防工业发展，全国上下一条心，集智攻关、团结协作，首先必须坚持党的统一领导，充分发挥我国社会主义制度的政治优势。毛泽东曾多次亲自主持有关会议，作出了一系列重要指示。在"两弹一星"研制的关键时刻，1962 年 11 月 17 日，党中央做出关于加强对原子能工业领导的决定，正式宣布组成"中共中央十五人专门委员会"（简称"中央专委"），周恩来总理亲任主任委员。作为我国"两弹一星"事业行政权力最高的机构，中央专委卓有成效地领导组织了全国大协作，极大促进了核武器研制和试验的成功。"两弹一星"元勋王淦昌说："60 年代中期，是我国核科学技术取得重要成果的高峰期。在中央专委的统一领导下，全国大力协同，集中了人力、物力，组织了许多优秀的核科技工作者团结一致，扎扎实实，艰苦努力，深入研究，攻克了许多技术难关，取得了举世瞩目的成就。"

中央专委从成立到第一颗原子弹爆炸前的近 2 年内，就召开了 9 次会议，先后研究解决了 100 多个重大问题。每次会议都围绕着核武器研制工作，集中议定了配套产品及相应的科研、建设和生产项目。从在城市里多

科学家精神 协同篇

方面、多途径、多布点的研究和中间试制，一直到山沟里建设制造工厂等方面，都作了积极有效的协同安排。所谓"多方面"，就是安排由各部门的研究院所、工厂、矿山承担上千个研制课题和生产任务，中央专委办公室并为此召开多次协作攻关会议，其中，有4次是几百个单位参加的1200人左右的"大力协作"会；所谓"多途径"，就是对某些重要课题，组织若干单位按不同的科学技术方法，分头攻关，形成一种绝对优势的"兵力"，以各种不同的方法，打好对该课题的歼灭战；所谓"多布点"，就是对于耗费不太大的课题，适当地部署两三个单位进行多点围攻。由于单位间自然形成的竞争氛围，促使各单位兢兢业业、千方百计以最少的投入，多快好省地完成任务。

在"两弹一星"研制中，中央专委创造性地把毛泽东"集中优势兵力打歼灭战"的军事思想，成功地运用到"两弹一星"的科研组织。1960年年初，中央军委扩大会议进一步明确了发展国防尖端技术的方针是"两弹为主，导弹第一"，提出了"突出重点，集中力量，形成拳头，大力攻关"，"组织全国大协作"，采取组建国防科技"主力兵团"等一系列切实可行的措施，最大限度地调动和发挥我国有限的人力、物力和财力，充分发挥社会主义制度"集中力量办大事"的优越性，使我国在整体科技水平上的劣势，变为在一些尖端技术上、在一些重点科研课题上的综合优势，并以此带动其他科研项目的进展。

在"两弹一星"研制中，作为国家战略性科技力量的大本营——中国科学院一马当先。为了落实"两弹一星"的研制任务，中国科学院把管理机构分为两个口：一个是计划局，主管不承担国防任务的单位；一个是新技术局，主管承担国防任务的单位。参加"两弹一星"的研制工作者占了全院科研人员的2/3。新技术局除了项目所需的经费、器材优先得到保证外，还有很多非标准设备可以安排到各产业部门协同加工制造。如一些大型的仪器设备是由机械部制造的；一些特殊的材料（包括金属的和非金属的）

举国之力　东方巨响

是由冶金部、化工部和纺织部提供的；一些重要的电子仪器和元器件是由电子部、邮电部完成的。当然，像国家计委、国家经委和财政部等国家综合部门，也是将"两弹一星"列为重中之重，全力给予保障。

按照毛泽东"要大力协同"的指示，中央专委将中国科学院、国防科研机构、工业部门、高等院校和地方科研力量等"五路方面军"的科技力量协同起来，集智攻克"两弹一星"研制中的各种难关。在党的统一领导下，全国"一盘棋"，拧成"一股绳"，大力协同，集智攻关。为了解决研制"两弹一星"所急需的原材料和有关仪器设备，各有关部门和省、区、市组织了1000多个单位、40多万人承担配合任务。在研制原子弹的过程中，参加的人数包括效应试验的部队和职工超过百万，比1949年4月百万雄师渡长江还要多！当时在国防科技人员中流行着这样一句口头禅："我们合写一篇大文章。"可以说，我们党把全国的力量都动员起来、协同起来了。正如钱学森说："比如当时我国的通信手段非常落后，一搞大型试验，就要占用全国一半以上的通信线路，邮电部只好关闭大部分通信用户，把线路调归试验使用。为了保证试验任务的组织指挥畅通无阻，不出任何差错，甚至把全国的民兵都调动起来守卫电线杆，一个民兵看护两个电线杆，确保万无一失。没有党的统一领导，这种事情谁能办得成？"

汇聚各路精英，全国协力攻关

"两弹一星"元勋周光召曾说："'两弹一星'的研制成功是全国大协作的成果。我们知道，要奋斗就会有牺牲。在战争年代如此，在经济建设的发展过程中也需要有人挺身而出，牺牲个人的利益，为民族大业默默奉献。当时研制'两弹一星'，必须将全国各个领域的优秀科学家集中起来。对这些单位来说科研要受到影响，会造成一定损失，因为当时各单位人才都是稀缺的；对个人来说，也会影响到自己的科研进度，影响到出成果，因为当时这些优秀的科学家都在进行自己的实验，有的人可能还会有重大的突破。但是他们都义无反顾地去了科研基地，而将单位的或自己的科研课题停了下来。不仅中国科学院的许多研究所参加了'两弹一星'的研制，全国的许多大学和科研单位也都参加了这项工作。""两弹一星"研制是一项系统性的大科学工程，需要各领域的科技人员通力协作，根据自身条件，发挥各自优势，为"两弹一星"研制解决关键性的技术难题。

就拿中国科学院来说，1961年5月成立了两个协作小组，用以保证充分发挥全院的科研力量协助两弹研制工作。1961年7月，协作小组先后到沈阳、长春、哈尔滨等地的中国科学院所属研究所，同各所领导与科技人员一起，分别安排了金属铀冶炼、核燃料化学和反应堆结构力学等方面的科研任务。当年9月，协作小组又先后到长沙、上海、西安等地的中国科学院所属研究所，双方经过深入细致的研讨，安排铀矿地质、开采选冶、铀同位素分离、核燃料前处理和后处理工艺、高效能炸药等一系列在核燃料工业和核武器研制中具有关键作用的重大课题。

原子弹和导弹的研制都离不开计算机，为了集中力量早日研制出高性能计算机，1957年1月，中国科学院、中国人民解放军总参谋部和第二工业机械部（简称"二机部"）联合签订了合作发展中国计算技术的协议书。协议规定：先从国防部门和二机部抽调有关技术专家，集结到中国科学院筹建计算技术研究所，争取早日制造出中国第一台快速通用电子计算机。由于各方面科研力量大力协同，1958年建军节这一天，第一台计算机研制成功了，虽然这台计算机是电子管的，是最低级最原始的那一种，1秒钟才运算几十次，但毕竟"中国有了计算机了！"然后，有关研究人员再回原单位，成为本单位研制计算机的骨干力量。

1959年国庆节这一天，我国第一台大型快速数字电子计算机104机宣告试制成功。104机的完成来自两股科研力量的协同：一股是集中于中国科学院计算技术研究所的科技设计调试力量；另一股是以四机部738厂和中国科学院计算技术研究所工厂为主的生产加工力量。这两大力量的汇合，使科研与生产紧密配合起来。由于各部门、各单位的科技力量协同，104机从开始筹备到调试成功、投入试用，仅用了1年半。这台计算机虽然也是电子管的，但运算速度大大提高了，每秒可达数十万次。当时我国许多重大科研项目纷纷上机运算，它也为我国第一颗原子弹和第一颗氢弹的理论设计研究作出了不可磨灭的贡献。

就在中国着手原子弹和导弹研制之时，1957年，苏联发射了第一颗人造卫星，举世震惊。党中央对此高度重视，指示中国科学院密切关注有关动态。中国科学院随即将研制人造卫星列为1958年的重要任务。为了加快人造卫星的研制进程，1968年，中央决定成立中国空间技术研究院，孙家栋临危受命，负责卫星的总体设计。他深知发射卫星是一个庞大而复杂的系统工程，如何尽快组建卫星总体设计部？如何按工程研制

科学家精神 协同篇

规律一步步走下去？各系统怎样连接起来？连接起来后又怎样做试验？接踵而来的难题摆在孙家栋面前，他感到自己肩负的担子沉甸甸的。经过反复思考，他决定从组建队伍抓起。为了挑选精兵强将，他足足花了2个多月，跑了几十个有关单位，最后通过详细考察研究人员的真才实学，从方方面面挑选出了18个人，他们来自不同专业，各有所长，其中有搞基础理论的，有搞技术工程的，有搞技术管理的，也有搞技术档案的。总之，18位勇士，带来了"十八般武艺"，他们团结协作，发挥了1+1>2的协同效应。钱学森鼓励他们说："希望你们18个人能成为'航天十八勇士'，为中国的卫星闯出一条天路来！"就是这18位足智饱学、能征善战的勇士，改变了卫星研制中兵多将寡、肉丰骨少的弱势，并在其后的研制工作中八仙过海，各显神通。

孙家栋带领着"航天十八勇士"重新审定了卫星的研制程序，严格规定了各个研制阶段的任务、技术指标、技术状态和试验要求，特别加强了地面环境试验。在设计、试制、试验工作中，不同学科之间集智攻关、团结协作，攻克了一个又一个技术难点。1970年4月24日，中国第一颗人造卫星终于发射成功，从此拉开中国人探索宇宙奥秘、和平利用太空、造福人类的序幕。孙家栋后来感慨地说："形成一个队伍是非常难办的一件事情。两个单位，要真正把它们混合起来，这里头的人事关系等都是复杂的。""航天十八勇士"的团结协作，使卫星总体设计部如虎添翼。在完成第一颗卫星的研制任务后，孙家栋和"航天十八勇士"再接再厉，既创业又授业，不仅研制出了科学试验卫星、返回式卫星、通信卫星等一系列卫星，还培养了一代又一代研制卫星的专门人才，为我国卫星、探测器、载人飞船的发展奠定了基础。

"两弹一星"是通过群策群力，依靠协同精神来完成的重大国家任务。科学家团结协作，科研力量大力协同，充分发挥社会主义大协作的优势，是"两弹一星"各项科研任务胜利完成的重要保障。例如，在原子弹的研制和试验中，兰州化学物理所配合核武器研究所与兵器工业部的一个研究所协同为原子弹研制出高效能炸药和高电压雷管；中国科学院的数学所和计算所合作进行了数学与计算方法的研究；北京和上海的计算机所为核武器研制提供了当时国内性能最好的电子计算机；航空部的一个工厂为第一颗原子弹装置加工了合格的部件；中国科学院物理所提供的测量参数为第一颗原子弹装置的理论设计作出了贡献；西安和长春的光机所改装、研制的高速摄影机及跟踪电影经纬仪，在首次核试验火球摄影和测定中发挥了作用；气象局和大气物理所作出了准确的气象预报，为首次核试验提供了气象保证。此外，西北核技术所为首次核试验进行了大量测试技术研究和现场实测工作；国防科委的试验基地为首次核试验做了大量艰苦细致的组织工作，保证了试验的顺利进行；等等。没有团结协作，就没有一切。正如"两弹一星"元勋陈芳允结合自己从事人造卫星研制的亲身经历所说："对于一项大的系统工程，从科研到开发到实用，我觉得没有比大力协同来做更重要的了。放卫星的工作，包括卫星本体、发射卫星和对卫星的测控3个方面，每一个方面都需要多个学科和多种技术的协同工作才能做成。就拿测控来说，我在前面提到的主要是关于测控设备和建立观测站等问题（因为自己的工作在这一方面），但是还有重要的方面是如何计算卫星的轨道，如何控制卫星的运动等工作，如果没有天文和计算数学的人参加，则有了设备也没有用。进一步的创新工作更需要多个学科，从基础到技术的人都参加。"

"两弹一星"的伟大实践证明，具有战略意义的国家重大经济、科技建设项目，必须加强党的统一领导，必须发扬科学家集智攻关、团结协作的协同精神。曾参与领导核武器研制的李觉将军说："我们的原子弹能够制造出来，绝不只是一群特殊的人干了一件特殊的事，也绝不仅是受到表彰的那一部分人搞出来的。做一次核试验，牵涉的人成千上万，没有正确的决策干不成，没有爱国热情也干不成，没有大力协同，更干不成。"张爱萍将军认为:"在统一领导、统一规划下,统一组织全国国防科技、工业和全国有关科研和工业部门的力量,互相协作,联合攻关,是自力更生发展国防科技的必由之路,是现代化、社会化、大科研、大生产的客观要求,也是社会主义优越性的具体体现。我们历来就是靠这个顾全大局、大力协同的好传统。过去是、现在是,将来仍然是要靠统一领导、统一组织下的大力协同才能取得重大成就。"

当年,"两弹一星"能够获得成功,是因为在党的统一领导下,把有限的人力、物力和财力集中使在刀刃上;是因为各领域的科学家发扬集智攻关、团结协作的协同精神。今天,我们建设世界科技强国,依然要坚持党的统一领导,发挥社会主义制度的优越性;依然要发扬科学家的协同精神,通过调动方方面面的积极性、主动性和创造性,形成统一的决心、统一的意志、统一的目标、统一的行动。正如习近平总书记指出的:"我们最大的优势是我国社会主义制度能够集中力量办大事。这是我们成就事业的重要法宝。过去我们取得重大科技突破依靠这一法宝,今天我们推进科技创新跨越也要依靠这一法宝,形成社会主义市场经济条件下集中力量办大事的新机制。"

(撰稿:复旦大学 刘学礼)

参考文献

[1] 聂荣臻. 聂荣臻回忆录 [M]. 北京:解放军出版社,1984.

[2] 刘柏罗. 从手榴弹到原子弹:从延安精神到"两弹一星"精神 [M]. 北京:国防工业出版社,2013.

[3] 科学时报社. 请历史记住他们:中国科学家与"两弹一星" [M]. 广州:暨南大学出版社,1999.

[4] 宋健. "两弹一星"元勋传 [M]. 北京:清华大学出版社,2001.

[5] 刘学礼. 两弹一星精神 [M]. 北京:中共党史出版社,2020.

举国之力　东方巨响

"两弹一星",指原子弹和氢弹、导弹、人造卫星。20世纪五六十年代是极不寻常的时期,当时面对严峻的国际形势,为抵制帝国主义的武力威胁,以毛泽东同志为核心的第一代党中央领导集体根据当时的国际形势,为了保卫国家安全、维护世界和平,高瞻远瞩,果断地作出了独立自主研制"两弹一星"的战略决策。大批优秀的科技工作者,包括许多在国外已经有杰出成就的科学家,以身许国,怀着对新中国的满腔热爱,响应党和国家的召唤,义无反顾地投身到这一神圣而伟大的事业中来。他们和参与"两弹一星"研制工作的广大干部、工人、解放军指战员一起,在当时国家经济、技术基础薄弱和工作条件十分艰苦的情况下,自力更生,发愤图强,完全依靠自己的力量,用较少的投入和较短的时间,突破了原子弹和氢弹、导弹、人造卫星等尖端技术,取得了举世瞩目的辉煌成就。

1960年11月5日,中国仿制的第一枚近程导弹发射成功。1964年10月16日15时,我国第一颗原子弹爆炸成功,使中国成为第5个拥有原子弹的国家。1967年6月17日上午8时,我国第一颗氢弹空爆试验成功。1970年4月24日21时,我国第一颗人造卫星发射成功,使中国成为第5个发射人造卫星的国家。"两弹一星"是20世纪下半叶中华民族创建的辉煌伟业。

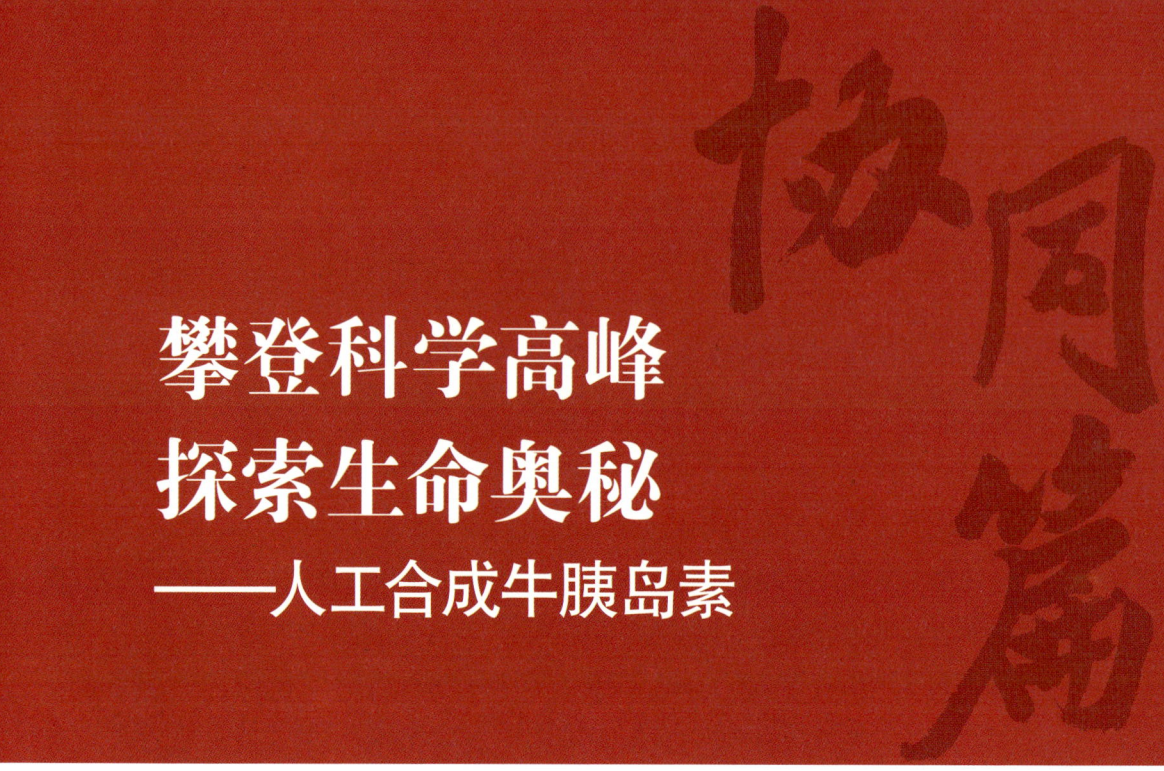

攀登科学高峰 探索生命奥秘
——人工合成牛胰岛素

人工合成动机

在人体的生命活动中有 4 种重要的分子：糖类、脂类、蛋白质和核酸，其中蛋白质有着自己独特的结构和功能，它是组成人体细胞和组织的重要成分。毫不夸张地说，蛋白质是生命的物质基础。如果能够实现蛋白质的人工合成，这将是中国科学界的一项壮举。

合成具有生物活性蛋白质的难度在当时是显而易见的。1958 年，人工合成的最长肽段就是促肾上腺皮质激素的一个片段。因此，有很多国际上的学术权威认为，人工合成胰岛素在短时间内是不可能完成的事情。1955 年，当桑格第一次阐明胰岛素化学结构的时候，英国《自然》杂志甚至预言："合成胰岛素将是遥远的事情。"

1958 年 8 月，中国科学院上海生物化学研究所（简称"生化所"）的科研人员在集体讨论中提出要进行人工合成蛋白质的想法，这一想法很快得到了当时与会者的一致赞成。当时正值新中国成立初期,百废待兴,科研工作者希望自己的工作能够为祖国作出贡献。当时生化所的科研人员在讨论时提出了3个方面的研究课题,一是关于肿瘤研究的;二是关于放射生物学方面的;三是基本理论研究课题。对于第3个方面的问题,有人主张做结构,有人主张做蛋白质的合成,最终蛋白质的合成这一课题得到与会人员广泛支持,被确定了下来。1959年,这一项目也获得了国家重大科学技术项目立项。

确定合成方案

在确定了研究的课题内容之后,生化所就开始进行相关的筹备。1958年秋,生化所召开学术会议,当时北京大学、复旦大学、上海有机化学研究所(简称"有机所")等单位的工作人员都参加了此次会议。生化所的曹天钦做了合成胰岛素的选题报告。20世纪50年代末,中国只有合成8肽的基础,国际上也只能合成13肽。而胰岛素共有两条链,一条是21肽,还有一条是30肽,总共是51肽。这在当时看来,技术难度很大。因此,当时中国各个科研院所和大学必须通力合作才有可能实现这一实验上的重大突破。

会后,生化所便开始了人工合成胰岛素的摸索与实践。生化所由曹天钦、王芷涯、张友尚、陈常庆、杜雨苍组成领导小组进行统一指挥,兵分五路:第一路是有机合成,由钮经义负责;第二路是天然胰岛素的拆合,由邹承鲁负责;第三路是建立肽库和分离分析技术,由曹天钦负责;第四路和第五路是做酶的激活与转肽的工作,由沈昭文负责。按照这个思路进行前期的研究。

人工全合成结晶牛胰岛素的关键学术问题之一,是3对二硫键能否正确的连接、正确连接之后能否形成具有活性的蛋白质构型。当时国际上天

科学家精神 协同篇
SPIRIT OF SCIENTISTS

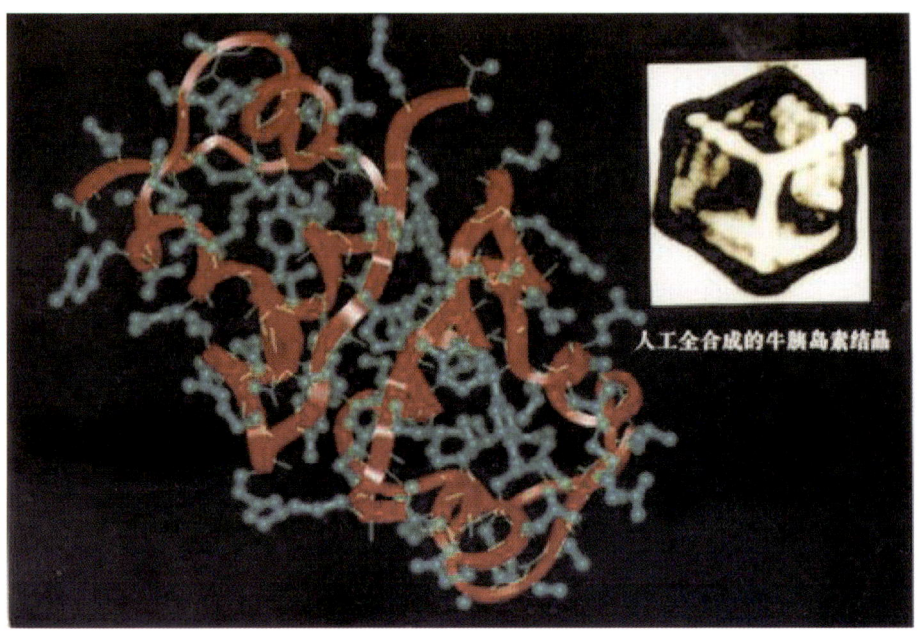

人工全合成的牛胰岛素结晶

然胰岛素拆合中几乎观察不到重组合胰岛素的活性，所以国外文献中对二硫键的正确连接率很悲观。但是当时生化所的研究人员坚信：明知山有虎，偏向虎山行！在有难度的问题上啃骨头、做攻关，才能体现出我们的科研实力，这对于当时百废待兴的科研工作和以后的学术研究也是极大的鼓舞！

1959年，在沈昭文的领导下，首先完成构建氨基酸的生产工艺，实现胰岛素B链中的几个小片段的人工合成。在链的拆分和合成研究上，邹承鲁和杜雨苍开始摒弃之前强氧化剂快速氧化的方法，希望利用温和的实验方式来提高重组合胰岛素的活性。1959年国庆前夕，邹承鲁等人已经找寻出一种不同于以往的新的合成方法：在不使用氧化剂的同时，利用强碱性水溶液在低温下由空气缓慢反应得到重组产物。杜雨苍、张友尚等人又发现了这样一个重要的事实，那就是天然的胰岛素A、B链经过磺酸化后，可以分离纯化得到稳定的产物，而且易于进行重组，并得到5%～10%的胰岛素活性产物。由于实验保密的需要，这一重要的研究成果并没有抢先公布。一年后，两名加拿大科学家迪克松（G. H. Dixon）和沃德洛（A. C. Wardlaw）通过实验获得了只有天然物1%～2%生物活性的合成产物，他们的实验结果比邹承鲁等人的工作差很多，但是却已经抢先公布了。1960年，在全国第一次生化学术会议上，杜雨苍、邹承鲁做了相关的学术报告，并得到了国内外同行的认可，因此，这套重组方法又被称为"杜-邹法"。

这一系列前期研究的成功给科研人员提出了明确的研究思路：那就是先分别合成A链和B链，然后用合成的A链或B链分别与天然的B链或A链组合形成半合成胰岛素，最后再利用合成的A链与合成的B链完成胰岛素的全合成。

协作科研攻关

客观来说，依据我国当时的科研条件，仅仅依靠生化所进行单打独斗是难以顺利完成任务的。从研究伊始，我们就需要有一种团结合作的精神，如果没有这些单位的诸多科研工作者的合力，是根本无法在短时间内对胰岛素的结构进行全合成的。特别是在当时的环境下，有多个领导小组的专家在各个合作单位之间进行协调，无论是研究思路上的统一意见、实验操作上的指导，抑或实验步骤的完善，都进行了通力合作，这也是获得人工全成结晶牛胰岛素突破的重要基础。

研究伊始，生化所想到可以和北京大学合作，让北京大学利用自己的学科优势来承担其中一部分的工作。1953年3月，曹天钦、钮经义、邹承鲁、鲁子贤、王芷涯5人来到北京大学，开始寻求与北京大学的合作。在北京大学，生化所的专家做了有关胰岛素研究的学术报告，北京大学的研究人员给予了积极的响应，决定配合生化所共同开展研究，承担胰岛素中 A 链的合成任务。

要合成胰岛素，首先必须要有充足的原料供应。1959 年前后，合成胰岛素的基本原料——氨基酸大部分都是依靠进口，面对这种情况和高需求量的氨基酸原料，生化所抽调了陈远聪等人创办了我国第一个专门生产氨基酸的工厂——东风生化试剂厂，解了燃眉之急。

有了充足的供应之后，如何进行合成也是一个摆在眼前的最为棘手的问题。我们知道，胰岛素的合成是一个复杂的系统工程，这是一个有 A、B 两条链共 51 个氨基酸，需要经过 200 多步化学反应才能合成的，具有生物活性的蛋白质。

有了原料之后，就开始进行肽链的合成连接。1960 年，北京大学、复旦大学、生化所、有机所等部门几百人开展了轰轰烈烈的科研群众运动，又被称之为大兵团作战。

1960—1963 年，在已经取得的研究成果的基础上，虽然一直继续前行，但是效果不佳，始终没有突破性的进展。

1963 年之后，国家经济形势出现好转，各项科研工作也逐步步入正轨。1963 年 10 月，有机所所长汪猷来北京参加人大会议，北京大学化学系有机化学教研室主任邢其毅邀请他到学校做学术报告，一起商讨合作的事宜。双方经过充分的讨论，决定由北京大学合成 A 链的前 9 肽，有机所合成 A 链的后 12 肽。

这个时候，出现了一个非常现实的问题，由于北京大学地处北京，有机所在上海，当时的通信方式还不是特别的发达，要进行联合研究的话，最好是在同一个城市，这样才能有效地进行实验的沟通和交流。面对这样的情况，就必须有一方的工作人员要克服生活、家庭、工作等方面的困难，整体转移到另外一座城市进行研究。北京大学化学系有机化学教研室的老师们从祖国的利益出发，决定前往上海，与有机所的科研人员一起协同攻关。在计划经济时代，物资极度匮乏，北京大学的汤卡罗回忆说："他们（指有机所科研人员）说，你们没有上海户口，如果过来，既没有肉票又没有肥皂票，在上海生活会有困难。但是北大表示，这些困难我们都能克服。肉我们可以不吃，肥皂我们可以背过去。"试想一下，北京大学化学系有机化学教研室的科研人员如果不只身南下，本可以留在北京大学继续从事研究，建设自己的实验室，并且可以兼顾当时的教学和科研任务。但是为了国家的利益和方便实验中的随时交流，他们做出了巨大的牺牲。

随后，在国防科工委主任聂荣臻和北京市、上海市领导的支持下，决定从北京大学抽调季爱雪、陆德培、李崇熙、施溥涛、叶蕴华等5名青年教师，在有机化学教研室主任邢其毅教授的带领下来到有机所共同进行A链的合成，后来邢其毅的研究生汤卡罗也加入了进来。而生化所就承担了B链的合成任务，以及A、B链的拆分和合成研究。

这样，两个合成队伍都集中到了上海，方便进行学术上的讨论和交流，大大提高了工作效率。

1963年，研究总算迎来了突破性的进展。由邹承鲁领导的研究小组将天然胰岛素A、B链重组生成胰岛素的产率从原先的不足10%提高到50%左右，这对于后续的研究是一个重大的利好消息。

1964年，钮经义、龚岳亭领导的多肽合成组完成了人工合成B链，并且利用人工合成的B链与天然的A链进行重组获得了成功，这证明了人工合成的B链具有生物活性。这时候，就是等待另外一条链——A链的人工合成完成了。A链虽然比B链要短一些，但是在合成的过程中出现了很多意想不到的困难，如人工合成的A链在与天然胰岛素B链组合之后，所得到的胰岛素的生物活性只有天然胰岛素的1%~4%，这样的生物活性是很难与已经人工合成的B链进行融合的。

按照之前的分工，生化所负责B链的人工合成和A、B链的组合。但当B链的人工合成完成时，A链还没有达到预期的目标。这时候，整个

科学家精神 协同篇

团队协调的作用又体现了出来，统一的协作组就安排生化所的工作人员与北京大学和有机所的 A 链合成团队，共同攻克难关。

A 链的合成实验始终在紧张地进行着，北京大学的陆德培和有机所的徐杰诚在汪猷的指导下进行实验。玻璃滴管的头拉得很细，以便于精确调节溶液的 pH 值，再根据精细 pH 试纸的颜色变化进行讨论，是否需要调节溶液的酸碱度。最终，在汪猷和邢其毅领导下的联合研究小组实现了 A 链的合成。

当时，北京大学研究小组的汤卡罗在自己的回忆文章中还特地提到了这种我们视为珍宝的"团队协作"的精神。作为北京大学研究小组负责人邢其毅教授的研究生，她也有幸加入到当时攻关 A 链合成的队伍中去。为了研究的方便，邢其毅让她选择了相对独立的课题"牛胰岛素 A 链带保护基的氨端九肽的合成"，将自己合成的 A 链氨端前 4 肽 A1–4 和后 5 肽 A5–9，用叠氮法缩合成 9 肽，结果和其他同事用 DCC 法合成的 9 肽性质完全一样，而且收率还得以提高。

后期研究冲刺阶段的工作非常紧张，在学术上也经常出现一些争执，如在合成路径上出现了不同意见，双方都觉得自己的方案更加合适，就会坚持己见。这个时候，有机所的党委书记丁公量就会和生化所的书记王芷涯相互交换意见。丁公量的工作作风细致，从思想工作入手，深入群众，兼听则明，鼓励大家继续发扬这种合作的精神，求真务实，充分讨论，在保证积极合作的前提下选择最优的方案。整个协作研究的过程，林其谁院士和李伯良研究员将其分为两个阶段：一个是在 1960 年 10 月生化所与有机所之间的协作组协调；另一个是 1964 年 2 月生化所、有机所与北京大学化学系的协作组协调。

最终，在 30 多位实验工作人员的辛苦工作下，A 链终于成功地被合成出来。在拿到 A 链合成的结果之后，将进行整个全合成中最关键的一步：与 B 链进行重组。由施溥涛代表北京大学，张伟君代表有机所，杜雨苍代表生化所进行实验，其他科研人员就在实验室外静静地等待结果。

实验的结果是令人振奋的！通过纯化得到了和天然胰岛素完全相同的比活性和抗原性的人工牛胰岛素结晶。

为了实验结果的权威性和可靠性，全合成的实验一共重复进行了4次，以保证整个实验结果的可重复性，结果每一次的实验都成功得到了与天然胰岛素相同的结晶。在纸层析与纸电泳谱上与天然胰岛素也处于同一个位置，这样就表明全合成产物与天然牛胰岛素结晶是同一种物质。随后为了证明它具有生物活性，化学工业部上海医药工业研究所根据实验结果，做了《合成胰岛素惊厥法测定结果》的报告，充分证明人工合成的胰岛素与天然的牛胰岛素具有同等的生物活性，至此说明了整个合成的过程获得了圆满的成功。

人工合成结晶牛胰岛素的成功，第一次证实了二硫键的形成具有高选择性，也同样以实验证明了蛋白质的高级结构是取决于一级结构的！

这一实验结果的取得是令人欢欣鼓舞的。胰岛素的合成是多个单位通力合作、共同努力的结果。生化所的钮经义和龚岳亭负责胰岛素B链的合成，有机所的汪猷和北京大学邢其毅领导的小组共同负责胰岛素A链的合成，中国科学院生物物理所邹承鲁带领的团队则负责两条肽链的组合。

在整个牛胰岛素结晶的合成过程中，牵涉到生化所、有机所、北京大学这3个地处两地的主要合作单位，还包括30多人的核心攻关力量，以及近百人的辅助研究力量。这样一个人数众多的研究组，团结协作显得尤为重要，所以特地成立了一个专业的协作组，由王应睐任组长，汪猷任副组长，对3个单位的工作人员进行统筹安排和领导，最大限度地优化分工合作。

成果发表

1965年,《科学通报》刊登了一篇文章,报道了结晶牛胰岛素的全合成过程。在文章的作者一栏详细列出了当时作出贡献的多位科研工作者,其中有:中国科学院生化所的龚岳亭、杜雨苍、黄惟德、陈常庆、葛麟俊、胡世全、蒋荣庆、朱尚权、钮经义,中国科学院有机所的徐杰诚、张伟君、陈玲玲、李鸿绪、汪猷,北京大学化学系的陆德培、季爱雪、李崇熙、施溥涛、叶蕴华、汤卡罗、邢其毅。

事实上,北京大学化学系、中国科学院有机所和生化所3个单位前期投入研究的成员有上百人之多,有很多人参与到前期胰岛素A链或B链的片段合成工作中,在最终的文章署名中并没有体现,但是这依旧不能改变他们的贡献,他们是一群默默付出的无名英雄。

人工合成牛胰岛素的成功证明了我们的科研实力,这也是世界上第一个人工合成的蛋白质,是人类生命科学研究中的一大进步。面对这样重大的研究成果,中国科学家还是保持了严谨的学术态度,没有急着发表科研论文,而是多次举行了严格的鉴定会。杜雨苍、钮经义、汪猷等人进行反复合成,并用电泳、层析、酶解图谱和免疫性的方法,对其物理、化学、生物性质进行了长时间的检测,所有的结果都表明人工合成的产物与天然产物相同。

1966年4月在波兰华沙,王应睐、邹承鲁、龚岳亭参加了欧洲生化学会联合会第三次会议,在大会上宣读了这项成果,受到各个与会国家的祝贺,Science杂志则评论我国胰岛素的全合成是蛋白质合成领域中由量到质的转变。

虽然这一合成工作已经过去了50余年,但是这些科研机构工作者排除万难、通力合作的精神为我们留下了一笔宝贵的精神财富,在人才培养、学术交流、产品研发等方面都起到了极其重要的作用。

（撰稿：中国科学技术大学 刘锐）

参考文献

[1] 于晨. 王应睐所长谈牛胰岛素的人工合成 [J]. 中国科技史料，1985，6（1）：30-34.

[2] 林其谁，李伯良. 成功进行人工全合成结晶牛胰岛素中的科学精神 [J]. 生命科学，2015，27（6）：670-672.

[3] 叶蕴华. 我国成功合成结晶牛胰岛素的启示和收获 [J]. 生命科学，2015，27（6）：648-654.

[4] 熊卫民. 人工全合成结晶牛胰岛素的历程 [J]. 生命科学，2015，27（6）：692-707.

[5] 熊卫民，王克迪. 合成一个蛋白质：结晶牛胰岛素的人工全合成 [M]. 济南：山东教育出版社，2005.

[6] 汤卡罗. 人工合成胰岛素的精神代代相传：纪念我国人工合成结晶牛胰岛素50周年 [J]. 大学化学，2015，30（2）：1-5.

[7] 龚岳亭. 关于人工合成结晶牛胰岛素研究的回忆 [J]. 生命科学，2015，27（6）：780-785.

[8] 邹承鲁. 对人工合成结晶牛胰岛素的回忆 [J]. 生命科学，2015，27（6）：777-779.

[9] 龚岳亭，杜雨苍，黄惟德，等. 结晶牛胰岛素的全合成 [J]. 科学通报，1965，16（11）：941-945.

人工合成牛胰岛素的团队是由多个单位共同组成，其中发挥主要作用的是中国科学院生化所、有机所和北京大学3个单位。论文署名了21位学者，而幕后还有很多位默默奉献的科学家，他们都成为我国未来生命科学发展的骨干力量。这项研究适应国家最高战略目标和意识形态的需求,在学术上标志着人类在探索生命的历程中迈出了关键的一步,客观上证实了化学合成生物大分子的可能性,也促进了当时生命科学,尤其是结构生物学的研究进程。

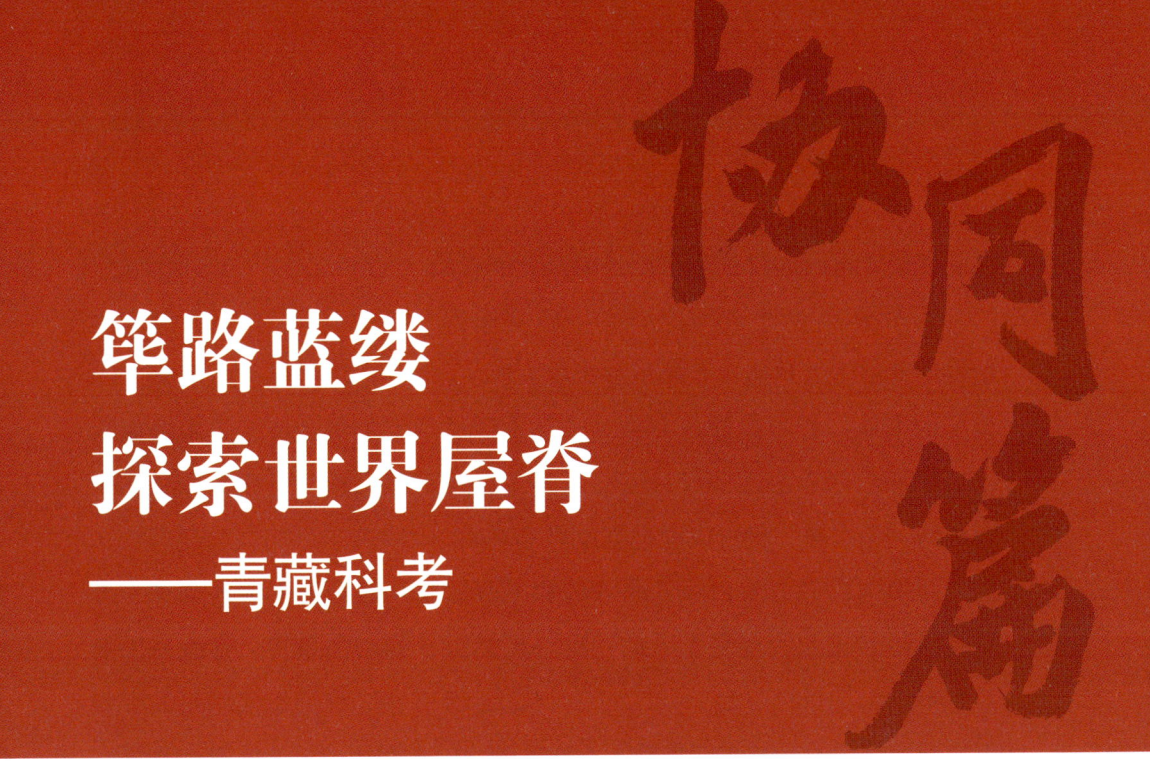

筚路蓝缕
探索世界屋脊
——青藏科考

青藏高原，西起喀喇昆仑，东抵横断山脉，北自昆仑，南至喜马拉雅，域跨西藏、青海、新疆、四川、云南五省区，面积240余万平方千米，约占我国领土的1/4。海拔一般超过4000米，被誉为"世界屋脊"。

青藏高原的形成演化在地球史上具有重要意义，揭开这个谜，是中国科学家的使命。在流动的时间中，几代青藏科考队员们游弋在这片土地上，找寻、记录亿万年来深藏于每一处山峰、冰川、土石、水文之下的秘密。他们用自己的青春与热血，在这片土地上书写了最美的时代篇章。

组建青藏科学考察队

青藏高原，是举世无双、雄伟壮观的世界第一高原，也是地球上最年轻的高原。它具有特殊的地壳、上地幔结构和地质发展史，具有独特的自然景观、复杂的生物区系和富饶的自然资源。高原的存在，对周围地

科学家精神 协同篇

区的气候和自然条件产生了广泛而巨大的影响。

然而在20世纪50年代以前,西藏作为中国的领土,却基本没有中国科学家留下的足迹,要想了解青藏高原,需要阅读德文、法文、俄文、英文的书籍。青藏高原研究领域,是中国科学家的痛楚,也是中国科学家的机遇。徐近之就曾说过,在人迹罕至的青藏高原上,哪怕你只要下湖测到一个水深,也可以说是创世界水平的。

新中国成立之后,随着西藏的和平解放及川藏公路的向西延伸,青藏高原开始进入我国科学家的视野。可惜限于当时的条件,青藏高原的考察难以长期持续开展,时断时续。直到1972年,在周恩来总理关于要加强基础理论研究指示的鼓舞下,青藏高原的考察工作又重新提上日程。中国科学院开会提出要针对青藏高原提出一个长期、系统、全面、连续的考察计划,积累基本的科学资料,为资源的开发利用和自然灾害的防治提供科学依据。

计划有了，那么人员呢？青藏科学考察队的组建，委实在中国科学院自然资源综合考察委员会（简称"综考会"）掀起了一场风波。

综考会是中国科学院承担全国自然科学考察、重点区域和大型工程调查评价工作的重要机构，是一支多学科的骨干力量。但在"文化大革命"中，综考会已处于准撤销状态，合并在中国科学院地理所待命，其中大多数业务骨干常年在"五七干校"参加劳动。

这一次奉命组织青藏科学考察队，无疑使综考会绝处逢生；那些赋闲多年的专家们纷纷奔走相告、争相报名。

章铭陶在外出差回到综考会时，中国科学院青藏高原综合科学考察队（简称"青藏队"）已经成立了。青藏考察的计划、项目、课题都已经拟定好了。由于这是"文化大革命"中第一次组队进藏，车辆、装备等物资都十分有限，所以名额也有限。章铭陶马上找到孙鸿烈，要求参加青藏队。面对"你能干点什么？"的问题，章铭陶果断地说："我去搞地热。西藏缺煤少油，不得不烧木头，水电也欠开发。西藏是新的地质构造带，应该有地热活动，而地热很可能是重要的能源。地热也是重要的地质现象，可以填补学科空白，青藏队的原定项目里没有地热。"就这样，章铭陶说服孙鸿烈，挤进了青藏队。

有了这个机会，渴望进行业务工作的都想去，都想跑野外。起初昆明植物所没有名额，恰巧中国科学院植物所抽不出人了，于是打电话给吴征镒问昆明植物所能不能派一个人。当时在昆明植物所的武素功简直是求之不得！他马上卷起被子、打好背包，第二天就从昆明坐火车到了成都。那时大部队已经急着要走，武素功去见孙鸿烈，孙鸿烈拿大瓷缸给他倒了一杯水，还没有喝完，就上汽车了。

就这样，天南海北的考察队员们，怀着同一颗热爱与冒险的心，聚到了一起。1973年，青藏队踏上征程。从此以后，年复一年，青藏队队员们在荒凉而丰饶的高原与岭谷间步履不停，一点点为人类揭开大自然神

科学家精神 协同篇
SPIRIT OF SCIENTISTS

秘的面纱。

"领导班子的团结是成功的必要条件"

全世界就只有青藏高原这么一个大高原，没有地方和它的情况是一样的。海拔一高，很多情况都不同了，如土壤类型别的地方都没有，土壤的分布规律是在什么条件下形成的，甚至该叫什么名字，这些都是新问题。再说植物，西藏有许多特有物种，是世界其他地方从未发现过的，如果连物种都不清晰，要怎样去研究它的起源、形成呢？凡此种种，皆是空白。

要做研究，就必须搞清楚基本问题。所以青藏科考涉及的学科非常广，队伍的规模也随着考察的全面铺开而扩大。刚组队时几十个人，到1976年已经达到400多人了，涵盖了50多个专业，涉及地学、生物学、农业的许多分支领域，几乎是包括了一切涉及自然条件的学科。

青藏科考的目的明确、分工清晰。大家都拧成一股绳，向着一个方向使力。1973—1976年进行了为期4年的野外考察，1977—1980年又历时4年进行室内总结工作。紧接着制定了《中国科学院青藏高原（横断山部分）1981—1985年综合科学考察计划纲要》，为了全面系统地完成对青藏高原的考察，1987—1992年又考察了青藏高原西北部，处于西藏、新疆、青海接壤地带的喀喇昆仑山—昆仑山地区和可可西里地区。就这样，青藏队像梳头发似的，把青藏高原的山山水水都梳了一遍。

如此庞大又复杂的队伍，能够坚持下来，离不开各个方面的协调与合作。当时孙鸿烈负责业务，王震寰负责行政。1974年，队伍里新增了地球物理专业，孙鸿烈就买了一个小册子自己看，王震寰问他看什么呢，孙鸿烈就说："今年来了一个地球物理专业的，我不学怎么领导他呀？"孙鸿烈在队伍里威望很高，除了沉重的任务组织工作外，行政工作上他看出问题也会提醒王震寰。而王震寰虽然不负责具体的专业工作，但是也会去学习工作方法和计划，看各专业遇到什么困难，尽已所能提供帮助。

队伍还规定每个科考人员要轮流做饭，不管是队领导还是一般的科研人员，每人一天。司机不做，因为青藏的路不好走，要保证他们的休息，以防车祸。这样，做饭的同志就各显神通，馅饼、炸糕等，南北风味，应有尽有。

刚开始人员来自各单位，有研究所，也有高校，即使专业是一样的，研究方法也可能各有不同，所以前一两年是磨合，工作比较细、比较慢，大家共同探讨。1975年，何希吾等人商量，青藏高原面积太大了，按前两年那样考察，三四年也搞不完。

于是，为了对自治区全境进行全面系统的考察，1976年，整个考察队分成4个分队：一个到昌都地区，西藏最东部；一个到那曲，在拉萨以北；一个到藏北羌塘地区，这里很艰苦，基本是无人区；一个到阿里地区。考察队的每一个专业组内部计划，将人员合理分配到4个区域，确保每个专科都有老队员带头组织。整个考察队，先在拉萨集中，统一做出计划后，各分队分散进行考察，再规定一个统一的日期回拉萨集中。考虑到阿里分队交通太困难了，所以他们不再回拉萨，考察完后直接从新疆出去。

西藏考察的内容非常丰富，考察队各专业的人整天在一起，经常讨论学术上的问题。新现象、新问题出现，大家都是相互请教、互相询问。在野外考察时，队伍会组织一些学术讨论，请某一位专业人士做介绍，大家提问，从各自专业的角度对某一问题提出补充、分析、论述。在这样的环境中，只要稍加留意，就能吸收许多知识。

"我们就像是一家人"

青藏高原未知的东西太多了，有许多从未见过的现象，发现这些之后，又想去追索现象背后的原因，做各种理论判断，然后搜索更多资料，再判断。对大自然之美的惊鸿一瞥，给了科研人员吸引力和推动力，即使条件艰苦，每个队员仍旧保持了乐观的情绪、昂扬的斗志。

在野外工作期间，大家就像一个大家庭的成员一样朝夕相处，在艰苦的野外环境中互相关心。

1976年6月9日，考察小分队终于向藏北羌塘无人区进发了。这是人类第一次在雨季横穿整个羌塘地区进行包括自然地理、地貌、地质、岩石、古生物、植物、动物、土壤、湖泊、水生生物、草场、地热等多学科大规模的综合科学考察。队伍离开色哇后进入茫茫荒野，完全没有路，土质松软，毫无人烟。

队伍中的范云崎要考察湖泊地貌、水文等，队长王震寰多数时候就安排在湖边安营扎寨，方便他工作。当然，湖边一般有水，且地形开阔，各专业也都有工作可做，适宜露营。进行湖泊考察，一个人是不行的，于是陈宜瑜、文世宣、李炳元、李明森等很多人都去帮助范云崎。文世宣是研究古生物的，李炳元是研究地貌的，他们上山，大家也协助他们工作。

冯祚建当时负责兽类和鸟类的采集，陈宜瑜的步枪打得准，常常给他帮忙。在野外保存标本也很艰难：把标本的皮肉都剥掉，头骨保留，体内填充棉花，再给它整形，尾巴的椎骨都要去掉，用一个缠着棉花的竹签插进去把尾巴支起来。把标本安装在纸板或木板上，在太阳底下晒干或晾干，晒时用大头针把四肢固定起来。装箱子时，箱子底下放一层棉花，码一层标本，再放一层棉花，再码一层标本，一次考察一般就要装五六个箱子。在转点的时候，大家就一起帮忙搬箱子。

在野外难免与河打交道，很麻烦。有一次遇到一条20米宽的小河，吴玉虎和马鸣两个年轻人先涉水探路，指挥大车顺利通过，但两辆小车却不敢冒险。于是年轻人再次下水，在两岸车上拦河拴一条粗绳，以保证各位老先生们安全渡过。

当人们相互扶着过了河，吴玉虎把自己的背包也送到河对岸之后，第四次返回，背上了杜泽泉托付的两个相机和自己的相机，左手又抱上一个大西瓜，右手抓住绳子。河水是冰川融水，正在迅速上涨，在折腾了一阵子的这当儿，已涨到腰部。水流急，水温冷，仗着年轻力壮，吴玉虎仍然无所畏惧。

但当行至河中心时，大绳剧烈地晃动了一下，吴玉虎脚下踩翻了一块石头，立时全身失去平衡，被一个急流打翻水中。他连呛几口水，用右手紧紧抓住绳子。在这一系列的生死搏斗间，那只左手，依然抱着那个大西瓜。当事人的心里只有求生本能，耳中只有轰轰水声，全然听不到岸上人们焦急地呼喊："丢掉西瓜！"丢掉西瓜的念头是他在情急中自己意识到的。在丢掉了西瓜之后，腾出的左手才在滔滔激流中挂住大绳，稳住了身体。冯祚建迫不及待地下水相救，却随着摇晃的绳子在水中倒下了一次又一次。最后还是脱了险的吴玉虎迎上来，把他救助上岸。

事情过去了，这事儿也成了笑柄。武素功总结说，荒唐处有两点：一是吴玉虎身处千钧一发险境，还抱着大西瓜；二是冯祚建老先生过河还要人搀扶呢，居然打算去救人。

1993 年，青藏队在成都开了一次会，纪念考察队成立 20 周年。一支由几十个单位、学科组成的科研队伍能够几十年延续下来，长盛不衰，实在难能可贵。而这支队伍之所以有向心力，是因为青藏高原有无数奥秘等待着被探索，众多学科各有用武之地，又能相应配合，彼此有启发，队员们互相学了不少东西，最重要的一点，是大家同甘共苦，整个集体互相关爱。

"青藏高原是一本读不完的天书，现在后继有人了"

青藏高原是中国最大、世界海拔最高的高原，作为地球上最独特的地

科学家精神 协同篇

质-地理-生态单元,是我国重要的生态安全屏障、战略资源储备基地,是中华民族特色文化的重要保护地。第一次青藏科考开展前,我们对青藏高原资源环境的认识基本上处于空白状态。所以,第一次青藏科考主要是搜集资料,填补空白。

1973年成立的青藏队,使青藏科学研究有了继承过去并延伸到未来的依托。刘东生、孙鸿烈等人一起总结出了"青藏效应"这个概念,认为这个概念指的是探索自然奥秘的凝聚效应、不同学科的相互渗透效应、人才涌现的催化效应和不断扩展的社会效应。这是对体现在青藏科考工作中的精神所做的全面总结。

近50年,人类经历了前所未有的全球变暖,青藏高原更是全球气候变暖最强烈的地区之一,无论是生态环境还是社会经济,都发生了深刻的变化。我国的青藏高原研究力量和研究积累也已经达到了更高水平。2017年8月19日,第二次青藏科考启动了,新一代青藏队再度出发,誓用科技力量守护"世界上最后一方净土"。

与40多年前开始的第一次青藏高原综合科考相比,这次科考并不仅局限于高原内部,而是一次覆盖"泛第三极"区域的跨国考察,从目标设计到执行过程,都有着更显著的国际化色彩。首期江湖源科考队伍中就有国际科研人员的身影。来自德国的青年学者安德烈亚斯全程参与了湖泊与水文气象考察队的工作,他甚至还在营地学会了打"双升",与中国同行们并肩战斗。

对于科考的未来进展,徐柏青充满期待:"在国际科学或探险史上,还没有一个政府、没有一群科学家,针对一个地区,进行过这么持久性的科学考察。随着持续不断的科考,青藏高原研究得到了国际科学家的持续性关注,已经成了一门显学。"徐柏青说:"能参与到这项意义重大的科研活动中,包括我在内的许多科研人员,都感到无比自豪。"

一位即将奔赴阿里的科考队员临行前在朋友圈中写下了这样的话:

"我们仰望历史，也在书写历史。高原让人充满力量，勇气勃发。向高处攀登，向难处挑战，必不负时代，不负青春！"

（撰稿：吴瑾欣）

参考文献

[1] 孙鸿烈，温瑾. 青藏高原科考访谈录（1973—1992）[M]. 长沙：湖南教育出版社，2010.

[2] 马丽华. 青藏苍茫：青藏高原科学考察50年[M]. 北京：生活·读书·新知三联书店，1999.

[3] 张莉，张冬梅. 孙鸿烈谈第一次青藏高原综合科学考察[J]. 科学通报，2019，64（27）：2763-2764.

[4] 倪思洁. 50年，青藏科考再出发[N]. 中国科学报，2017-08-21（1）.

[5] 持续5～10年的青藏高原科考，都考察些什么？[N].《瞭望》新闻周刊，2017-11-17.

1972年年底，中国科学院在兰州召开的珠穆朗玛峰学术会议上，专门讨论并制定了《中国科学院青藏高原1973—1980年综合考察规划》，按照这一要求，1973年组成了中国科学院青藏高原综合科学考察队。

自20世纪70年代起，我国开展了第一次大规模的青藏高原综合科学考察研究（简称"第一次青藏科考"），全面完成了260万平方千米的考察，积累了大量的科学资料，出了87部专著和5本论文集，取得了举世瞩目的成就。科考成果先后获国家自然科学奖一等奖和陈嘉庚地球科学奖，刘东生、叶笃正、吴征镒等先后获国家最高科学技术奖，有40余名科考队员先后当选为院士。

科学家精神 协同篇

2017年8月19日,第二次青藏高原综合科学考察研究(简称"第二次青藏科考")启动。第二次青藏科考将在第一次青藏科考的基础上,突出以变化为主题的考察研究。拟开展亚洲水塔动态变化与影响等十大科学考察研究任务,组建若干个专题科考分队,开展五大综合考察研究区内19个关键区的科学考察研究。

协同攻关
成就国之重器
——中国环流器装置

核聚变能源的开发，是一项开拓人类永久性能源资源、实现社会可持续发展的重要研究课题，对国民经济建设具有十分重要的意义。第二次世界大战结束后的 1952 年 11 月 1 日，随着太平洋上恩尼威托克岛氢弹爆炸的一声巨响，人类第一次证明了氢同位素聚变释放能量的现实性。由于热核聚变等离子体产生大量的高能中子，可将贫铀转变成易裂变燃料，大大降低了核武器的成本，因此，英国、美国和苏联等国家一直在互相保密的情况下开展受控核聚变的早期研究。而当时新中国刚刚成立不久，在此领域还是一片空白。

前瞻布局、协力规划，开启中国受控核聚变崭新篇章

1955 年 9 月 17 日，一声汽笛长鸣，"克利夫兰总统号"邮轮缓缓驶出美国洛杉矶港口，驶向大洋彼岸的新中国。钱学森、李正武等一批科学

科学家精神 协同篇

家在中国政府的帮助下，突破重重封锁，终于踏上了回归祖国、报效国家的航程。钱学森，后来成为中国航天事业的先驱、"两弹一星功勋奖章"获得者；而同船回国的李正武，则成为中国受控核聚变研究的先驱、中国磁约束核聚变的奠基人之一。

早在国际上核聚变研究文献"解冻"之前，我国一些有远见卓识的科学家就密切关注着国际上聚变研究的进展，并考虑在我国开展相应的研究工作。1955年，在周恩来总理和李富春、聂荣臻副总理的领导下酝酿制订我国12年科学规划的时候，钱三强、李正武和胡济民等科学家就率先倡导开展"可控热核反应"研究，建议将核聚变研究列入这一规划。次年，在《1956—1967年科学技术远景规划纲要（修正草案）》中，规定了12项科学研究重点，在第一项"原子能的和平利用"中，明确提出了"进行有关热核反应控制的研究"，中国开展热核反应——受控核聚变研究的征程由此起航。

受控核聚变的研究是一项多学科、多门类、多行业尖端高新技术的系统工程。正如李正武院士所言："受控核聚变是由多项新技术在传统技术的基础上，多层次集成的一个复杂的技术体系。"可以说，核聚变能源开发是人类科学技术史上最具挑战的重大课题之一。

1964年10月16日，我国在大西北的罗布泊地区成功爆炸了第一颗原子弹。中国人民依靠自己的力量，打破了美苏两个超级大国的核封锁。原子弹的爆炸成功，标志着中国科学技术的发展达到新水平，提高了中国的国际地位，也极大地鼓舞着我国的科研技术人员，增强了他们在核科学领域不断开拓创新的信心。1965年，根据国家战略调整和"三线"建设的规划，由李正武所在的北京原子能所14室（受控核聚变研究室）、东北技术物理所受控聚变部为主体，以兰州近代物理所、水利电力部电力科学院热工二室等单位的部分研究人员组成多学科科研团队，以及二机部23公司、27公司的建设人员，响应国家号召，齐聚四川乐山大佛对面山麓下的一个山坳里，为实现中国核聚变能源科学研究的腾飞，建立了我国当时最大的聚变研究基地，即现在中核集团核工业西南物理研究院的前身——二机部585所，开始了中国环流器一号（HL-1）托卡马克核聚变实验装置的艰苦攻关和研制。在人烟稀少的荒山野岭，我国受控核聚变研究的开拓者们凭着一颗炽热的爱国之心，凭着对党和人民的无限忠诚及对事业的执着追求，顽强拼搏、艰苦创业，克服重重困难，越过道道难关，励精图治，建成中国环流器一号（HL-1）托卡马克核聚变实验装置，开启了将中国核聚变能源科学研究由探索性聚变等离子体的基础研究进入大规模核聚变科学实验的崭新篇章。

举国之力、协同攻关，建成中国环流器一号大科学装置

中国环流器一号装置方案1970年由585所提出，1971年7月完成装置的技术设计，并上报二机部。二机部以"451工程"代号向国家科委、国家计委申报立项。同年10月6日获得国家计委批准后，命名为中国环流器一号，即HL-1装置。"451工程"由时任585所主管科研的副所长李正武担任总体组组长，在他的领导下，开始了"451工程"即中国环流器一号装置的研制。中国环流器一号位列国家第4个五年计划的第一项内容，属国家"四五"重大科学工程项目，1970年开始设计，1976年正式投资兴建，建造工程规模巨大。

1972年，由二机部第七设计院和585所组成的设计团队开始进行中国环流器一号（HL-1）的设计，1973年9月完成设计。设计中采用的主要设备如主机、大型飞轮发电机组都属于国内首次采用，需要专门设计、研制，而且大多数结构、材料特殊，加工困难，其他国内已有产品的技术指标不能满足工程要求，需要另行研制或改进。工程的非标设备高达

1074件。在二机部的直接领导下，585所和二机部27公司、23公司、第七设计院、大连523厂等单位共同努力，经过几大工业部和全国十几个省市，近百家工厂、科研院所和高等学校的大力协同，取得一个又一个技术和装置的突破。装置部件除大型交流脉冲飞轮发电机组转子锻件是向国外订货以外，其余都是和国内企业合作攻关完成的。几乎每一个非标设备的研制都是参与人员边干边学、克服重重困难、不断试验改进才得以完成。例如，内外真空室就设计出图纸3400多张，制造了110多套工装，进行了32项中间试验。中国环流器一号（HL-1）装置的安装工作以二机部23公司为主承担。主机核心部分总装由大连523厂完成。经过14年艰苦攻关，中国第一个中型托卡马克装置——中国环流器一号（HL-1）于1984年8月完成了全部安装工作，正式建成。9月13日完成了各系统的总体联合调试准备，接着进行联调和放电清洗。

1984年9月21日22时18分，585所"451工程"大厅内，中国环流器一号装置正式"放炮"。当主机内纵向磁场强度达到10 000高斯时，

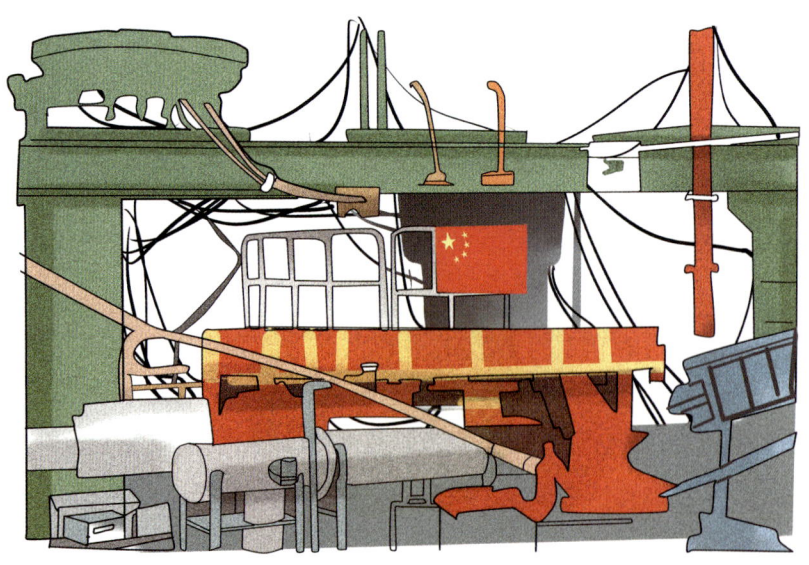

协同攻关　成就国之重器

开始向真空室送进氢气，当欧姆线圈加到3000伏特时，诊断控制室的荧光屏上，出现环电流的波形，真空计度数突然下降，环电压下降。这些现象表明，氢气已被击穿，产生了平衡稳定的等离子体。顿时，585所沸腾起来。人们眼含激动的泪花，相互道贺，十几年的艰苦努力化作欢声笑语，冲破茫茫夜色，在山坳里久久回荡。在获得等离子体后于同年12月1日开始第二阶段联调，历时22天，于12月22日晚在1.5特斯拉纵场下，获得70千安，持续85毫秒以上的更高指标、更纯净稳定的等离子体，超过了原定工程验收规定的纵场1特斯拉、等离子体电流50千安等验收指标，胜利结束了工程总体联调工作。又经过一年的运行实验考验，装置参数得到进一步提高（B_r=2.3特斯拉，I_p=135千安），顺利取得了预期的工程调试数据，我国在受控热核聚变这一当代重大科研课题研究方面迈出了一大步。中国环流器一号（HL-1）于1985年11月16—20日通过国家组织的验收，正式交付使用。

中国环流器一号（HL-1）装置的建成是585所的科研团队及由全国10多个省市和国务院20多个部委的100多个单位通力协同的典范。建所当初，缺乏相关图纸和技术资料，仅有国外一家杂志发表的一篇简单文章和一张"托卡马克"装置的外形照片，找不到什么有用参数。585所的工程技术人员根据仅有的一张照片和一篇文章，进行广泛调研和反复研究，做出了自己的设计。没有计算机，就用人工计算数据。经过几年的努力，建成了几个小型的"托卡马克"装置，迈出了第一步。

像中国环流器一号这样国内当时最大的具有工程规模的装置，建造难度极大。例如，装置的电机部分，由于磁场很强，需要很大能量。两套8万千伏安的交流脉冲发电机组，脉冲功率相当于新中国成立初期整个上海市发电厂的装机容量，这种发电机组国内没有制造过；整流器当时国内也没有生产过。当时正值"文化大革命"，很难落实生产厂家。科研团队几经寻找，终于华中工学院校办工厂毅然揽下这一工作，耗时

科学家精神 协同篇

5年，用硅二极管做成50个整流柜，解决了难题。"451工程"有个励磁课题组，4个科技人员反复研究，提出利用旧引燃管组成六相带平衡电抗器的可控整流方案。但到上海联系生产厂家时，虽出价220万元，却没有哪个工厂敢接。励磁课题组的科研人员从上海回成都，一路上调查走访，了解到宝鸡有铁路电力机车上退役下来的法国引燃管。于是所里用10万元买了两套，又花20万元买了两台变压器和其他元件，搞成了励磁装置，为国家节约开支190万元。核工业部523厂是承担中国环流器一号主机制造、安装的工厂。在试制过程中虽然面临很多困难，但他们和585所密切合作，千方百计地攻克技术难关。波纹管要用0.5毫米厚的板材卷成圆筒，焊接部分弄不好就会在使用中形成裂缝，既不易发现又不易补焊。523厂就专门做了一台焊接设备，用脉冲电焊机焊接，保证了焊接质量。成都长城钢厂、重庆特殊钢厂分别为中国环流器一号提供了特殊要求的钢材，黄河冶炼厂提供了40米长的无焊接缝的铜板，为工程建设的顺利开展提供了有力保障。

中国环流器一号（HL-1）装置的研制创造了多个第一。HL-1装置一共拥有各种设备5867台，这个装置也是国内首次研制的全套特殊非标准装备，成千上万个部件是国内第一次设计、第一次制造。装置的研制成功，填补了国内许多空白。技术要求高的大型脉冲飞轮机组和复杂的主机安装在国内亦属首次，有的项目达到世界先进水平；脉冲发电机组，是国内第一次研制成功并首次应用于大型工程；多种储能换流新技术，不仅在全国首次研究成功和采用，当时在国际上也是罕见的；300千伏3安培直流高压稳压电源，是国内同类装置中最大的一套；测量低温温度计磁阻效应的低温恒温装置，为国内首次研制成功。

协同攻关　成就国之重器

代代接力、继往开来，成就环流系列国之重器

参加中国环流器一号研制的团队中，以李正武为代表的老科学家统领大局、引领方向。李正武早期在美国留学期间，就在轻原子核反应领域取得了公认的斐然成绩。回国后，他全身心投入聚变能开发研究，长期领导和指引中国的磁约束聚变研究，培养了众多至今仍然活跃在核聚变科学领域的杰出科学工作者。而在中国环流器一号研制团队中，更多的是一批当年风华正茂的中青年科学家，他们2/3是20世纪50年代中期到60年代中期毕业的大学生。这些"451工程"的顶梁柱，许多人老家在北京、上海、东北、江浙等地区，大部分毕业于名牌大学，却毅然放弃大城市优越的物质生活条件，来到生活条件相当艰苦的西南山沟里，长年工作在此。中国环流器一号研制过程中的许多难题，就是这批以中青年为主的科研队伍在偏远的山沟里解决的。

中国环流器一号装置的研制成功，凝聚了我国一代代科技工作者和建设者立志报国、振兴中华、自强不息的奉献精神和协同合作、众志成城的赤子之心。他们怀揣一颗炽热的爱国之心，从美国、从北京、从上海、从东北来到四川乐山偏远的山坳，呕心沥血，艰苦攻关，历经14年，成就中国核聚变领域的国之重器，建成具有完全独立自主产权的中国环流器一号（HL-1）托卡马克核聚变实验装置。《自然杂志》1991年国庆专刊在第一版专门刊发《中国环流器一号与热核聚变研究》一文，并在封面封底配发中国环流器一号大幅图片，编后语深情指出："在欢庆新中国成立42周年的日子里，我们将我国在热核聚变研究领域内的重大成果介绍《中国环流器一号与热核聚变研究》奉献给读者。本期封面即中国环流器一号，那面鲜艳的五星红旗，既是新中国的象征，也好似我国科技工作者那颗火热的心。"1988年1月，585所更名为核工业西南物理研究院，并于20世纪90年代在成都市近郊新建了核聚变研究实验基地。中

国环流器一号（HL-1）实验大楼——451 工程楼旧址改建成中国核聚变博物馆。2018 年，国资委在中国核工业科技馆举行发布会，正式发布《中央企业工业文化遗产（核工业）名录》和《中央企业历史文化遗产图册》。"中国第一座人造太阳实验装置"即中国环流器一号（HL-1）在近 100 项核工业文化遗产中成功入选，列入首批发布名录。2019 年 10 月 7 日，中国核聚变博物馆被国务院公布为第八批全国重点文物保护单位，让世人永远铭记这块曾经为中国核聚变事业的发展作出突出贡献、创造出共和国辉煌科技成就的土地；永远铭记曾经在这块土地上为中国核聚变能源科学研究砥砺前行、勇于奉献的共和国建设者们。

中国环流器一号（HL-1）的建成是我国科技领域的一项重大研究成果，表明我国在独立研制大型复杂电物理装置能力方面有了新的飞跃。装置的研制促进了我国工业进步和科技实力增长，标志着我国受控核聚变研究从小型装置开展探索性聚变等离子体的基础研究步入建造中型托卡马克装置开展大规模物理实验研究的新阶段，成为我国受控核聚变研究发展史上的一个重要里程碑。1986 年，中国环流器一号装置工程获得国家质量银质奖。获奖单位分别是：585 所、7 院、27 公司、23 公司、523 厂；1987 年，"中国环流器一号研制"项目获得国家科学技术进步奖一等奖，这是我国磁约束核聚变领域首次获得的国家科学技术进步奖最高奖项。

中国环流器一号（HL-1）装置的建成使我国在世界核聚变能源科学研究领域占有了一席之地，并为开展大规模受控核聚变物理实验奠定了坚实基础。在 HL-1 装置上先后进行过 20 多次大型联合实验，进行了 1 万多次有记录的放电，完成了大量物理实验研究课题，装置物理实验在边缘等离子体特性、磁流体力学行为、低 q 放电实验、密度反馈控制等方面取得重要成果。1986 年，在日本京都召开的国际原子能机构（IAEA）国际会议上，HL-1 装置的初步实验结果首次向国际公布，受到国际聚变界的普遍关注，大会在总结报告中十分罕见地对中国同行表示祝贺。

协同攻关 成就国之重器

中国环流器一号（HL-1）装置的建设培养了高水平的科研和工程技术团队，在随后由中核集团核工业西南物理研究院改造完成的中国环流器新一号（HL-1M）及中国环流器二号A（HL-2A）装置建设和实验中发挥了主力军的作用，取得了举世瞩目的骄人成就。

1997年，"中国环流器新一号（HL-1M）装置研制"项目获得国家科学技术进步奖二等奖，在中国环流器新一号（HL-1M）装置上成功地开展了7轮大规模物理实验，完成了400多项课题研究，取得了一批创新性的研究成果，使我国核聚变实验研究水平又迈上一个新台阶。

2003年，中国环流器二号A（HL-2A）装置成功实现中国第一次偏滤器位形托卡马克运行；2006年等离子体电子温度达到5000电子伏（约5500万摄氏度）；2009年成功实现中国第一次高约束模（H-模）放电；2019年实现高比压bete_N大于3运行，同年等离子体温度达到5000万摄氏度。H-模是先进托卡马克的运行模式，也是国际热核聚变实验堆（ITER）的运行模式。同时基于HL-2A装置实验，在当今国际等离子体物理前沿，取得多项开拓性成果。例如，首次观测并实验研究测地声模（GAM模）和低频带状流的三维结构；首次发现了自发粒子输运垒的存在；首次观测到高能量电子激发的比压阿尔芬本征模（e-BAE模）；首次观测到带状流和测地声模在抑制和吸收湍流能量和动量上的竞争关系；首次观测并研究两类极限环振荡；首次发现激发磁湍流的双阈值；国际上原创的具有自主知识产权的超声分子束粒子注入技术，在等离子体粒子与热输运研究方面取得若干创新性研究成果；该技术已被国际上磁约束聚变装置（Tore-Supra、KSTAR、EAST等）用于加料及物理研究。中国环流器二号A（HL-2A）成功实现中国第一次高约束模放电重大科研成果，使我国在继欧盟、美国和日本之后，站上了核聚变研究这一先进平台。这是中国磁约束聚变实验研究史上具有里程碑意义的重大进展，它体现了我国聚变等离子体物理研究的综合运行和控制能力得到了大幅提升，标志着中国的磁约束聚变科学和等离子体物理实验研究进入了国际前沿研究的崭新阶段。

2020年12月4日，中核集团核工业西南物理研究院完全自主研制的新一代受控核聚变实验装置——中国环流器二号M（HL-2M）完成安装调试，并实现首次放电，标志着中国自主掌握了大型先进托卡马克装置的设计、建造、运行技术，为我国核聚变堆的自主设计与建造打下坚实基础。中国环流器二号M装置是我国目前规模最大、参数最高的先进磁约束核聚变实验研究装置，采用更先进的结构与控制方式，等离子体体积达到国内现有装置的2倍以上，等离子体电流能力提高到2.5兆安培以上，等离子体离子温度可达到1.5亿摄氏度，能实现高密度、高比压、高自举电流运行。该装置的成功运行将使我国堆芯级等离子体物理研究及相关关键技术达到国际先进水平，是实现我国核聚变能开发事业跨越式发展的重要依托装置。

（撰稿：中核集团核工业西南物理研究院）

参考文献

[1] 朱宇光. 聚变情怀终不改：李正武传[M]. 上海：上海交通大学出版社，2015.

[2] 张一鸣，孙敦友. 中国环流器一号与热核聚变研究[J]. 自然杂志，1991，14（10）：723-728.

[3] 严建成，刘永，周才品，等. 中国环流器二号A装置（HL-2A）工程研制[J]. 核聚变与等离子体物理，2004，24（4）：241-246.

[4] 中国核学会，中国核科技信息与经济研究院. 2049年中国科技与社会愿景 核能技术与清洁能源[M]. 北京：中国科学技术出版社，2020.

[5] 政协乐山市委员会. 乐山三线记忆[M]. 成都：天地出版社，2018.

协同攻关　成就国之重器

中国环流器装置是由中核集团核工业西南物理研究院科研团队研制开发的常规托卡马克型受控核聚变实验装置，包括中国环流器一号（HL-1）、中国环流器新一号（HL-1M）、中国环流器二号A（HL-2A）和中国环流器二号M（HL-2M）。其中，中国环流器一号（HL-1）装置是我国20世纪70年代设计建造的第一个中型托卡马克实验装置，被誉为中国首个"人造太阳"实验装置。HL-1装置的成功建造与运行，为我国自主设计、建造和运行核聚变实验研究装置积累了丰富的经验，培养了相关工程、技术及实验运行的人才队伍，为我国核聚变研究由原理探索到大规模装置实验的跨越发展奠定了坚实的科学与工程技术基础。1987年，"中国环流器一号研制"项目获得国家科学技术进步奖一等奖，这是我国磁约束核聚变领域首次获得国家科学技术进步奖最高奖项。

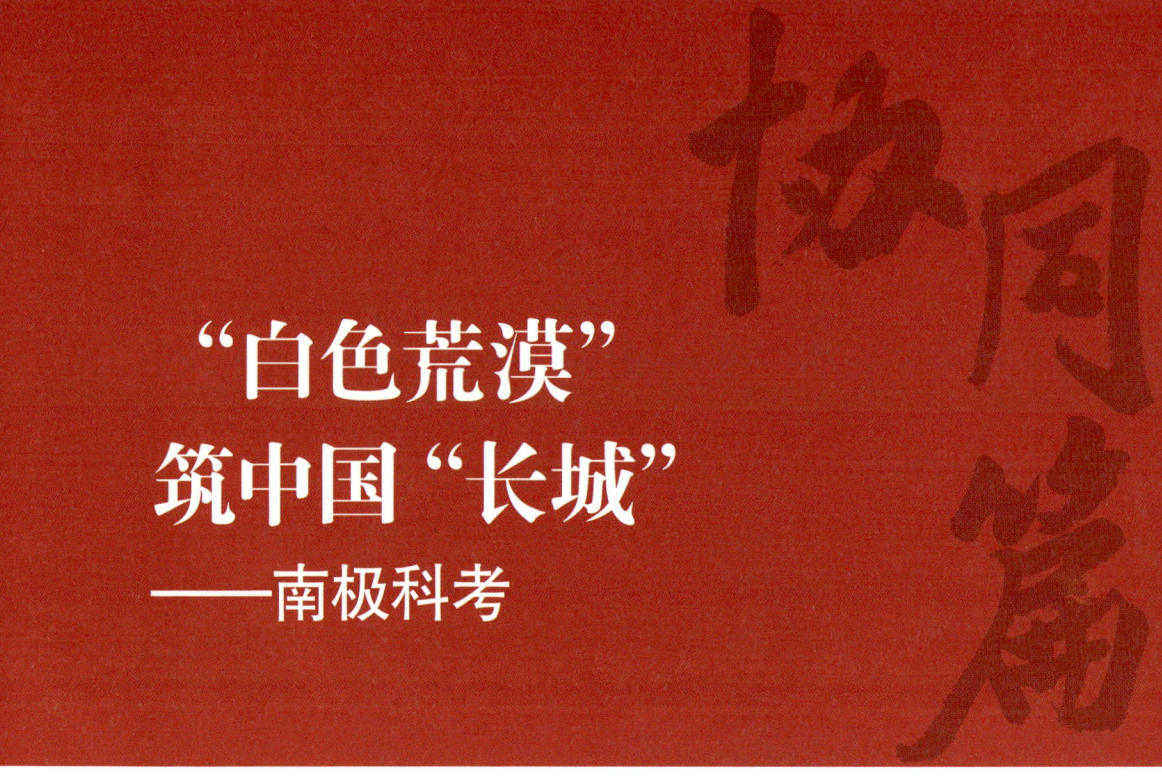

"白色荒漠"筑中国"长城"
——南极科考

在地球的最南端,有一片被冰原覆盖的土地,它就是"白色荒漠"——南极。而在这片广阔的土地上,有这样一群人,他们经常远离家人,终日生活在极寒之地,一年中也只有冬夏两季。他们就是极地考察工作者——中国南极科学考察队。因为要研究南极的生物、矿产、资源、气候等诸多方面,考察队的成员们都来自不同的研究领域。他们凭着团结协作的精神、跨界融合的思维、集智攻关的态度让中国的南极科考事业从无到有、从有到优,为推动国际科技进步作出巨大贡献,更为人类幸福奉献了中国力量。

2020年4月23日,中国第36次南极科学考察的队员乘坐"雪龙号"和"雪龙2号"两艘极地科学考察船,返回位于上海浦东的中国极地考察国内基地码头,这标志着中国第36次南极科学考察首次"双龙探极"圆满完成。这次南极科学考察历时198天,行程共7万余海里。考察队在南极陆地进行科学考察、工程技术维护,以及在南极罗斯海、阿蒙森海等相关海域调查,共完成62项既定任务。除此之外,首艘由我国自主建造的极地科考破冰船"雪龙2号"不仅双向破冰能力达到了设计要求,船上配备的先进科学考察装备,也极大地提升了我国极地海洋调查能力和效率。现如今的中国,在南极科考事业上已经取得了累累硕果。关于南极洲的地理演变、动植物形成与分布、成矿规律、气候变化、生态环境等各方面的研究都在稳步迈入国际先进行列。而这些成就的取得便是依靠一辈辈南极考察队员的通力合作,他们站在前人的基础上,不断前进,乘风破浪。

有备而来,首次探秘南极

众所周知,南极的自然环境是极其恶劣的。南极大陆98%的陆地常年被冰原所覆盖,冰原的平均厚度可达2450米。由于冰原吸收的太阳辐射能很少,所以气温也很低,而且南极大陆风暴频繁强烈。正是因为这些因素,南极大陆是没有土著居民的,它并不适合人类居住。那么,一

科学家精神 协同篇

个国家要想在南极上进行长期的考察，就必须创造一个可以让人类生存的地方。因此，南极科考站的建立就显得尤为重要了，它是后续进行一系列南极科考活动的基础和原点。自20世纪50年代开始，很多西方国家就已经在南极建立了多个科考站进行考察活动。到了20世纪80年代初，已有17个国家在南极建立了40多个科学考察基地和100多座夏季站。而中国却始终没有踏足过南极。

从1980年开始，中国政府派出科学家到澳大利亚南极科考站和考察船上学习工作，他们留下了中国人在南极的第一个脚印，同时也种下了中国人在南极大陆的一个梦想——拥有一个属于自己的常年科考站。

要想在南极建立一座科考站，必须进行全方位的考虑。从站址选择到运输工具，从确定航线到人员安排，以及其他各种后勤保障所需的软件和硬件，出发前在国内都必须精心准备，稍有疏忽，就会给日后的科考活动带来极大的障碍。为了实现在南极建站的目标，中央提出：务必精心组织，各方大力协作，把困难想得多一点，做到安全第一，站住脚，积累经验，为完成南极考察的长期任务奠定好基础。因此，各方从船舶、航海、物资装备和考察队组建等方面，展开了紧张而全面的工作，并编制出准备工作网络图，按照要求，协调关系，科学稳定地落实各项工作。

首先最重要的是选址问题，因为它直接关系到以后工作人员的安全和工作效率。在通盘考虑了南极的地貌特征和自然环境后，负责统筹此次科考活动的南极考察委员会决定将中国第一个南极站建在南设得兰群岛。当然，这一位置还要通过实地勘察后再最终确定。为了把考察用的各种物资设备和人员送到南极，最关键的就是要有合适的船舶。从事南极科考的各国大多采用具有破冰或抗冰能力的极地考察船，但20世纪80年代时我国并不具备这方面条件，根据实际情况，便选用了"向阳红10号"科学考察船。同时，为了安全起见，中国人民解放军海军还派出"J-121号"

打捞救生船一同随行。为了更好地适应极地海域航行和科学考察，需要对"向阳红10号"科学考察船和海军"J-121号"进行检修和改装。这部分工作便是由上海船厂的骨干合作完成的，他们不仅完成了"向阳红10号"船的卫星导航系统等200多个项目的施工任务，还为"J-121号"增装了20多台新设备。同时，担负航行指挥和通信联络的国家海洋局管理指挥司，广泛搜集了相关航海、气象、通信等资料，周密设计出通往南极洲的最佳航线以求制定畅通的最佳方案。

因为考察的物资涉及种类繁多复杂，当时全国各有关工厂、企业和科研单位齐心协力、密切配合，积极支援此次南极科考，他们开展了攻关大协作，按计划快而优地完成研制任务。例如，中国新型建筑材料公司精心挑选了14名技术人员完成南极站的设计、生存和装配任务，生产出轻便、防寒抗风的活动房。上海纺织科学院为考察队员研制出御寒、挡风、结实耐磨的南极羽绒服。北京汽车制造厂为考察队设计、生产出2台特种车辆。就这样，在各有关单位的大力支持协作下，建站和科学考察需要的4000多种共500多吨物资从全国各地送到考察队出发地。

除了物资准备外，考察队的人员组成也尤其重要。因此，南极考察委员会按照考察队员必须具备的条件，严格挑选出591名队员组成一支精干的队伍。其中包括"向阳红10号""J-121号"船员，南极洲、南大洋考察队队员，新华社、《人民日报》等的记者和摄影师。他们组成了此次航行的科考班、房屋班、发电班、通信班、装备运输班等9个班。考察队总指挥由国家海洋局副局长陈德鸿担任。

可以说，第一次的南极科考是举全国之力而准备的，它不仅属于这591名队员，更属于全国人民。后来科考顺利结束时，考察队总指挥陈德鸿也说道："中国南极考察队取得的成绩归功于党，归功于国家，归功于人民。"

科学家精神 协同篇

协力攻坚，共建南极长城站

1984年11月20日，这是值得被永载史册的一天。这一天，中国首支南极考察队从上海黄浦江畔出发，朝着那遥远而又神秘的南极出征起航。然而漫长的航行是不会一帆风顺的，队员们也都深刻地清楚其中的艰险。可即使如此，他们始终相信，只要互帮互助、协同合作，必定能够战胜一切艰难，为中国首次南极科考画下一个完美的句号。

对南极考察队来说，这条科考之路无疑是充满魅力的，但同时也充满了艰难。在预计的一个多月的航程中，队员们需要穿越北温带、热带、南温带、南寒带4个气候带，这就如同人在一个多月的时间里经历了春夏秋冬4个季节。这样剧烈的气候、温差变化对于所有考察队员来说都是一种巨大的考验。途中还要闯过两个台风生成区、数个岛礁区、"咆哮的西风带"和被称为"航海家坟墓"的德雷克海峡，并经受南极海域强大风暴、冰山和浮冰的考验。如果遇到暴风雨天气，情况便会更加危急。除了这些外部情况，考察队还遇到了无数次的船体故障。

"J-121号"在刚进入太平洋的时候，其右主机第一缸冷却水管支架断裂、第八缸支架裂缝。这些问题如果得不到及时解决，便会让原本的航行时间增加一倍，这也就意味着危险多增加一分。在这危急时刻，他们决定采用"封缸航行"——对发生故障的气缸停止供油，尽管风险很大，但这却是唯一的办法。因此，机电部门的所有成员冒着缸内70 ℃的高温，轮番作业，经过4小时25分钟的艰苦抢修，"J-121号"终于完成了封缸作业。后来经过23个昼夜的运转，证明此种方法是可行的，开创了中国大功率柴油机封缸航行史上的最新纪录。在整个航行中，机电组的人员共排除类似故障320余次，为南极科考的顺利完成贡献良多。

经过数日的船上漂泊生活，1984年12月25日，考察队的队员们在船上发现了远方绵延的冰山，冰山就像是一大块晶莹剔透的水晶，散发着

"白色荒漠"筑中国"长城"

迷人的光芒，那就是他们此行的目的地——南极洲乔治王岛。按照计划，考察队员分别勘察地形以便确定站址，最后确定了将南极长城站建在乔治王岛的菲尔德斯半岛南部地区。北京时间1985年1月1日3时16分，郭琨队长亲手将第一面五星红旗插上了南极洲，这也意味着中国人终于在南极这片广阔神秘的土地上留下了自己的足迹。

在长城站的建设过程中，大家更是齐心协力、协同攻关。全体队员在登岸后就立即投入到紧张的卸货、搬运和搭建工作中，随后，队员们就将生物保护区、地震观测区、天线设置区、房屋筹备区等标识出来。在前期还需要建造一座供小艇停靠的码头，就在考察队员将装满沙子和砾石的400多条麻袋用钢管打入海滩中，并把钢管连接起来形成框架时，天上便下起了大雪，一时间风高浪急、气温骤降至零下，这恶劣的天气无疑给队员们的工作造成了巨大的困难。但是队员们采取轮班作业的打桩方式，一人抢锤一人握管。每次由5～6组队员穿着防水衣裤跳到海水里工作10分钟，再由另一班顶上。这样经过120多个小时的轮番作业，一个简易的码头基本建成。为了完成后期的建站工作，大家更是争分夺秒地展开区域水文、地质、气象等调查研究工作。例如，老潜水长刘宝珠不顾个人安危，下潜到75米深的海底，采集了大量的地质和生物标本，成为第一个潜到南极海底的中国人。在运送长城站的"心脏"——发电机时，海军"超黄蜂号"驾驶员于志刚更是凭着高超的驾驶技术，顺利地将两台发电机从船上运到了长城站址，而年近50岁的郭琨队长更是持续奔波于船、码头、施工现场指挥，参加搬运。在全体队员的共同努力下，成功标出了中国第一张长城湾水文地质海图，搜集整理出乔治王岛海域水文气象数据700多条，及时准确地进行了气象预报，为顺利建成南极站创造了条件。

考察队在暴风雪频繁袭击的情况下凝心聚力，抢建卸货码头，抢运物资，安装发电机组，调试通信、气象仪器设备，至此，长城站的各项建设工程得以按预期计划有序地开展起来。所有队员都明白：必须在大海封冻前完成长城站的建设，只有这样，才能保证所有非越冬人员的安全撤离。在这期间，考察队员不畏辛劳、分工合作，一点点地搭建好了梦寐以求的长城站，包括发电站、通信台、气象站、测绘站、科研楼、医务文体楼、油库、码头、邮政局、直升机场等20多个部分。终于在1985年2月20日，中国的第一座南极科考站——长城站建立起来了。同一年度，国家南极考察委员会决定将新建的长城站升级为越冬站，这为以后的南极科考活动奠定了更加坚实的基础。

"中国南极长城站的建成，填补了我国科学事业的一项空白，标志着我国极地事业发展到一个新的阶段，为我国进一步加速国际科学技术交流与合作，以及和平利用南极造福于全人类奠定了基础。"当年国务院的这封贺电将长城站的建成意义形容得淋漓尽致。

自1985年2月21日起，南极考察队员正式进入了南极科考阶段。科考班分为南极洲和南大洋两个考察队分别进行陆上和海上科考任务。南极洲考察队积极开展地质地貌、高空大气物理、地磁、测绘等项目的考察，采集了一批标本样品，获得了一定的宝贵数据。例如，在大气物理方面，考察队利用国产辐射智能仪展开辐射观察获得了天空辐射、地面反射的资料。南大洋考察队考察了磷虾的分布规律及海湾水域的3个软底站，采集了大量的沉积物样。还对南大洋海域的群落生态、动物地理等方面进行了分析研究。

总之，中国首次南极科考取得了辉煌的成果。他们合作调查了10万平方千米的海区，拿下了34个综合观察站，取得了3549海里水深测线和2533海里重力磁力测线资料，取得了总深35 716米的温、盐、深测量的6万组数据，获得了数百瓶生物样品。更重要的是考察队不畏艰难、全力协作，协同攻关建立了中国第一座南极站，这才让以后的南极科考活动成为可能，也为以后中国建立更多的南极站提供了宝贵的经验。至此，中国成为世界上第18个在南极拥有科考站的国家，中国在南极问题上也拥有了发言权和决策权!

开展国际合作,贡献中国智慧

自 1983 年中国加入《南极条约》,又在 1985 年成为《南极条约》协商成员国之一后,中国便致力于建立极地科学数据和标本样品的共享平台。在此过程中,中国在极地冰川学、海洋学、地质学、生物生态学、大气科学等领域积累了大量观测数据,取得了一批高水平的科研成果,为国际南极考察贡献了中国方案和中国智慧,为人类认知极地作出了积极贡献。

从 1996 年开始,中国南极考察队实施了 6 次内陆冰盖考察,2005 年和 2008 年分别成功开展了南极内陆冰盖最高点——冰穹 A 多学科综合考察,首次钻取了超过 100 米的冰芯,获得了区域性千年尺度气候变化记录资料;科学家采用地质学和生态学等多学科交叉研究方法,在含动物粪的沉积层中恢复了过去 3000 年来南极企鹅种群数量的变化规律及其与气候变化的关系,相关研究成果发表在 Nature 杂志上;同时还揭示了"泛非"热:国际上普遍认为东南极是一个形成于 10 亿年前的克拉通,把 500 Ma ~ 550 Ma 数据作为产生绿片岩相变质作用和局部花岗岩侵入的次要事件。中国地质科学院地质力学研究所研究员赵越对拉斯曼丘陵变质地质进行详细研究后发现,该区主期低压麻粒岩相变质作用发生在早古生代早期,即泛非期,从而提出"泛非"构造 – 热事件是该区主要构造事件,是东南极克拉通最终形成时期。这一成果已被国际同行认同和广泛引用,并被列入国际合作的倡导计划(东南极及相邻冈瓦纳省构造热事件 – 新元古代至寒武纪)进行研究。它对前寒武纪至早古生代构造演化和冈瓦纳古陆恢复是一个重大贡献。

除此之外,中国在倡导绿色考察南极上积极践行《关于环境保护的〈南极条约〉议定书》等相关国际公约要求，注重环境管理，保护南极环境。中国南极考察队坚持开展科考站站区及周边环境的治理，拆除废弃设施，清理工程材料、废弃物等，并将其运回国处置。同时，中国还坚持全球视野，加强国际合作。于2002年在上海承办了第27届SCAR会议和第14届COMNAP会议。2017年的第33次南极考察队派出和接纳国内外人员13人，与新西兰、智利、泰国、葡萄牙、乌拉圭等开展了罗斯海冰架联合钻探、南极半岛地质及生物联合考察、南极乔治王岛地质构造演化和鱼类研究等国际合作项目研究。中国还全力深化东南极航空网络建设与协作，与澳大利亚、俄罗斯进行航空合作，完成航空遥感飞行、中外人员运送和野外科学设备运输的任务。

从20世纪80年代到现在，中国的南极科考事业从一片空白到在国际上大放异彩，这其中的辉煌有多大，困难就有多少。首次南极考察队在没有经验、没有专业设备、没有考察破冰船的情况下，他们凝心聚力、团结协作，为中国建设了第一座科考站——长城站，为以后的科考活动积累了大量的宝贵资料。40年来，无数的考察队员前赴后继，在南极这片"白色荒漠"上协作探索，进行多领域的交叉研究。他们身上所展现出的集智攻关的团队精神、跨界融合的协作机制更是形成了一种"南极精神"。随着时代的发展和科技的进步，中国又陆续建立了中山站、昆仑站和泰山站3个科考站，在建的罗斯海新站预计2022年完工。同时，也有能力更多地参与到南极科考的国际合作中。在始终遵循"为人类和平利用南极作出贡献"的原则下，南极考察队坚持全球视野，加强国际合作，不断地为推动科技进步、构建人类命运共同体贡献着中国智慧。

（撰稿：刘诗琪）

参考文献

[1] 李文祺. 亲历首次南极科考（一）[J]. 档案春秋，2017（9）：4-10.

[2] 央视网. 国家记忆：《征战南极》系列第一集 首次科考[EB/OL]. （2017-05-22）[2020-05-22]. http：//tv.cctv.com/2017/05/22/VIDEv7Qp7VjvmolmMW35f20s170522.shtml.

[3] 李文祺. 亲历首次南极科考（三）[J]. 档案春秋，2017（11）：51-56.

[4] SUN L G, XIE Z Q, ZHAO J L. A 3000 year record of penguin populations[J]. Nature，2000，407（6806）：858.

[5] 刘小汉，赵越. 东南极拉斯曼丘陵构造变质事件：中国南极科学研究成果与进展[M]. 北京：海洋出版社，1998.

[6] 陈连增. 中国极地科学考察回顾与展望[J]. 中国科学基金，2008（4）：9-13，57.

中国南极科学考察队，是指中国科学家在南极进行科学考察活动的队伍。以国家海洋局为主管，有关部委和科研机构共同参与，服务于自然资源部中国极地研究中心。1980年年初，中国开始进行南极考察。1984年，中国首次派出南极科学考察队进行考察活动。截至2020年，中国南极科学考察队已开展37次科学考察活动，建成4个南极科考站，第5个科考站预计2022年完工。40年来，考察队为研究极地冰川学、生态学、地质学、海洋学、高空大气物理学等方面作出了重大贡献。

千家协同建重器
电子对撞开新花
——北京正负电子对撞机

作为我国第一台高能加速器及世界八大高能加速器之一，北京正负电子对撞机（BEPC）（以下简称"北京对撞机"）是改革开放后我国在充分学习国外先进科技的基础上，主要以自己力量研制成功的第一台大科学装置，成为继"两弹一星"之后我国高科技领域又一重大突破性成就。北京对撞机是中国科学院高能物理研究所（以下简称"高能所"）和全国几百家工厂、研究所、高等院校的上万名科研人员、工人、干部，以及解放军官兵顽强拼搏、团结协作的硕果，它的建成和正负电子对撞的成功，标志着我国跻身高能物理研究先进国家之列，为我国粒子物理研究和同步辐射应用开辟了广阔前景，也为我国高能物理研究开启了新篇章。

正确的决策

我国高能加速器建设方案的论证，经历了近30年"七下八上"的艰

千家协同建重器　电子对撞开新花

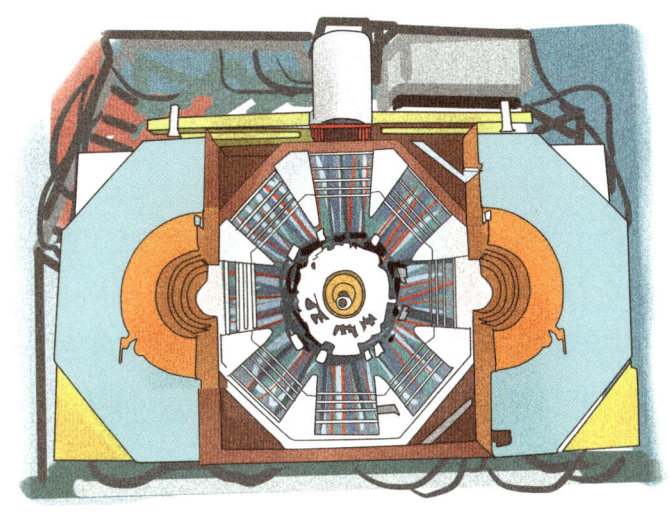

辛曲折历程。从 1981 年开始，在邓小平同志指示下，方毅副总理在听取了李政道、吴健雄、袁家骝、潘诺夫斯基等海外科学家的建议后，组织国内外有关专家（包括意见不同者）广泛、充分、深入、认真地反复论证，认为建设正负电子对撞机意义重大，对推动我国科技和工业水平的发展都有很大作用，而且随着我国国力的不断增强，具备了建设的条件。1983 年 12 月 15 日，党中央决定将 2×2.2 GeV 北京对撞机的建设列为国家重点工程建设项目。此后，决定将该工程代号命名为"8312"，列入中央专委项目，并要求于 1988 年底实现正负电子对撞。

强有力的管理机制

鉴于这个项目的重要性和艰巨性，在 1983 年 12 月北京对撞机正式决定上马后，党中央、国务院决定成立跨部门、跨行业的北京对撞机工程领导小组（以下简称"工程领导小组"）。工程领导小组由时任中国科学院顾问的谷羽同志牵头（她于 1986 年 7 月离休，然后由中国科学院副院长周光召接替），并由国家计委副主任张寿、国家经委副主任林宗棠、

科学家精神 协同篇

北京市副市长张百发等组成,负责全面领导和组织工程实施。工程领导小组直接向党中央、国务院负责。胡启立和宋平两位中央领导同志分别代表中央书记处和国务院负责具体领导工作。各有关部委均有一位副部长主管此项目。

正如万里同志所说,工程领导小组几位同志都是干事的人,从不"扯皮",都是事业心很强、敢于担当,又能讲团结的领导同志。谷羽抓总研制,负责工程的具体领导组织和协调,重点抓高能所的工作。她有魄力、责任心很强、组织协调能力突出、善于团结同志。20世纪60年代,她任中国科学院新技术局局长,曾负责"两弹一星"中国科学院承担任务的组织协调工作,与有关部委负责人很熟。她是胡乔木同志的夫人,与一些中央领导同志也很熟悉。她在北京对撞机建设过程中发挥的重要协调作用远远超出她的职务所能起的作用。

张寿是国家计委分管科技工作的副主任,负责工程计划、经费、物资等供应工作。林宗棠是国家经委副主任兼国务院重大技术装备领导小组(以下简称"装备领导小组")副组长,还兼任装备领导小组办公室(以下简称"重大办")主任,负责非标设备制造和新材料的研制等工作。他在重大办下设"8312工程设备协调小组",负责协调北京对撞机建设中的设备制造工作。他曾经是万吨水压机的副总工程师,对机电行业很熟悉,经常深入车间,与技术人员、工人一起研究解决问题。张百发是北京市主管城市建设的常务副市长,负责土建工程及有关工作。这位工人出身的副市长在建筑行业工作多年,经常深入对撞机建设工地,了解施工进展情况并及时解决问题。

工程领导小组下设精干的工程领导小组办公室(以下简称"对撞办"),主任为柳怀祖,负责落实中央及工程领导小组的决定。同时,作为工程领导小组的助手和参谋,他还负责协调、解决、通报有关各部委在工程建设中遇到的问题,监督检查工程建设日常工作。

千家协同建重器　电子对撞开新花

有关部委除了有一位部领导直接负责北京对撞机项目外，还要有一个业务司局具体对口负责北京对撞机工程项目，该司局的领导就是对撞办的联络员。对于工程建设中临时出现的一些具体问题，对撞办就直接与联络员联系解决，免去了层层上报和"扯皮"的麻烦，提高了工作效率。例如，在1985年的土建施工中，混凝土罐装车突然一时接续不上，如不能及时接续上，已浇灌的混凝土一旦凝固，再灌上去就会出现接缝，形成"夹缝"，将使防护墙质量受到严重影响。对撞办主任柳怀祖马上给北京市建委的联络员万嗣铨副主任打电话，请他立刻协调解决。很快，混凝土罐装车就一车接一车地来了，混凝土浇灌工作得以顺利进行，避免了防护墙出现接缝，保证了工程质量。

又如，谱仪的簇射计数器端面板是由航天工业部3531厂研制的，结果发现在钻孔位置的精度上出现了一些问题，林宗棠在协调会上对航天工业部的联络员民品司刘司长说："老刘啊！回去跟李部长讲一讲，这个问题就出在航天工业部，你们研究一下吧！我过几天去厂里看一下。"林宗棠虽讲得还比较温和，但刘司长回去给李绪鄂部长汇报后，李部长就急了，马上打电话给3531厂所在的贵州遵义061基地，把基地的主任严厉批评了一顿，并要求查处相关责任。航天工业部是军工部门，历来对质量要求十分严格，出问题是要严肃处理的。当时061基地和3531厂都感到压力很大，林宗棠带着柳怀祖来到061基地，深入车间与技术人员和工人一起现场讨论，终于找到了解决方案。

再如，北京谱仪主漂移室的拉丝是在航空工业部上海5703厂进行的，就是在两个端面板中间拉出2万根比头发还细、2.3米长的镀金钨丝，并且都要绷紧了。1988年夏，整个簇射计数器在上海拉丝组装好并运到北京后，由于运输震动，镀金钨丝扭曲变形，全乱了。如果运回上海重新组装后再运回北京，也无法保证不出问题。这时候整个工程马上就要开始总调了，大家都十分着急。于是，航天工业部负责北京对撞机项目的何文治副部长当即决定:"让上海来人,把整个安装车间的人全部拉到北京来,在现场装。"负责安装的绝大多数是年轻女工,眼睛好,手又巧,但是她们大多有小孩,出差后,家里都有很多困难。该厂党委的态度非常坚决,克服一切困难,保证按时保质完成任务。就这样,由厂总工程师张士元亲自带队,调过来能坐满一火车车厢的女工,就在高能所现场重新拉丝并顺利把簇射计数器安装好了。

这种组织领导指挥架构十分简单,减少了管理层次,又层层有人负责,使工程组织协调十分高效。另外,工程领导小组给了北京对撞机的建设单位高能所相当大的自主权,人权、财权都在所里。整个工程款就直接拨到高能所账上,工程领导小组不设财务,不与其争财权。

建设的指导思想

北京对撞机是一项由上万台(件)具有当时最高科技水平的各种设备组成的复杂且庞大的系统工程,其复杂性和面临的技术困难不亚于当年"两弹一星"的研制。虽然当时我国已有了一定的科技和工业实力,但建设北京对撞机所需要的各种高科技专用设备还从未做过,困难之多、难度之大,前所未有。因此,工程建设之初存在着不同的意见。一种意见认为,我国从未建造过高能加速器,没有任何经验,难度太大,时间要求又很紧,研制单位难以适应。所以,从国外全面引进成套设备更为妥当。但大多数国内专家和工程技术人员认为,建设北京对撞机不仅是为了有一台高能物理研究设备,更重要的是能够通过学习国外先进科技并自主设计、研制和安装,来提高我国相关领域科研和工业综合能力,同时培养一批专业人才。

对此,工程领导小组认真学习了邓小平同志"造加速器可以请外国科学家帮我们搞一下,这样快一些,也省一些。有些部件可以进口,这是一个比较快的办法""独立自主，自力更生，无论过去、现在都是我们的立足点"的指导思想，认真研究并提出了"改革开放下的自力更生"方针，即充分利用改革开放的政策，除计算机等少数我国当时无力研制和用量很少、不值得我们花人力、物力去研制的设备、部件和材料外，都要在充分消化吸收国外先进技术的基础上，依靠自己的力量设计和研制。实践证明，这样不仅节约了大量当时极为珍贵的外汇，而且促进了我国相关科技和工业水平的提高，同时培养了一批人才。

北京对撞机原定的设计方案是以基础研究为主要目的，重点开展一些深层次物质结构方面的高能物理实验工作，并开展同步辐射光（当时新兴的尖端技术）在固体物理、材料科学、微电子学、生物及医学等方面的应用研究。按照原计划，同步辐射的应用装置放在对撞机物理试验成功后，再进行建造。为了尽快进行同步辐射应用研究并省去再建造同等能量的专用同步辐射加速器的经费（3000万美元以上），李政道和国内一些学者向工程领导小组建议，在北京对撞机建造的同时，在对撞机的存储环上增加同步辐射光束线，这样北京对撞机就可同时进行基础研究和应用研究。工程领导小组经过广泛、深入、细致地调查研究，决定"将原定两步走，合为一步走"，并提出了"一机两用，应用为主"的建设方案。此方案报党中央、国务院后得到了批准，并被列入工程扩大初步设计中。

发挥团队精神　协同攻关

中央批准工程建设方案以后，工程领导小组立即组织高能所的科技人员和中国科学院建筑设计院的工程设计人员开始联合进行"北京对撞机工程扩大初步设计"。这样既便于各分体设计之间的交叉和土建与设备的配合，也为了使设计人员集中精力，当时采取了集中设计的办法，地点就在高能所旁边的中国人民解放军政治学院的学员楼，限期为2个月。

科学家精神 协同篇

由于时间紧迫，虽然许多参与设计的科技人员的家就在高能所，但他们也不回去，经常工作到凌晨三四点，礼拜天也不休息。胡启立、宋平同志多次到政治学院看望参加联合设计的人员，谷羽同志也经常去现场了解进度，帮助大家解决工作和生活中遇到的问题，对撞办的工作人员更是全力在现场了解情况，随时帮助解决问题。

在工程建设过程中，高能所的科技人员发挥艰苦奋斗的精神，协同攻关、逐项攻关、协力创新，助力我国在高能加速器领域实现"一步登顶"。

为了顺利完成整个工程的工艺设备安装，使之不影响工程的整体进度，高能所充分挖掘所内同志熟悉工程和各专业工种的潜力，组成精干的队伍，承担了工艺设计安装图和安装流程的设计。对于几千种、近万台（件）价值上亿元的工艺设备，从运输到安装，预先作了周密考虑和安排；精心编制了安装工艺并设计了众多特种工具；对上千种总长几百万米的各种电缆进行了精细布局设计；对总长逾千米的各种管道作了精确布局设计。在设计中，大家团结互助、协同作战、不辞辛劳，认真负责地完成了大量图纸的绘制工作，为1987年底出束提供了关键的技术基础。

加速器的安装从1986年5月开始，但由于遇到一系列土建问题和雨水进入隧道问题，以及30 MeV段安装后要调试出束，故安装工作暂停。1987年5月底直线加速器的安装工作继续进行，要求在9月底前完成，以保证10月出束。在3个月内要安装完50节加速管，加上原计划8月以后必须开始安装储存环，两条战线同时进行，人力更显紧张。与此同时，一些工艺设备还未及时到达工地，特别是束流位置测量真空室因质量问题需要返工，从而影响到真空室和储存环最核心部件的安装。眼看一天天逼近年底，计划一推再推，指挥部已经考虑是否要调整预定年底出束的计划。但是，大家一致认为，军心不能动摇，要千方百计地按计划完成第一阶段的任务，高能所的安装队伍和核工业23安装公司的队伍默契配合，最终抢回了时间。

千家协同建重器　电子对撞开新花

在磁铁安装中，高能所摒弃了以往用基础板灌混凝土的传统、复杂、费时方法，大胆采取用模板直接在混凝土上打孔固定的办法。新方法既精确又快速。随着磁铁一块块安装就位，工人和技术人员干劲倍增，大伙一边干活一边喊着号子，工地上欢声笑语、一片沸腾。

为了加快进度，研究团队的同志们精心组织各工种不分昼夜地进行分系统调试与安装、空间施工等的交叉作业。参加安装的工程技术人员和工人不畏艰难、任劳任怨、团结协作，连续苦干了近3个月。到1987年11月底，真空度已达到10^{-7}毫，出现了胜利的曙光。

经过参加调束同志们的连续奋战，在1987年12月，第一团束流从对撞机上得到加速。当人们看到从示波器上拍下来的第一个束团的脉冲照片时，激动的心情难以用语言描述，人们奔走相告，整个高能所沸腾了！熬过近千个日日夜夜，历经几千人的大兵团会战，凭借万众一心和团结协作，北京对撞机建设终于结出了硕果！

在胜利喜讯的鼓舞下，在为国争光精神的激励下，参加调束的同志们夜以继日、连续作战，1988年北京对撞机实现了正负电子对撞。

在对撞两个月后，证实了北京对撞机的亮度是世界同能量加速器中最高的，为美国的正负电子对撞机SPEAR的4倍以上。北京对撞机运行效率也达到70%以上。不仅如此，它还是一台"一机两用"的装置，利用电子绕圈发出的强大同步辐射光源，可以开展物质、材料、生物等方面的应用研究，为我国同步辐射光源的应用起了先导作用。

全国一盘棋　集中力量办大事

北京对撞机设备要求的精度高、研制的难度大，虽然当时我国的工业水平与技术能力具备完成建设的基本条件，但与国际先进水平相比还有明显差距。我们有社会主义制度优势，可以通过大协作组织攻关，集中

科学家精神 协同篇

力量办大事。在北京对撞机建设过程中，很多单位和企业都争相承担任务，先后投入工程建设的单位有近百家。他们不管困难有多大，都以主人翁的态度，配备技术骨干，发扬艰苦奋斗、自力更生、团结协作的精神，攻克了一个又一个技术难关，圆满完成了所承担的各项任务。

北京对撞机所需的专用设备都是非标准的，其中除了高速计算机等少数设备当时我们研制不出来以外，绝大部分设备都是我们在学习和吸收国外先进技术基础上自主设计、研制和生产的。这些设备工艺十分复杂、技术要求很高，都是国内没做过甚至没见过、具有国际先进水平的设备。为了保证质量和研制周期，1984年10月，国家计委、国家经委、装备领导小组、中国科学院和工程领导小组联合召开由68个有关部委所属工厂和研究所的160多位代表参加的"研制北京正负电子对撞机工程非标设备会议"。

宋平同志到会并作了重要讲话，他强调："电子对撞机是国家重点科研工程项目，党中央和小平同志非常重视，中央书记处两次开会研究，国务院决定把它放在最优先的位置。工程设备研制任务艰巨，大家要拿出搞两弹、卫星的劲头，集中力量把它搞上去。"

在这个会上，签订了试制或生产协议111项，其中机械工业部44项、电子工业部34项、核工业部9项、中国科学院11项等，要求必须在1986年前完成相关研制任务。

为了发挥团队精神协同攻关，保证产品质量，会议要求：制造部门要全心全意为用户服务，处处为用户利益着想；设计部门要精心设计，建设单位要定期派员驻厂，积极主动在现场做好沟通工作；物资供应、设计、制造和运输部门要大力协同、相互支持。由于新技术发展很快、不断更新，为防止不断修改设计影响进度，工程领导小组决定：签订合同后，实行"技术冻结"。各项设备的设计，非经工程领导小组特别批准，一律不准变动，以确保研制按计划进行。

会后又专门成立北京对撞机工程设备协调小组，由中国科学院负责，各部委参加，立即开展工作，每个季度检查一次，及时协调、解决问题，达到了好、快、省的要求。

国际合作的典范

中美科技合作是北京对撞机建造成功的重要因素。邓小平同志1979年初访美，签署了《中美科技合作协定》。在此框架协议之下，国务院副总理兼国家科委主任方毅同志代表国家科委和美国能源部部长施莱辛格签署了中美两国高能物理领域合作协议，由我国有关科技主管部门和高能所与美国能源部及其所属的美国五大高能物理实验室（阿贡国家实验室、布鲁克海文国家实验室、费米国家加速器实验室、劳伦斯伯克利国家实验室和斯坦福直线加速器中心）共同组成"中美高能物理合作联合委员会"，开启了中美两国高能物理研究合作的新篇章。两国高能物理学者每年开一次会，制订、落实和检查每年的合作计划。会议轮流在两国召开，直到2017年，后来由美国单方终止。

推进这项合作的美国科学家代表人物是李政道和潘诺夫斯基，他们为北京对撞机的建造提供了很大支持和帮助，为北京对撞机的建设成功作出了重要贡献。1988年10月24日，邓小平同志在视察北京对撞机时的讲话中还专门讲道："有李政道和其他国际朋友的帮助，使我们少走弯路。但是这个工程不完全是照搬过来的，中间也还有我们自己的东西，有自己的技术，有自己的创造。"

李政道教授在中美高能物理合作上起着至关重要的作用。他认为在中国加速器开始建造的时候，就必须立刻培养将来做实验的人才。在美国的大学和国家实验室进行相关人才的培养，是非常有效的途径。由于李政道教授在美国物理界有很高的威信，经他联系，1978年7月，高能所和

科学家精神 协同篇

有关研究所向美国五大高能物理实验室和部分大学及欧洲核子中心派出了40多位科研人员。这些科研人员在美国被称作"李政道学者",后来都成为北京对撞机建设和高能物理实验的骨干。他为中美两国高能物理领域合作协议及其执行协议的附件签署、"中美高能物理合作联合委员会"的成立付出了巨大努力,起了很好的促进作用。对于北京对撞机,他更是殚精竭虑。从工程的建设方案提出、论证到破土动工,再到建成实现对撞,每当遇到问题,他总是帮助"逢山开路,遇水搭桥",为北京对撞机的建设成功发挥了重要作用。

北京对撞机工程上马后,为确保美方对北京对撞机的支持,李政道建议中国政府正式聘请潘诺夫斯基为工程领导小组的科学顾问,并说:"为了正式起见,你们应该付报酬。没多少钱,这个钱,你们不要省。"经中央批准,工程领导小组聘请潘诺夫斯基为科学顾问,商定了他的具体任务,并由我方支付他工资等费用,以示郑重。而美方的正式回复为:第一,鉴于北京对撞机系美中双方的正式合作项目,同意潘诺夫斯基担任工程领导小组的科学顾问;第二,因为这是两国的合作项目,潘诺夫斯基的工资等费用仍由美方支付,中方只需支付往返机票和其在北京的生活费用。这体现出两国政府在这一项目合作上的郑重及深入。李政道教授以拳拳赤子之心,为中国科学和教育事业做了很多事,这是有目共睹、人所共知的。

潘诺夫斯基是美国斯坦福直线加速器中心所长,曾任美国总统科学顾问委员会主席,在美国政界颇有影响,对中美高能物理合作非常热心。建高能所大型计算中心时,虽然原来高能所有一个计算机房,但仅仅是一个终端,远远无法满足北京对撞机工程数以亿计的庞大数据运算需求。根据1984年10月中美高能物理合作第五次会议的建议,成立中美双方计算机专家小组,1985年初开始在高能所建设一个大型计算中心,并决定引进美国数字设备公司(DEC)1984年10月研制成功的当时世界最先进的VAX8550大型计算机。但由于该计算机是当时的先进设备,美国禁止

千家协同建重器　电子对撞开新花

向中国出口。为此，潘诺夫斯基亲自到美国国会作证说："你们可以问全世界所有高能物理学家，哪一个会告诉你们高能物理研究不需要大型计算机。"美国国会听取了潘诺夫斯基的意见，批准同意出口该计算机，但规定只允许北京对撞机这一个项目在这台机器上做计算，不得做其他计算。工程领导小组同意了对方的规定。1986年，高能所大型计算中心正式建成并投入使用。

担任顾问期间，潘诺夫斯基每年来华两次，每次两周。他深入高能所的各个研究室、车间了解工作进展、质量等，与科研人员认真讨论遇到的问题，而且每次都向工程领导小组提出书面意见和建议。有一次，他做完心脏搭桥手术不到两个月就来华工作，让大家都感到震惊和敬佩。胡启立同志会见他的时候说："您的精神实在让人很感动。"而他回答说："约定的时间到了，我应该来，这是我的责任。"方毅同志亲切地称呼他为"老潘"，大家也都十分友好地跟着叫他"老潘"。

北京对撞机建设还得到了欧洲核子中心，德国、日本等国高能物理实验室的支持和帮助。同时，中外双方建立了良好的合作关系。

我国科技史上的丰碑

北京对撞机不仅是我国第一台高能加速器，而且是世界八大高能加速器之一，也是世界高能物理研究的重大科技基础设施。它由长202米的直线加速器、输运线、周长240米的圆形加速器（也称储存环）、高6米重500吨的北京谱仪和围绕储存环的同步辐射实验装置等几部分组成，外形像一支硕大的羽毛球拍。北京对撞机是当时世界上唯一在 τ 轻子和粲粒子产生阈附近研究 $\tau-$粲物理的大型正负电子对撞实验装置。2009年经过改造升级后，北京对撞机仍是该能区迄今为止亮度最高、性能最好的对撞机，也是全世界在这个领域的研究中心，很多国外科学家在此进行

科学家精神 协同篇

研究工作。

北京对撞机造价仅为国外同类机器的几分之一,而且仅用了4年时间就建造完成。这在国际高能物理界不能不说是奇迹,受到国际高能物理界的高度称赞。为了表彰和纪念工程建设者顽强拼搏、团结奋斗的功绩,在高能所学术报告厅的中央树立起两块对称的黑色大理石纪念碑,上面的碑文是这样写的:

"北京正负电子对撞机工程于1984年10月7日破土动工,邓小平等党和国家领导人亲临奠基。

在党中央、国务院和邓小平同志的直接关怀下,中国科学院高能物理研究所和全国几百个单位的上万名科技人员、工人、干部和解放军官兵,自力更生、团结协作,以中华民族的聪明才智,充分吸收世界先进技术,夜以继日,顽强拼搏,克服重重困难,精心设计、研制、安装和调试,仅用了四年时间就建成了具有世界先进技术水平的加速器——北京正负电子对撞机,实现了周恩来总理的遗愿,为发展我国的科学事业作出了杰出贡献。这一举世瞩目的科学技术成就得到了世界科学界的公认和高度赞扬。

北京正负电子对撞机工程领导小组受党中央、国务院的委托,全面组织和领导这项工程的建造,国家计委、国务院重大技术装备领导小组等十几个部委、中国科学院、北京市人民政府给予了大力支持,参加北京正负电子对撞机工程建设的主要单位有:

中国科学院高能物理所、中国科学院建筑设计院、北京市第二城市建设工程公司、上海先锋电机厂、北京广播器材厂、汉光电工厂、贵州风华机器厂、中国原子能研究院、上海飞机制造厂、天津新河造船厂、中国科学院合肥等离子体所工厂、北京变压器厂、西安电力整流器厂、上海真空泵厂、北京真空电子器件研究所、武汉钢铁公司、洛阳铜加工厂、太原钢铁公司、航天部光华无线电厂、解放军总参谋部第一测绘大队、核工业部二十三建设公司第一工程队、贵阳永恒精密电表厂、鸡西电工仪表厂、西安变压器电炉厂、天津电缆厂、旭光电子管厂、西南铝加工厂、西北铜加工厂、哈尔滨工业大学、武汉测绘学院、西南雷达技术研究所、中国科学院长春光机所、中国科学院沈阳科仪厂、中国计量研究院、上海阀门二厂、西安电子仪器厂、武汉地震研究所、中国科学院武汉科仪厂、中国科学院微电子中心、航空部精密机械研究所、抚顺市机械科学研究院、哈尔滨无线电十厂、中国科学院安徽光机所、北京东高地广播器材配件厂、西安红安飞机制造公司、益阳真空仪表厂、成都新兴仪器厂、中国科学院电子所、北京大华无线电仪器厂、北京有色金属研究院、宝光电工厂、苏州仪表元件厂、潍坊计算机公司数字设备厂、建安仪器厂、北京无线电测量研究所、航天部第一计量测试所、沈阳教学仪器厂、解放军装甲兵学院、哈尔滨玻璃钢研究所、北京无线电仪器厂、北京华容电器厂、北京密云东庄禾修配厂、北京机床研究所、北京液压管件厂、石家庄无线电电器厂、北京通信信号元件厂、空军第六研究所、中国科学院紫金山天文台、南京分析仪器厂、中国科学院成都光电技术研究所、中国科学院北京科学仪器厂、解放军五二八八零部队、解放军五二九六二部队、城乡部综合勘察院、北京市政设计院、北京市政一公司、黎明发动机制造公司、沈阳变压器厂、哈尔滨第二变压器厂、北京第二开关厂、上海华通开关厂、天津市电缆厂、沈阳电缆厂、锦州新生开关厂、靖江低压开关厂、大连起重机厂、大连耐酸泵厂、北京水泵厂、北京风机厂、北京市第二风机厂、天津净化设备厂、上海冷气机厂、上海金山空调机厂、南通空调净化设备厂、北京冷冻机厂、北京空调机厂、上海红光建筑五金厂。

为发扬他们在振兴中华科学事业中自力更生、艰苦奋斗、顽强拼

科学家精神 协同篇

搏的精神和纪念他们在北京正负电子对撞机建设中建立的光辉业绩，特铭文于此！

北京正负电子对撞机工程领导小组　立

一九八八年十月"

为永远铭记这段中华民族科技发展的历史和建设者的功勋，本文也以此碑文为结束语。

（撰稿：柳怀祖　杨小林）

北京正负电子对撞机（BEPC）于1988年10月在中国科学院高能物理研究所建成，是世界八大高能加速器之一、我国第一台高能加速器，也是高能物理研究的重大科技基础设施。BEPC的主要科学目标是开展τ轻子与粲物理和同步辐射研究。为此，BEPC有两种运行模式：兼用模式用于高能物理对撞实验，同时也提供同步辐射光源；专用模式专用于同步辐射研究。

2003年底，国家批准了北京正负电子对撞机重大改造工程（BEPC II），2009年7月通过国家验收。BEPC II是一台粲物理能区国际领先的对撞机和高性能的兼用同步辐射装置，主要开展粲物理研究，预期在多夸克态、胶球、混杂态的寻找和特性研究上有所突破，使我国在国际高能物理领域占据一席之地，保持在粲物理实验研究领域的国际领先地位。同时又可作为同步辐射光源提供真空紫外至硬X光，开展凝聚态物理、材料科学、生物和医学、环境科学、地矿资源及微细加工技术方面等交叉学科领域的应用研究，达到"一机两用"。

积力之所举则无不胜
众智之所为则无不成
——中科院北斗导航卫星研制团队

北斗三号全球卫星导航系统（简称"北斗三号系统"）是国家科技重大专项，是北斗卫星导航系统建设的"第三步"，于2009年立项启动实施。在北斗系统工程大总体的带领下，工程七大系统协同推进，全国各地数百家单位的数十万名科研人员参与到北斗全球系统的研制建设中。同年，中国科学院微小卫星创新研究院（简称"创新研究院"）正式入列。随后，创新研究院组建了以相里斌、林宝军、沈学民、李国通等为核心的卫星系统两总（总指挥和总设计师）队伍，并联合国内30多家优势单位，建立了开放包容、团结协作的中科院北斗导航卫星研制团队（简称"中科院北斗团队"）。团队于2015年3月30日成功发射了我国第一颗北斗三号系统试验卫星，拉开了北斗卫星导航系统从区域运行向全球拓展的帷幕；在2018年至2019年，高密度研制发射了10颗中圆地球轨道（MEO）组网卫星，有力地支撑了北斗三号系统提前半年实现全球组网。2020年

科学家精神 协同篇

7月31日，习近平总书记亲自宣布"北斗三号全球卫星导航系统正式开通"。

十几年来，团队同心协力、众志成城，重点突破了基于相控阵的星间精密测距与通信、高精度时频生成与保持、时频无缝切换等先进技术，不断提升星载时频性能、导航信号质量、定轨与时间同步等导航核心技术水平，为北斗系统工程建设提供了全新的方案，为北斗系统服务全球作出了突出贡献。

卫星"握手"、苍穹织网，从此天堑变通途

在全球卫星导航系统中，维持稳定的星座构型和钟差确定精度，是确保卫星导航系统服务精度的关键。采取星间链路技术是在各种约束条件下破解全球星座有效运行管理的最优解决方案。

勇于创新，敢于挑战，推动确定全球星间链路体制

北斗三号系统由3颗地球静止轨道（GEO）卫星、3颗倾斜地球同步轨道（IGSO）卫星和24颗MEO卫星构成，以独立自主、开放兼容、技术先进、稳定可靠为总体目标，并首次具备星间链路功能，通过卫星之间的距离测量和信息传输，弥补地面不能全程跟踪测量的不足，可大大提升我国卫星导航系统定位精度和星座自主运行能力。

2010年年初，中科院北斗团队率先开展了相控阵体制的星间链路设计，并开始研制样机。这是一个全新的尝试，是经历了多番论证，从系统总体、空间段、地面段等多方面多角度的调研分析中得出的最佳方案。

2010年10月，创新研究院联合中国电科第29所和国防科技大学，利用研制的相控阵样机和数字基带样机，完成测距、通信等关键技术验证，获得了宝贵的关键指标数据，初步验证了这种相控阵星间链路的技术可行性。至此，相控阵体制的星间链路成功迈出第一步。

2010年11月至2011年8月，分两轮完成相控阵星间链路样机研制

积力之所举则无不胜　众智之所为则无不成

与指标测试,成功实现3套样机模拟组网星座的无线测距与通信,关键技术攻关工作取得重大进展。

2011年下半年始,进行了多轮时延稳定性测试,重点针对相控阵天线、T/R组件、相控阵系统(含收发通道)在高低温环境、热真空环境下长期工作后的时延稳定性进行摸底试验。

在原理样机全面达到指标要求的基础上,创新研究院接过了整星工程实现的接力棒,根据空间环境特点,重点解决了相控阵的力学、热、抗辐照等空间技术难题,以及严酷环境制约下相控阵天线在舱外工作的航天工程化问题,为相控阵在导航系统星间链路的应用奠定了坚实的基础。

2012年年初,创新研究院联合中国电科第29所、国防科技大学等单位,共同开展相控阵星间链路产品工程研制,攻克了一个个工程实现难关,解决了一个个试验验证难题,在卫星研制的各个阶段,开展了数十次星地综合对接,对产品的功能和性能进行了充分验证。

理念创新下,一个先进的星间链路解决方案,同时可解决全球星座运行管理和星座时间同步两大难题。协同努力下,一种全新的相控阵星间链路从设想成为现实。

科学家精神 协同篇
SPIRIT OF SCIENTISTS

团结协作、充分测试，为星间链路在轨应用保驾护航

2013年是全面开展星间链路地面试验的关键年，这一年，一方面工程大总体不断组织各卫星系统、地面系统开展问题讨论，制定方案细节，规划星地对接试验项目；另一方面卫星研制团队的技术人员为了实现测试全面覆盖，天天奋战在卫星 AIT 厂房，不断地调试再测试、测试再升级，但始终无法建链，技术人员不禁感叹，"地面都这么难，上天能通吗？"那种无力感难以言表，但他们却从未放弃，始终把拦路虎当作解决问题、攀登高峰的强劲动力，团队伙伴间最大的鼓励就是"一把通"这句口头禅（意味着测试中一次实现建链）。功夫不负有心人，"一把通"把梦想照进了现实，成功为后续互联互通试验打开了最初的坦途。

2013年11月4—15日，北斗系统工程大总体组织地面系统和卫星研制团队的10余家单位约60人，在北京进行了星间链路与地面系统的初步对接试验。试验历经12天，在卫星系统与地面系统的不断演练过程中，解决了诸多理解不一致的技术细节问题，为工程推进实施积累了宝贵经验。

"首次"意味着要做更多工作来确保成功！2014年9月10—30日，由中科院导航总体部组织，在西安试验场区进行星间链路体制地面无线对接试验，通过在地面构建星地无线综合环境，模拟卫星在轨状态，对星地无线闭环条件下的星间链路体制、工作模式和软件功能进行验证。

值得一提的是，此次试验比以往任何一次都要艰辛。当时试验场区刚刚完成实验室和办公楼主体施工，为配合开展这次外场无线测试，加急赶工投入使用，楼顶的小房间是星间链路设备临时征用的新家，卫星副总师沈学民已60多岁，依然坚持在一线参与现场测试。由于卫星星间链路设备功耗大、怕热，需要专用设备辅助降温，各种设备重达百余斤，实验大楼没有电梯，甚至没有楼梯扶手，沈学民与年轻人一起把设备搬

到楼顶工作间。

9月的西安，雨没有停过，现场的测试工作热火朝天，泥土地里的雨靴是大家的标配，穿着雨靴长期忙碌奔走，偶尔也会滑倒。大家共同憋着一股劲，目标是一年后的在轨成功。正是这一个月的"实弹"演练，打通了星地建链所有环节，为首发星间链路在轨测试和试验提供了有力的支撑。

众志成城、在轨验证，虽一波三折但未负众望

首战必胜使命担。2015年3月30日，北斗三号系统首颗试验卫星发射升空。新技术体制星间链路即将公开亮相。经多轮讨论，星间链路最终定于2015年4月23日联通。虽然此前已有两轮次的地面对接演练，但地面对接没有时间限制，而在轨实战星地建链时间窗口仅仅两个小时，过时不候。能不能在短短两个小时内稳定锁定卫星、完成星地建链，是后续一系列工作的重要前提，此时此刻，大家内心都万分紧张。

13:30，试验队召开现场检查会；

14:30，全体参试人员到岗；

16:00，现场指挥一声令下，卫星星间链路设备开机，场区忙碌而有序；

18:00，地面系统开始星间链路测试，试验队所有人的目光都聚焦在地面站接收机上；

18:25，地面接收站A首先稳定锁定卫星；

18:53，地面接收站B也稳定锁定卫星，星地建链成功！

星地联通挽狂澜。时间来到2015年4月25日，如果说前两天星地建链成功的出色表现是对前期精心策划工作的嘉许，那么这一天的经历则说明了，从来没有什么成功是轻而易举的。

当卫星再次来到西安上空时，预料中的绿色"锁定"标识却迟迟没有到来，红色的"失锁"字眼显得格外醒目和刺眼。经过无数次有线无线

科学家精神 协同篇

对接试验历练的队员们，各种可能发生的异常预案在他们的脑海里一帧一帧飞速闪过。队员们开始按照预案对非预期现象进行一一排查，现场忙碌而有序。经过撒网式快速状态检查和故障排查，卫星研制方和地面方均报告设备运行正常，但星地依然无法完成建链。

窗口只剩下最后 15 分钟了，时间紧迫。就在大家以为星地建链成功的消息要推迟宣布的时候，卫星副总师龚文斌火眼金睛，发现星地存在 1 秒时差，现场指挥立即发送指令，地面站负责人员很快完成了时差校正，大家都松了一口气，等着宣布星地建链成功的好消息。

然而预料中的建链并没有到来。时间只剩 10 分钟，现场再一次陷入了寂静。

龚文斌凭着前期多轮测试及综合对接建立的信心和多年的工程经验，判断这可能是一个小的隐形不稳定运行状态导致的故障，经与工程大总体、地面站试验人员商议后，决定对地面设备进行复位。随后，绿色的"锁定"标识变成了此时世界上最美妙的作品。现场一片欢呼，却又马上安静，时间只剩下 5 分钟了。丝毫不敢放松，现场负责人对关键参数再次进行了判读，反复确认后，现场总指挥宣布星地建链圆满成功！此刻，设计师们纷纷流下了激动的泪水。

首战告捷，多年的付出总算不辱使命。这一刻，过往的种种艰辛都铸成了"值得"二字，牢牢嵌在每一位设计师的心中，不负祖国，不负人民，不负韶华。

2015 年 4 月 29 日，北斗三号系统首颗试验卫星星间链路在轨测试工作全部完成。测试结果表明卫星各项指标符合任务要求。

伴随北斗三号系统首颗试验卫星的发射和在轨测试，完成了相控阵星间链路首次在导航卫星上的高精度测量和通信，并最终确定成为北斗三号系统的星间链路体制，为全球范围内高精度导航定位服务奠定了坚实基础。

除了技术攻关，对于中科院团队来说，时间的强紧迫性和产品的高可靠性是研制过程中长期存在的矛盾，但他们仍然出色地完成了看似不可能完成的任务，全面实现了基于星间链路的测量与通信。组网卫星在轨运行3年多，星间链路从未发生过非计划中断，这意味着我国的北斗系统在真正意义上具有了不依赖全球建站就能精密定位和自主运行的能力。

精准时空基准，唱响导航"主旋律"

高精度的导航定位依赖于精确的时间，精确的时间来自精稳的时频基准信号。高精度、高可靠、稳定且连续的时频基准信号是卫星导航系统实现测距、授时和定位的基础。为导航卫星提供并保持高精度时空频率基准的星载时频系统（包括原子钟、基频处理机）被誉为卫星的心脏，是导航卫星载荷核心组成部分，也是建设卫星导航系统的核心和关键。

集智攻关、携手并进，突破时频生成与保持核心技术

2009年，北斗三号系统启动了一批关键技术攻关项目。创新研究院作为卫星总体单位，与中科院国家授时中心、中国电科第29所跨界协同，组成了优势互补的科研团队，组队承担了"导航卫星时频生成与保持技术"关键技术攻关项目。虽然中科院国家授时中心在高精度时间保持和精密时间测量、控制方面具有深厚的实践经验和技术基础，创新研究院有卫星工程和相关授时接收机研制经验，中国电科第29所在航天产品工程化方面有着丰富经验，但是在课题攻关论证阶段，对于导航卫星时频信号的高精度产生和净化方法、基准频率信号对导航卫星时频基准保持技术关键算法，特别是卫星时频基准平稳切换方法等研究难点，仍然面临巨大挑战。

2010年6月，创新研究院在导航卫星总体型号任务外特别成立了时频技术攻关团队，张军和帅涛两位年轻人作为技术带头人，开展相关技术攻关工作。当时，团队成员对卫星导航、时间频率领域的工作都基于

科学家精神 协同篇

其他项目经验,几乎所有研究工作都需要从零开始。本着科技工作者"知其然,知其所以然"的求实作风,经过持续的刻苦攻关和反复迭代论证,团队成员充分发挥在微波电路、模拟电路、数字信号处理方面的学科交叉优势,终于成功探索出一个全新的时频技术方案,将传统且最难的模拟域原子频标传递频率精度和平稳切换转化为数字域处理,同时保留了模拟域附加噪声最低的优势;攻克了主备原子钟同步与无缝切换等关键技术;实现了原子钟组实时频率相位的高精度误差检测、自主无缝切换,相位测量精度达亚皮秒级,全面达到国际先进水平。保证了北斗三号卫星时频系统高精度、高可靠、连续稳定运行。

整个关键技术攻关之路,充满了艰辛与挑战。在型号任务并行开展的情况下,课题相关的调研、分析、仿真、设计、组装、调试、测试工作占据了大家几乎所有的时间。特别是2012年4—5月原理样机联试联调阶段,因时频测试需要高精度铯、氢原子钟参考源和相关测量仪器,团队成员帅涛、博士生冯磊整整一个月,吃住都在中科院国家授时中心实验室,与国家授时中心研究人员一起边设计、边测试、边改进。无数个日日夜夜,最终换来了技术指标的全面突破。

2012年6月,北斗系统工程大总体组织卫星系统在西安开展了载荷关键技术指标的比测,由国内相关领域最顶尖的专家团队组成评审组。中科院团队研制的基频处理机比测结果惊艳四座。各项指标表现优异,频率调整精度、相位差测量精度、自主切换前后输出信号相位跳变等指标达到国际先进水平。

紧密协同、互相补台,加速攻关成果工程应用

2012年年初,北斗三号系统首颗试验卫星进入工程研制阶段,基频处理机将从原理样机转化为初样产品,创新研究院作为卫星总体单位又面临了一项艰难抉择:从工程实践的角度,总体单位有自己的主责主业,

基频处理机的方案是否要向载荷总体单位和盘托出,各级领导和参与者针对这个问题展开了多次磋商和讨论,林宝军总师和李国通总指挥经过慎重思考,一致决定以系统建设为最高目标,向载荷总体单位提供所有设计图纸和软件代码。

中国电科第29所作为载荷总体单位充分发挥工程优势,快速将原理样机转化为工程产品,经过三轮优化和改进,实现了单机小型化设计,全面提升了元器件质量等级,实测指标全面满足大总体指标要求。

北斗任务成就了一支充满蓬勃朝气和攻坚克难精神的团队,而这个团队又超常实现了原子钟无缝切换时频保持技术。回忆"导航卫星时频生成与保持技术"基频处理机的研制过程,张军感慨:"能够走到今天真的是偶然中的必然,偶然的是没有国家授时中心的委托,基频处理机的关键技术攻关不会由卫星总体单位来开展;没有载荷总体单位负责工程化,基频处理机也不会完美地实现产品研制并在轨工作完好。而必然的是,国家高瞻远瞩的战略布局和北斗系统关键技术攻关的强有力组织,必然能突破难关,实现优异指标。"

积力之所举则无不胜,众智之所为则无不成。一项复杂的任务遇到的所有挑战,不是相对独立的一个系统、一个部门或单位的知识、信息和技术能力所能解决的,需要将各相关资源和力量以系统目标为需求,集智攻关、深度协作,充分发挥系统整合优势,深度发掘系统潜力,才能完成系统目标。

(撰稿:中国卫星导航系统管理办公室)

中科院北斗导航卫星研制团队2009年正式组建,由中科院微小卫星创新研究院作为卫星系统总体单位,联合了中国电科第29所等30多家国内优势单位。核心成员有相里斌(首发星总指挥)、林宝军

（卫星总设计师）、李国通（组网卫星总指挥）、沈学民（卫星副总设计师）等。

团队攻坚克难、持续拼搏，突破了基于相控阵的星间链路通信测量、星载时频无缝切换等核心技术，完成了我国首颗北斗三号系统试验卫星和 10 余颗北斗三号系统组网卫星的研制与发射，为北斗三号全球卫星导航系统建设作出了突出贡献。

凝心聚力筑天宫
——中国载人航天工程建设团队

习近平总书记强调,探索浩瀚宇宙,发展航天事业,建设航天强国,是我们不懈追求的航天梦。作为现代国家整体发展的重要组成部分,载人航天已成为经济社会发展和科学技术进步的重要推动力量,集中展示了当今世界高新技术的发展水平。

1992年9月21日,中央批准实施我国载人航天工程,明确了"三步走"发展战略。工程前期通过实施4次无人飞行任务,以及神舟五号、神舟六号载人飞行任务,突破和掌握了载人天地往返技术,使我国成为第3个具有独立开展载人航天活动能力的国家,实现了工程第一步任务目标。通过实施神舟七号飞行任务,以及天宫一号与神舟八号、神舟九号、神舟十号交会对接任务,突破和掌握了航天员出舱活动技术和空间交会对接技术,建成我国首个试验性空间实验室,工程第二步第一阶段任务全面完成。长征七号运载火箭首飞、天宫二号空间实验室、神舟十一号载人飞行任务

科学家精神 协同篇
SPIRIT OF SCIENTISTS

和天舟一号飞行任务的圆满成功，标志着工程第二步胜利完成。长征五号B运载火箭首飞任务取得圆满成功，拉开了我国载人航天工程第三步——空间站阶段飞行任务序幕。这一阶段任务分为空间站关键技术验证和空间站建造两个阶段实施，包括12次飞行任务，计划在2022年年底前后，完成我国空间站在轨建造任务，突破和掌握近地空间站组合体建造和运营技术、近地空间长期载人飞行技术，支持开展较大规模的空间科学实验与技术试验。

中国载人航天工程现由航天员、空间应用、载人飞船、货运飞船、空间实验室、空间站、光学舱、长征二号F运载火箭、长征五号B运载火箭、长征七号运载火箭、酒泉发射场、海南发射场、测控通信和着陆场等14个系统组成。作为管理中国载人航天工程的专门机构，中国载人航天工程办公室成立于1993年6月，主要负责组织拟制载人航天发展战略；编制工程研制建设和运营规划计划；编制航天员队伍建设规划；组织实

施飞行任务；归口管理载人航天技术基础；开展载人航天领域应用工程、国际合作等工作。近30年来，办公室统筹百余个主要研制单位和千余家协作配套单位，坚持战略思维和国际视野，坚定地走出一条自力更生、自主创新的建设发展之路，擘画了一幅载人航天发展的建设蓝图。

在较短时间里，工程不断取得重大突破，靠的就是"特别能吃苦、特别能战斗、特别能攻关、特别能奉献"的载人航天精神。从实验室到各企事业单位，从大漠深处的航天发射场到浩瀚海洋上的远望号测量船，到处都留下了航天人攻坚的足迹，洒下了航天人登攀的汗水。载人航天工作者大力协同、迎难而上，以惊人的毅力和勇气，战胜了各种难以想象的困难，用满腔热血和汗水谱写了祖国航天事业的壮丽诗篇。

满腔挚情放神舟

航天科技集团五院神舟团队是负责我国载人航天器设计研制工作的主力军和国家队。他们秉承"使命因艰巨而光荣，人生因奋斗而精彩"的信念，用实际行动践行着"用成功报效祖国、用卓越铸就辉煌"的庄严承诺。

背负着希望和重托，飞船研制工作在艰难中起步。神舟飞船上马之初，没有研制经验，没有资料借鉴，神舟飞船研制队伍硬是靠自己走出了一条有中国特色的飞船创新之路。

面对技术难度最高的载人航天器，神舟团队从零起步，大胆开展创新实践，取得了包括神舟载人飞船、天宫空间实验室、天舟货运飞船和多用途缩比返回舱、新一代载人飞船试验船在内的多型航天器飞行任务成功的优异成绩。其中，神舟载人飞船将14人次航天员成功送上太空并安全返回，实现了载人天地往返、航天员出舱、空间交会对接、推进剂在轨补加等多项核心技术的突破，形成了具有自主知识产权的一系列关键技术，实现了单机100%国产化，带动了工程研制和建设水平的整体跃升。他们

科学家精神 协同篇

用自己对梦想的执着和对使命的担当为"中国速度"做出了鲜明的注解。

神舟飞船研制初期,有人提出"火箭升空到一定高度工作结束,该与飞船分离的时候,万一分不开怎么办?"为解决这个问题,需要在飞船上增加一项能让航天员手控发送分离指令的功能。这个指令从飞船送到火箭上,还要有独立的电源来支持,涉及多个领域,需要飞船和火箭两支队伍共同解决,时任神舟飞船系统总设计师的戚发轫亲自抓总协调,长征二号F运载火箭系统给予了大力支持,毫无条件地同意做出调整,使火箭不仅能够接收飞船的指令,还按要求设计了独立电源。在两个系统的精诚合作下,这一棘手问题迎刃而解。

在载人飞船的研制计划表上,有按既定的"争八保九"即争取1998年、确保1999年发射第一艘无人飞船的进度要求,神舟飞船研制队伍大胆提出借运载火箭试验的机会搭载发射第一艘试验性飞船,让飞船主要分系统得到实际考验,飞船许多技术细节在地面难以模拟,提前飞行试验可以尽早暴露问题,尽早加以改进。根据飞行试验目的,研制团队苦思冥想,拿出了一个对初样电性船做适当简化、改装成一艘试验飞船的方案。两总(总指挥和总设计师)系统经过多次会商,决定采用飞船最小配置进行首飞,确保飞船上得去、回得来。

1999年11月20日凌晨6时30分,神舟一号试验飞船直上九霄,在太空飞行了21小时后,平安降落在内蒙古中部草原。试验飞船发射成功,大大鼓舞了飞船研制队伍的士气,神舟二号、三号、四号飞船随之相继发射成功。

随着载人飞船一次次发射成功,神舟团队以攻坚克难的勇气和作风,通过艰苦卓绝的奋斗,取得了一个又一个举世瞩目的成就。在国家的特殊需要面前,神舟人义无反顾,秉持国家利益至上的信念,以崇高的理想和执着的追求,顽强奋战在载人航天工程的第一线,一次次圆我中华民族飞天梦想,一次次壮举震惊了国内外,他们把自己一生中最美好的时光献给了中国的载人航天事业,以无怨无悔的付出,以无私无畏的拼搏和奉献,诠释了"四个特别"的载人航天精神,谱写了中国航天的华彩篇章。

巧手匠心造天箭

有这么一群人,他们 10 多年历经艰辛,让中国一步迈进大火箭国家俱乐部。

有这么一群人,他们用近 3 年的负重奔跑,让中国最强火箭浴火重生。

有这么一群人,他们和时间赛跑,搭建中国人载人航天工程的梦想天梯。

他们有一个共同的名字——火箭人。他们就是航天科技集团一院长征五号 B 运载火箭研制团队。从他们手中诞生的长征五号 B 运载火箭,是在长征五号火箭基础上改进研制的,是我国首型一级半构型火箭,近地轨道运载能力大于 22 吨。

运载火箭的能力有多大,航天的舞台就有多大。长征五号 B 运载火箭作为我国运载能力最大的火箭,承担着我国载人航天工程空间站舱段发射等重大航天任务,是建设航天强国、体现科技实力的"梦想之箭",肩负着中国人探索更远太空的神圣使命、航天强国的多项标志性工程任务。

从 2006 年立项,到 2020 年首飞成功,长征五号 B 运载火箭研制历程长达 10 多年,火箭研制团队面对的除了巨大的技术跨度和研制难度,还有超负荷的工作量和空前的挑战。

2017 年 7 月 2 日是长征五号遥二火箭发射的日子。火箭发射升空后,大家正沉浸在兴奋与激动之中……第 346 秒,芯一级液氢液氧发动机突发故障,推力瞬时大幅下降,导致发射任务失败!消息很快传开,失望和质疑接踵而来……火箭团队来不及悲伤,擦干眼泪很快投入到了"归零"工作中。经过改进后的发动机完成了多次地面热试车考核,两枚考核成

科学家精神 协同篇 SPIRIT OF SCIENTISTS

功的发动机已总装待命，可就在此时，由于同批次发动机小量级地面试车发现了异常，这就意味着需要更换发动机才能保证后续任务如期执行。根据以往经验，拆卸更换发动机都是将芯级水平放置进行，工序流程复杂且时间长，影响按期执行后续发射任务。经过严密论证，团队决定芯级在垂直状态更换发动机。

该任务交给一院所属702所和211厂，开展垂直更换发动机对于中国航天尚属首次，难度不言而喻，两家单位抽调骨干成员组成联合攻关组，连夜提出三点支撑、三点悬挂的方案，经过结构力学的基本原理和强度试验数据验证，方案通过了专家组的评审。由于厂房吊车吊高有限，为保证芯级由水平放置状态翻转至竖直状态并转运至支撑平台上，团队仅用时3天设计了主吊具，再利用现有横梁进行组装，并通过了过载试验考核。从芯一级进入试验场地，到火箭更换发动机后出试验场地，全程用时不到15天。相比以往水平更换发动机，缩短周期40天。为保障型号后续发射赢得了宝贵时间，也为型号总装工艺流程的改进提供了新的借鉴思路。

2020年5月5日18时，长征五号B运载火箭从海南文昌腾空而起，带着恢宏的气势奔向太空，霎时间地动山摇。目送长征五号B运载火箭消失在视线里，有人笑了，有人哭了，还有人笑着笑着就哭了。山阻石拦，大江毕竟东流去；雪压霜打，梅花依旧向阳开。这一刻，长征五号B运载火箭团队终于走出了至暗时刻，并且在磨难挫折中、在攻坚克难中，变得更加强大。

勇攀科技高峰道路，原本就是一条荆棘满地的未知路。奋斗是最好的注脚，实力是最硬的道理。敢于攀登，善于攀登，是长征五号B运载火箭团队一贯的作风。在攀登科技高峰的路上，他们经历过刻骨铭心的失败，却依然执着攀登。在近3年里，他们和时间赛跑、与困难过招，把失败的痛苦化为艰苦的拼搏，把平淡的日子凝成最后的成功，诠释了百折不挠、勇攀高峰、协同攻关的深刻内涵，打了一场漂亮的"翻身仗"。

征途漫漫，任重道远，火箭人永远在路上，他们满怀雄心壮志，在不断超越中成就梦想，在不懈奋斗中书写未来，立志把长征五号B运载火箭打造成为新时代的"金牌火箭"，为实现中华民族千百年来的航天梦提供强力支撑。

集智攻关助生保

近10年来，面对载人航天日益繁重的任务，航天员科研训练中心航天环控生保团队顽强拼搏、大胆赶超，完成了5倍于前期载人飞行任务，共计2500余件交会对接任务产品及7000余件空间站任务产品的研制工作，实现了从7天到15年的载人环境控制能力的跨越，攻克了15项关键技术和11个技术难点，全面突破了再生式生保技术这一载人航天领域国际公认的世界性难题，为我国空间站工程建设奠定了坚实基础，同时辐射引领了相关行业的发展进步。

再生式生保技术是实现航天员从短期飞行到长期在轨驻留的关键性标志技术，也是未来载人航天发展的基础技术和瓶颈技术。面对空间站再生式生保关键技术攻关的艰巨任务，他们迎难而上、刻苦攻关，相继完成了电解制氧、二氧化碳去除、微量有害气体去除、水处理和尿处理5个装置近600种产品的设计、生产、试验工作，实现了重大技术跨越。

电解制氧装置研制初期，团队碰到了微重力环境下如何将水和氢气进行有效分离的问题。项目成员经过反复调研试验，采用一种特殊的膜材料成功地将气体中的水有效回收，但重达25千克、运行寿命仅40天，与重量不超过10千克、需运行300天以上的技术指标差距很大。为了更好地延长水气分离器的寿命，项目团队集思广益，并走访了国内十几家大学和科研院所，与几十位专家研究探讨，开展了20余次技术研讨会，创新性地提出改变水气分离膜材料及结构形式的想法，选择了"卷式膜"

科学家精神 协同篇

新技术，这种改进型水气分离膜的研制成功，使装置重量减至 5 千克，寿命提高到了 400 天。

关于尿处理关键技术的攻关，他们更是经历了双重磨难。首先，舍弃了相对成熟但并不优化的美国双旋转蒸馏方案，他们提出了全新的单旋转蒸馏方案，要走一条从未有人走过的路，要将技术指标提高一大截；其次，国内找不到有能力承制该产品的协作单位，均无法解决特殊环境下的动密封问题。他们顶住巨大压力，自己设计、自己画图。召集了所内的化学、结构、材料等相关领域专家形成攻关研制团队，经过团队的一次又一次揣摩原理，一遍又一遍更新设计，创新性地采用净水回流、变堵为疏的思路，使动密封问题迎刃而解，经过团队 800 多个日日夜夜的刻苦攻关，资源代价需求少但技术指标优于国际空间站的尿处理样机成功面市！经过失重飞机试验的验证，微重力条件下性能满足要求。

2013 年 5 月，他们设计研制的泄压阀发生关闭异常故障，问题的发生影响重大，必须彻底归零、限期归零。中心研究团队密切配合，迅速集结人员、产品、设备、场地，试验科紧急调动外协单位进京，进行故障复现准备和保障工作；质量科立刻联系专家和设计人员，组织召开问题分析会。环控室主任迅速成立了归零报告编写组、故障复现试验组、异常数据整理分析组、历史数据复查组。各个小组分头行动，并行高效有序开展工作。归零的历程：凌晨 4 点异常现象发生→12 点召开分析会，进行了故障树汇报→19 点异常现象在地面得到了复现→22 点完成了归零报告初稿，提交专家审查→23 点专家给出报告修改意见和补充试验验证要求→归零组连夜开展试验验证和报告修改→次日 9 点进行了分系统和系统级评审→15 点准时召开了北京和发射场两地通过电视电话会议组织的集团级归零会。整个归零过程 36 小时，创造了"归零"奇迹。归零结论不影响后续任务。环控生保团队通过 36 小时不眠不休的紧张战斗，结束了归零工作，通过生死考验后的战友情深和团队精神得到了升华。

近 5 年来，他们不辞辛劳，不计得失，在质量管理上狠下苦功，先后发现并消除质量隐患 297 项，调研收集质量信息 2700 余条，组织复核复查 220 余次，忠实守卫了航天员的生命安全。

同舟共济为应用

建设具有国际先进水平的空间站，解决有较大规模的、长期有人照料的空间应用问题，是我国载人航天工程"三步走"发展战略中第三步的任务目标。按计划，空间站将于 2022 年前后建成，是我国长期在轨稳定运行的国家太空实验室，将为全球科学家提供科学研究和实验机会。承担这一重任的是中国科学院牵头的空间应用团队。

空间站部署了密封舱内的 10 余台科学实验柜、舱外暴露实验平台及共轨飞行的光学舱等科学设施，支持在轨实施空间天文、空间生命科学与生物技术、微重力基础物理、空间材料科学等 8 个学科领域 30 余个研究主题的近千项科学研究与应用项目。每个科学实验柜都相当于一个综合性的研究实验室，可以支持开展单学科或多学科交叉的空间科学实验。科学实验仪器设备可通过航天员操作实现在轨维修更换或升级换代，就好像把专业的实验室搬到了天上。

空间站科学实验柜研制任务开始于一张白纸，没有外部输入，没有内部积累，没有人知道要做成什么样子，所能做的只有搜集和查阅资料，在字里行间筛选点点滴滴的有用信息。而当初这支研制团队仅 10 余人，平均年龄不到 30 岁，团队成员很多是"85 后""90 后"，他们曾备受质疑，也曾面对一系列技术瓶颈不知所措、无从下手。10 年漫漫研制路，凝聚的是团队的心血和磨砺。他们立足自我研发和技术创新，通过深入研究、技术攻关，一路协力同心、攻坚克难，成功走出了一条敢为人先的发展之路。

2020 年 9 月 30 日深夜，完成空间站核心舱正样例行测试的 3 个科学

科学家精神 协同篇

实验柜陆续运抵中科院空间应用中心集成测试大厅，它们要在这里进行发射前最后的状态设置和测试，它们将和空间站核心舱一起发射升空，开展一系列的科学实验。

根据任务安排，科学实验柜需要在10月8日交回天津总装厂房，时间却只有短短的8天。虽是国庆、中秋双节假期，作为负责空间站科学实验柜总体设计、系统集成、测试的中科院空间应用中心集成技术中心团队依旧紧张忙碌着，因为除了要在这一规定的时间内完成大量的总装、集成、测试、试验工作外，还要与空间站系统紧密协同，精心策划实验柜拆装流程和验收交付细则，最大限度地确保空间应用系统有效工作时间。同时团队还要与航天员系统高效沟通，补充开展有害气体检测试验等工作，确保工作无遗漏。

百余台次、几百个工序的装配调试及数百个工况测试确认工作，这对于集成技术中心团队来说是挑战，更是压力。他们按交付节点以小时为单位倒排工作计划，为了守住节点他们昼夜奋战，为了保住进度他们争分夺秒，每个阶段都做到"零"时差，真正向时间要效率。

星空浩瀚无比，探索永无止境，在这背后，总有一种精神和力量鼓舞着中国载人航天工程系统建设团队风雨无阻、勇往直前，是责任与担当使然，也是在个人梦想和国家梦想的互动交融中，做新时代的追梦人，做浩瀚宇宙的探索者，一起向更深处的寰宇、更美好的未来进发。

载人航天事业被形容为"千人一枚箭，万人一杆枪"——工程直接参加单位百余个，涉及单位多达数千家，参试的工程人员超过10万人。这里有来自全国各系统单位的火箭发动机、飞船太阳帆板、推进器、元器件……这是涓滴而成的大海，这是集中力量办大事奏出的时代强音。正是这万千活力汇聚而成的时代伟力和生生不息的不竭动力，助推中国航天跨越一个又一个科技的高峰。

（撰稿：中国载人航天工程办公室）

我国载人航天事业是党和国家长期关注、高度重视的一项宏伟大业。1992年9月，中央审议批准实施我国载人航天工程，并明确了我国载人航天"三步走"的发展战略。第一步，发射载人飞船，建成初步配套的试验性载人飞船工程，开展空间应用实验；第二步，突破载人飞船和空间飞行器的交会对接技术，发射空间实验室，解决有一定规模的、短期有人照料的空间应用问题；第三步，建造空间站，解决有较大规模的、长期有人照料的空间应用问题。

我国载人航天工程由中央专委直接领导，军委装备发展部负责统一组织实施，实行总指挥、总设计师联席会议制度，研究决策工程实施过程中的重要问题，有关工程的重大决策报请中央专委审议后实施。

载人航天工程的顺利实施，充分展示了改革开放40年来我国显著提高的经济实力、科技实力和综合国力，进一步增强了全体中华儿女的民族自信心、自豪感和凝聚力，对于鼓舞全党全军全国各族人民奋力推进新时代改革开放和社会主义现代化建设、实现中华民族伟大复兴，具有重大而深远的意义。

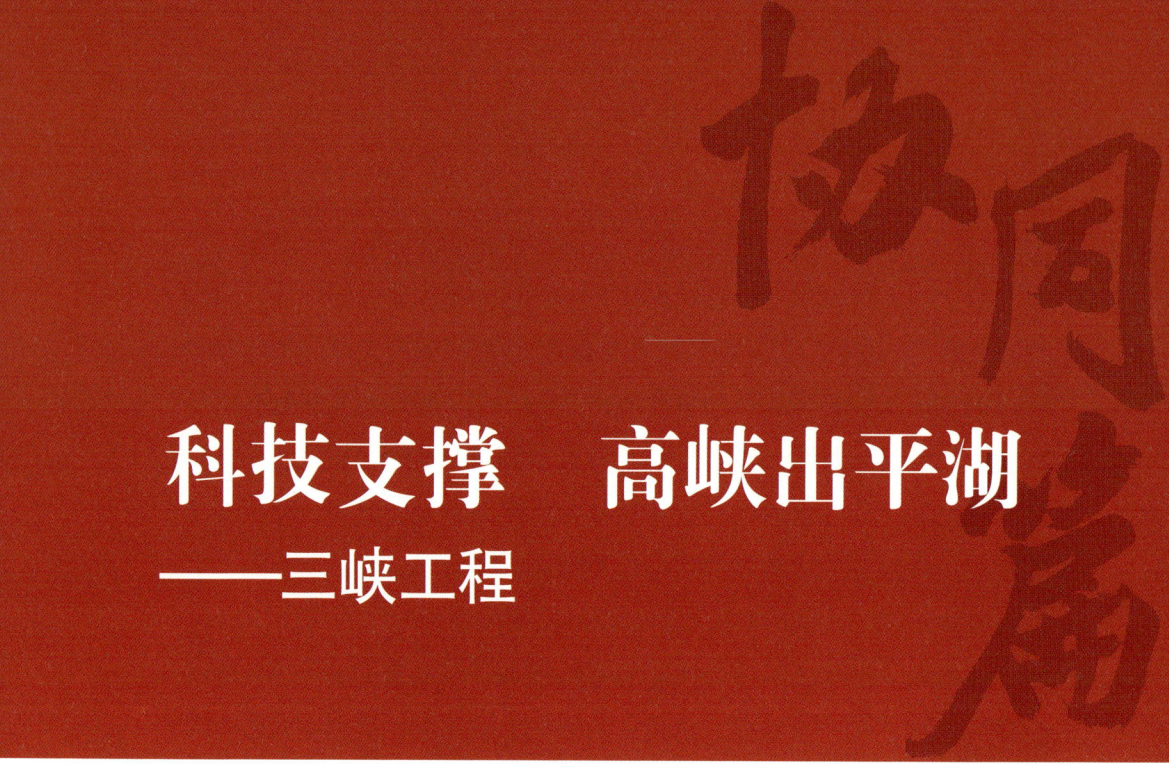

科技支撑　高峡出平湖
——三峡工程

集智规划论证，圆百年梦想

三峡工程是现在世界上最大的水利枢纽工程，具有非常多的功能，能够产生巨大的综合效益。早在1919年，孙中山先生就已经提出了开发三峡的远大设想。新中国成立后，三峡工程纳入国家战略。党的十一届三中全会以后，随着经济发展和国力增强，建设三峡工程日渐可行。但因工程关系重大，涉及巨额投资、环境保护、水利安全、移民安置等诸多问题，三峡工程一直在进行周密论证。

1986年由水利部负责，开展了对三峡工程的全面论证工作，论证领导小组商请了全国人大财经委员会、全国政协经济建设组、国务院经济技术社会发展研究中心、中国科学院、中国社会科学院、中国科协、财政部、交通部、机械电子部、四川省、湖北省、国务院三峡地区经济开发办公室等单位推荐人选，聘为特邀顾问，共计21位。同时设立了地质地震、枢纽建筑物、水文、泥沙、生态环境、施工、机电、投资估算、移民、防洪、发电、航运、综合规划与水位及综合经济评价等14个专家组，承担具体的论证工作。在聘请专家时既考虑专业需要，又要打破界限，最终，参与三峡重新论证的14个专家组由412位专家组成，来自40个专业，其中学部委员15人，教授、副教授、研究员、副研究员和高级工程师251人。水利水电部门以外的专家213人，占51.7%。

各专家组独立开展工作，从拟定工作纲要、组织调查研究试验计算、举行各类会议讨论，到起草、修改和通过论证报告，都独立进行并对报告负责。论证工作分两步进行，第一步通过综合分析和讨论，初选出一个各方面都可以接受的水位方案，作为三峡工程的代表性方案，以便深入论证比较。第二步围绕这个方案开展各专题的深入论证，并拟定各种替代（比较）方案，比较不建、早建或者晚建三峡工程的利弊得失。在14个专家组完成论证报告后，再根据专家组的结论编制可行性研究报告。

长达数十年的三峡工程论证于1992年画上了阶段性句号，4月3日，第七届全国人大五次会议通过《关于兴建长江三峡工程的决议》。1993年1月，三峡枢纽工程开始施工准备。1994年12月14日正式开工。经过无数建设者的奋战，前后历时10多个春秋，三峡工程的最核心建筑物——三峡大坝于2006年全线建成。2020年，三峡工程完成整体竣工验收全部程序，质量满足规程规范和设计要求、总体优良，运行持续保持良好状态，防洪、发电、航运、水资源利用等综合效益全面发挥。

作为目前世界上规模最大的水利枢纽工程和综合效益最广泛的水电工程，在防洪方面，三峡水库通过有效拦蓄长江上游洪水，保障了中下游地区防洪安全。从蓄水至2020年8月底，三峡水库累计拦洪总量超过1800亿立方米。发电方面，三峡电站是世界上总装机容量最大的水电站。截至2020年8月底，累计发电量达13 541亿千瓦时，有力支持了华东、华中、广东等地区电力供应，已成为我国重要的大型清洁能源

科学家精神 协同篇

生产基地。航运方面，三峡船闸自 2003 年 6 月试通航以来，过闸货运量快速增长，截至 2020 年 8 月底，累计过闸货运量达 14.83 亿吨，有力推动了长江经济带快速发展。水资源利用方面，三峡水库已成为我国重要的战略性淡水资源库。截至 2020 年 8 月底，累计补水 2267 天，补水总量达 2894 亿立方米。中下游地区生产、生活和生态用水条件得到显著改善。生态与环境保护方面，节能减排效益显著。自投产至 2020 年 8 月底，三峡电站发出的优质清洁电力能源，相当于节约标准煤 4.30 亿吨，减少二氧化碳排放 11.69 亿吨。蓄水以来，川江航道通航条件得到显著改善。三峡移民工程共搬迁安置城乡移民 131.03 万人。验收结论显示，移民生产生活状况显著改善，库区基础设施、公共服务设施实现跨越式发展。

多学科协同，破解世界难题

当年修建长江三峡大坝的时候，工程量有多大，有多艰巨，是超乎想象的。三峡大坝的建成凝聚了中国几代人的艰苦努力，也是中国科技不断发展和综合国力不断提升的见证。面对工程建设中一系列前所未有的世界级难题，建设者们自主创新、攻坚克难，突破了一个个技术难题。

造就三峡右岸"无裂缝大坝"的世界奇迹

在国内外水利水电工程建设中，历来有混凝土大坝"无坝不裂"之说。这是由于大体积混凝土在凝固过程中会产生热量，导致大坝内部温度升高。当外界环境温度较低时，大坝内外部的温度差形成的拉力会破坏混凝土，产生温度裂缝。

三峡大坝是三峡工程最核心的建筑物，属于混凝土重力坝，混凝土工程量很大。三峡大坝施工中研发出综合混凝土温控生产体系和施工工艺，在夏季（25 ℃以上的高温季节）拌和混凝土时，加入冰屑，配合负温风

科技支撑 高峡出平湖

冷骨料（用 –10 ℃以上的冷风对骨料进行冷却）等措施，拌和出 7 ℃低温混凝土，从而减少混凝土内部温度与外界环境温度差，避免产生温度裂缝。另外，夏季施工的混凝土还会"坐"上皮带机，在遮阳棚的保护下被运往浇筑现场。在冬季（5 ℃以下的低温季节）来临之前，三峡工程团队会给一年以内的拆除模板的坝段，在混凝土表面覆盖保温被、泡沫塑料板等保温材料，防止混凝土表面因为外界环境温度骤降产生温度裂缝。最终创造了三峡右岸"无裂缝大坝"的奇迹。

截断巫山云雨，高峡出平湖

为了保证大坝混凝土浇筑质量，修建大坝一般需先用"围堰"（临时挡水的坝）把将要建大坝的位置全部或部分围起来形成"基坑"，同时让江水"改道"，流向预先建好的泄水通道，这一过程在水利水电行业中称之为施工导流。

科学家精神 协同篇

为了统筹解决好大坝施工导流过程中的江水宣泄、通航等关系，一般需进行施工导流方案选择和规划。考虑到长江作为我国水运交通动脉施工期间不能断航，以及三峡大坝坝址的自然条件等因素，三峡工程团队经过多种技术方案比较，采用"三期导流、明渠通航"的导流方案，在整个建设过程中"三围长江、两改江流"。

负责 1997 年的大江截流和 2002 年的导流明渠截流的，是三峡工程的工程设计总工程师、中国工程院院士郑守仁。郑守仁说，这是"一生最大的挑战，也是最大的荣耀"。1997 年的大江截流，是在葛洲坝工程形成的水库中实施的，水深达 60 多米，超出一般的特大型工程截流水深的两三倍，江底还有 20 多米的松软淤沙。导流明渠截流流量大、落差高，龙口合龙单宽能量世界第一，江底为人工开挖修整形成，平整光滑，截流难度可想而知。面对困难，郑守仁集中群体智慧，首创"人造江底，深水变浅"预平抛垫底方案，在正式截流前一个枯水季，用石渣料将大江截流龙口深槽河段的最大水深先垫至 40 米以内，把截流江段江底的淤沙"压住"，这样既可以确保安全施工，又降低了截流合龙时的抛投强度。导流明渠截流前，他花了两年时间，通过水工模型反复试验和比较研究，提出"双戗截流、分担高水头落差"的良方。

三峡枢纽工程经历了三期导流和两次截流，其规模、难度和复杂程度堪称世界之最。三期导流的顺利实施，确保了施工期长江航运通畅，使三峡大坝顺利建成、横贯长江，让"截断巫山云雨，高峡出平湖"的愿望变成现实。

从花岗岩山体中整体开挖出世界上最大的双线五级船闸

三峡船闸的全名是"三峡工程双线五级连续梯级船闸"，也被称为"三峡工程双线五级永久船闸"，是目前世界上级数最多、上下游水位落差最大、输水系统承担的水头（能量单位，指单位重量的液体所具有的机械能）

最大的内河船闸。永久船闸共有 24 扇人字闸门，其外形与重量均为世界之最，号称"天下第一门"。

五级船闸全长 6.4 千米、宽 300 米，堪称是从坚硬的花岗岩山体中整体开挖出来的一条"人工运河"。由于船闸上下游水位落差达 113 米，它的直立边坡最高达 175 米。如何控制高边坡岸体内容易发生的断裂、潜流、渗水及风化等地质活动，使船闸避免出现失衡滑坡的危险，是水利施工中公认的一道世界难题。

担负主要施工任务的原武警水电部队工程技术人员与我国水电专家一道共同努力，先后运用 100 多项新技术、新材料、新工艺和声光、电子、化工、冶金、液压传动、材料力学等 10 多个学科知识，成功解决了船闸施工中遇到的各种难题。

武警水电部队在施工过程中，采用光面爆破和预裂爆破等控制爆破技术，"像刀切豆腐一般"从坚硬的花岗岩山体中开挖出直立高边坡。据测算，如果将船闸开挖完成的土石方垒成截面 1 平方米的石墙，可以绕地球赤道一周。在加固高边坡时，他们对高边坡实施锚固锁定方案，在岩体中"像纳鞋底一样"，打入 10 万根高强锚杆和数千根锚索，将直立墙和两侧的高边坡密密匝匝地"缝"成铜墙铁壁。此外，他们还在边坡内修建了 14 条排水洞，解决了高边坡岩体渗水问题。相关监测结果表明，永久船闸高边坡十分稳定，变形值有效控制在设计允许的范围内。

在建设过程中遇到了很多重大技术问题，全国数十万名科技工作人员经过数十年的钻研，攻克科技难关，在枢纽工程和输变电工程设计、施工、设备制造、安装和调试等方面解决了诸多世界重大难题。他们努力攻克技术难关，铸就了中国水利的一座丰碑，生动诠释了新时代水利精神。

科学家精神 协同篇
SPIRIT OF SCIENTISTS

多领域协力，跨学科攻关

三峡工程团队在建造三峡期间，攻破了无数个技术难关。除此之外，还解决了人口、生态和文化等方面的难题，保证了三峡工程的顺利进行。

从 1993 年至 2009 年，三峡库区百万移民搬迁安置工作完成了 130 万移民的搬迁安置任务。为保障移民搬迁安置工作的顺利实施，党中央、国务院为三峡移民确立了开发性移民方针，受到了广大移民群众的赞同和支持。他们紧紧抓住千载难逢的搬迁机遇，在保护好生态环境的前提下，充分合理地利用当地的自然资源和劳动力资源，着力进行产品、产业、所有制结构调整，解放和发展生产力，努力提高生产、生活水平和科技文化素质，并逐步增强自我积累和可持续发展能力，做到了"搬得出、稳得住、逐步能致富"。国务院颁布了《长江三峡工程建设移民条例》。党中央、国务院号召全国 20 个省、自治区、直辖市，10 个大中城市，中央 40 个部（委）、局对口支援三峡库区移民，进一步促进了库区产业发展，推动了移民的搬迁安置。正是由于广大移民群众付出的艰辛和奉献，使三峡工程 2009 年按期完工，2010 年 10 月开始全面发挥显著的综合效益。

在生态环境保护方面，三峡水库运行调度中考虑了生态与环境保护的需求，已取得初步成效。在汛期，三峡水库实施科学的防洪调度，可以避免特大洪水泛滥对长江中下游地区经济社会的巨大影响及导致的生态灾难与环境破坏。在蓄水期，三峡水库实施了下游生态与环境保护需求的补水调度。例如，考虑到葛洲坝下游每年 10—11 月中华鲟产卵需求及中下游湖泊生态保护需求，三峡水库将开始蓄水时间提前到 9 月，并要求均匀缓慢减少下泄流量，分阶段规定最小下泄流量，尽量减少蓄水过程中对下游生态环境的影响，避免在中华鲟产卵期、中下游湖泊退水期削减较多水量。在枯水期，三峡水库实施了库区库岸稳定与下游生态和航运需求的运行调度。另外，每年的 4 月底到 7 月是长江"四大家鱼"的产卵期。为促进长江中游"四大家鱼"的自然繁殖，通过科学的生态调度，促进"四大家鱼"产卵行为。在三峡大坝的建设和管理中，科技工作者们不断地通过科学研究三峡工程、葛洲坝工程与上游干支流水库的联合调度，统筹考虑，更多地满足生态与环境保护的需求，寻求三峡工程防洪、抗旱、发电、航运、供水与补水、节能减排与生态环保等综合效益的最大化。

三峡大坝的建造也可能淹没大量的文物古迹，为最大限度地减少因三峡水库蓄水而给文物保护工作带来的损失，按照《中华人民共和国文物保护法》，根据文物的重要等级，地下文物有的实行发掘保护，有的原地保护；地面文物有的实行搬迁保护，有的原地保护，有的留取资料。1993—1994 年，国家文物局组织有关单位，按照"保护为主，抢救第一，合理利用，加强管理"的方针，对三峡库区的地面、地下文物进行了全面调查、勘探，还进行了小规模试发掘，为编制三峡库区文物保护规划奠定了坚实基础。1996—2007 年年底，全国 20 多个省、自治区、直辖市 70 多个单位的文物专家、科研和考古工作者，10 多所高等院校的教授和专家学者，共计 1000 多人云集三峡库区，投入到举世瞩目的文物抢救保护工程。他们不怕艰苦，不辞辛劳，顶烈日，冒严寒，为了保护和抢救中华民族绝无仅有的文化遗产，用心血和智慧，应用现代科学技术手段，圆满完成了新中国成立以来范围最广、规模最大的文物保护工程——三峡库区文物保护规划规定的地面文物保护和地下文物发掘任务。

众多的科技工作者在三峡建设期间扎根于此，以工地为家，技术人员深入施工现场，深入实际，努力攻克技术难关，铸就了中国水利的一座丰碑，生动诠释了新时代水利精神。无数的科技工作者挥洒心血和汗水、充分发挥聪明才智，创造性地将各种先进技术进行集成整合和交叉融合，解决了三峡工程建设中的一系列难题。放眼世界，从海洋深处到茫茫宇宙，人类改造自然的努力从未止步，对于未来，我们不妨有更多期待……

（撰稿：王佳晨）

参考文献

[1] 唐婷. 三峡工程 百年梦圆：写在三峡工程完成整体竣工验收之际 [N]. 科技日报，2020-11-01.

[2] 百年逐梦今朝圆：三峡工程完成整体竣工验收综述 [EB/OL].（2020-11-04）[2020-12-17]. http：//www.xinhuanet.com/fortune/2020/11/04/c-1126698260.htm.

[3] 张旭东，齐中熙，胡利，等. 划时代的奇迹：三峡工程改变了什么 [EB/OL].（2006-05-22）[2020-12-17]. https：//www.baidu.com/link?url=SE7mPnrAS942R3yKbTzttDEDTzxybQieYm2d4dIZpBmBDV–fO11JTAVi6–Wn17lRKXMWPKMmBOxGEeYfccSmwHxx0RUBa57fWI4_tHmxl4K–6fHGmKilFLrQyfmQwG6vq&wd=&eqid=cbe9d47700055fa5000000035ff2bde2.

[4] 潘家铮. 三峡工程论证决策过程及其实践检验 [J]. 中国工程科学，2011，13（7）：4.

[5] 董峻. "国之重器"三峡工程完成整体竣工验收 [EB/OL].（2010-11-01）[2020-12-17]. http：//www.xinhuanet.com/2020-11/01/c_1126683609.htm.

[6] 于露. 三峡工程如何突破技术难题 [EB/OL].（2020-11-10）[2020-12-20]. http://www.mwr.gov.cn/xw/mtzs/qtmt/202011/t20201110_1474813.html.

兴建三峡工程、治理长江水患是中华民族的百年梦想。1919 年，孙中山先生就提出了开发三峡的宏伟设想。新中国成立后，毛泽东等历届党和国家领导人高度重视和关心三峡工程论证工作。在历经半个

科技支撑　高峡出平湖

世纪的勘测设计、规划论证后，1992年4月全国人大通过《关于兴建长江三峡工程的决议》。

　　三峡工程是治理和开发长江的关键性骨干工程，主要由枢纽工程、移民工程及输变电工程三大部分组成。三峡工程是中国最大的水利枢纽工程，具有防洪、发电、航运、水资源利用等巨大的综合效益。三峡工程坝址地处长江干流西陵峡河段、湖北省宜昌市三斗坪镇，控制流域面积约100万平方千米。

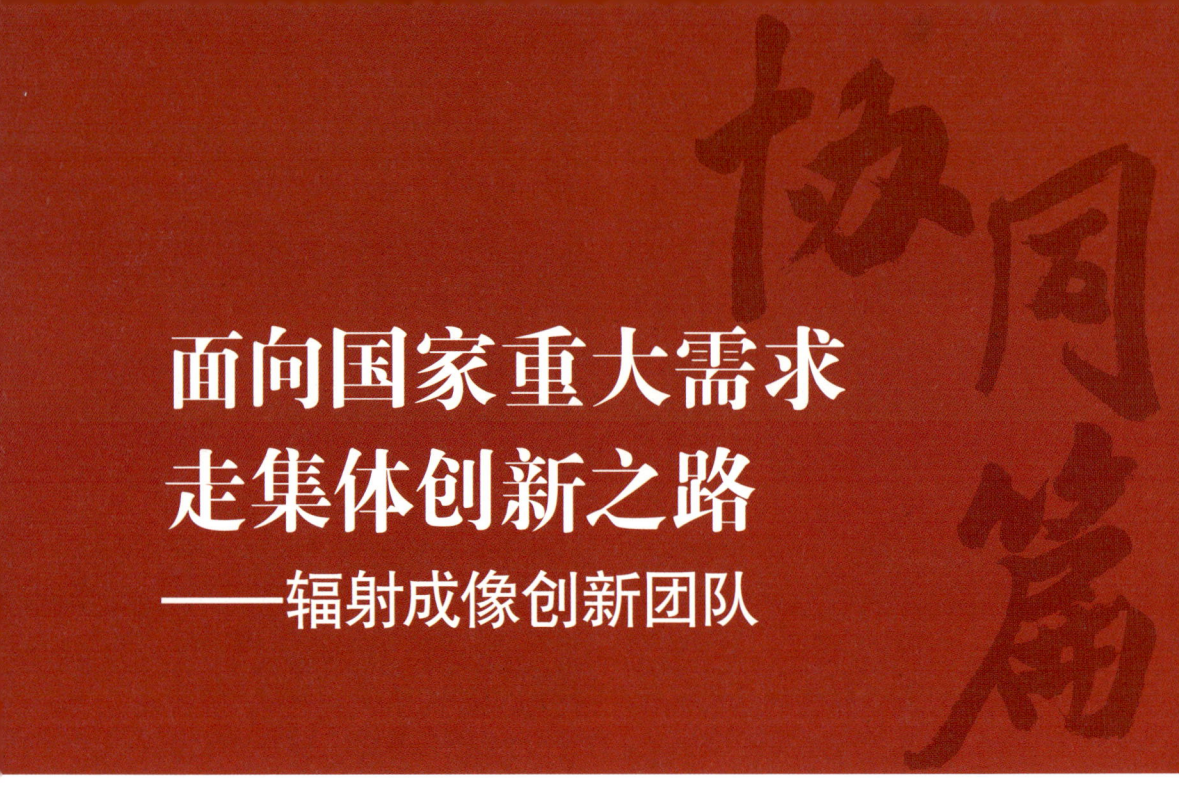

面向国家重大需求
走集体创新之路
——辐射成像创新团队

49名教师组成的创新团队，18年的艰苦磨砺，曾获国家科学技术进步奖一等奖、国家技术发明奖一等奖、3项中国专利奖金奖等国家级奖励……对于清华大学辐射成像创新团队来说，这些数字记录着它在科技创新之路上的成长与发展。

在2013年度国家科学技术奖励大会上，清华大学辐射成像创新团队再次站上领奖台，接受了属于整个团队的集体荣誉。团队带头人、工程物理系教授康克军仍然难掩欣喜之情："获得创新团队奖，我们整个团队都非常高兴。这次获奖，是对我们十几年来坚持不懈地探索和实践集体创新道路的肯定与鼓励。"

十几年与国家同行　始终面向国家重大需求

从打击走私到大型装备检测，再到安检反恐，辐射成像创新团队自

面向国家重大需求　走集体创新之路

1995年创立以来,一直面向国家安全重大问题开展科研工作。

20世纪90年代初,利用集装箱进行走私犯罪的行为屡禁不止,当时中国海关急需一种不用开箱就能检查集装箱内货物的高科技装备,提高检查效率,打击走私分子,维护国家利益。清华大学想国家之所想,急国家之所急,先是完成了国家八五科技攻关项目,后又攻克了一系列工程化难题,迅速推出了固定式集装箱检查系统这一高科技产品,并及时装备到我国海关口岸。然而新问题马上产生了,由于固定式系统规模庞大,需要永久占地和配套土建,大量口岸都不具备安装固定式系统的条件。康克军带领团队立下"军令状",夜以继日地工作,仅用不到一年的时间就研制成功世界上第一套采用加速器辐射源的移动式集装箱检查系统,随后又成功研制出世界上第一套组合移动式集装箱检查系统,不仅最大限度地满足我国海关口岸的需求,批量装备中国海关,迅速为打击走私筑起了高科技屏障,而且还使我国一举在该领域走到世界前列,成为全球集装箱检查新技术的引领者。

就这样,只要国家有需求,他们便随时顶上去。我国大型装备产业中曾有一个长期未能解决的难题,就是有关国防大型装备内部微小缺陷检测。这种技术非常复杂,实际应用要求异常苛刻,而且由于技术封锁,没有可供参考借鉴的资料,因此,长期以来国内很多研究团队都望而却步。但是,"只要是国家的需求,就是我们的责任和使命",康克军和他的同事们冒着风险,挑起了这个重担。

"我们当时也没有百分之百的把握。这个项目的指标要求非常高,不仅技术集成非常难,各个子系统都要突破当时的极限状态,就像百米赛跑已经跑进了10秒的成绩,哪怕再想提高0.1秒都极为不易。"康克军说。

康克军和他的团队最终还是做到了。经过不断研究、实验和修正,"大型装备缺陷辐射检测技术与系统"研制成功,装备到我国所有有关国防大型装备生产与使用的单位,解决了长期困扰该领域的难题。

科学家精神 协同篇

在康克军看来,"国家"这个看似抽象的字眼在团队运行中发挥了巨大的作用。"这么大一个群体,都是受过高等教育的知识分子,各有各的性格,单靠一个人、一个单位很难把大家真正聚拢到一起。但是,当我们共同面对国家重大需求时,每个人身上都迸发出一种强烈的使命感和责任感,正是这种使命感和责任感把大家凝聚在一起,为团队发展注入了力量。"

走集体创新道路　组织学者团队就像"串珍珠"

"国家科学技术进步奖(创新团队)"这一奖项设立于2012年,2013年是第二次评选,旨在激励联合攻关、协同创新,推动科技进步,这个奖可以说是落在了康克军的"心坎儿"上。"我们花费很大的心血建立起一套激励团队创新的体制机制,这应该是我们能够在众多团队中脱颖而出的重要原因。拿到这个奖,说明评审专家认可了我们这套集体

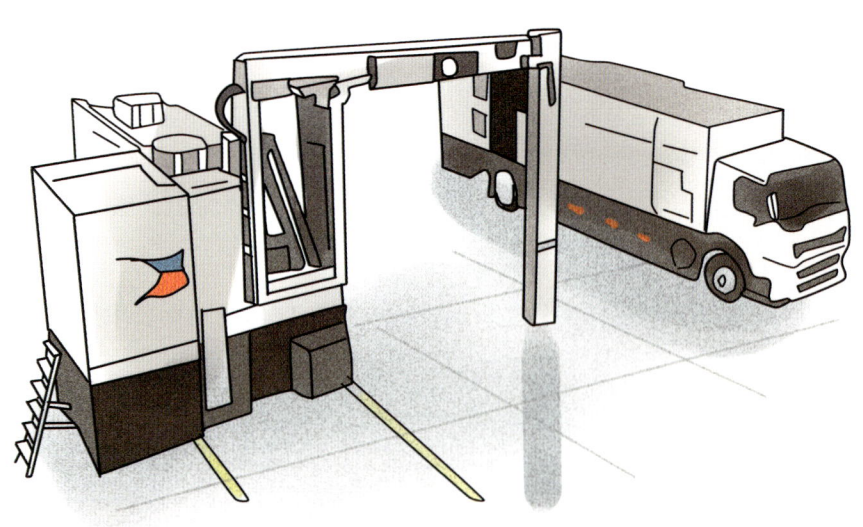

创新的体制机制。"

查阅创新团队奖自设立以来的获奖名单，6个获奖团队中5个来自国防单位或科研院所，康克军带领的团队是唯一一个高校获奖团队。毫无疑问，国防单位和科研院所具有组织和管理上的"先天优势"，而在大学里，学者们分布在不同的专业，组建一支"硬团队"相当困难。康克军和他的同事们正是在这方面花足了功夫。

"我们承担的课题一般都比较大，仅靠三五个人或三五个专业方向，根本无法完成。必须要建立更大的团队，要走集体创新的道路。集体创新需要团队建设和管理，我们的学者就像一颗颗闪耀着不同光泽的珍珠，管理团队就是要把他们串连成一条完整有序的'项链'。"康克军这样形象地比喻团队建设的思路与方法。

在科研经费的使用和酬金分配方面，康克军和团队同事打破了"先分钱再干活"的传统模式，实行科研经费统一管理，同时针对科研工作的特点设计出了一套名为"KGC"的考核体系，按照每个团队成员在教学、科研和管理等方面的贡献分配酬金。"整个过程公正透明，发现不合理的环节就及时修正，这方面的工作得到了大家的认同和拥护。"康克军说。

在科研方面，团队每年都要对科研项目进行梳理，新设立的项目由负责人自选组员，任何一个团队成员都有权利根据个人情况加入不同的项目组。这样一来，不仅提高了各项目组的运作效率，也增加了团队成员之间合作交流和相互学习了解的机会。在这个过程中，成员间的合作精神得到了培养，整个团队的合作机制也得到了巩固。

产学研结合　实践是检验真理的唯一标准

辐射成像创新团队的一个显著特点就是产学研的良好结合。他们始终坚持把"顶天"的学术探索和"立地"的转化应用紧密结合起来，力争为国家、社会和产业创造实实在在的效益。

"我们团队坚信实践是检验真理的唯一标准",在康克军看来,作为应用性很强的工程学科,如果研究出来的成果不能实现向产品转化,那意义就非常有限了。"国家需要的不是奖状,而是能用的产品。"正是秉承着这样的想法,康克军和同事们一边进行基础研究和技术攻关,一边探索团队建设方法,同时也从未停止过在成果转化方面的努力。

"从科研成果向产品转化,这中间还有一段很长的距离,企业照葫芦画出来的并不一定是瓢,况且有很多关键技术环节可能还在研究者的脑子里,没有形成工艺文件。"怎样解决这一问题呢?康克军带领团队成员走进了企业,一边将核心技术传授给企业,一边与企业中的技术人员合作,制定实际的产品制造工艺流程。

康克军用"带土移植、回报苗圃"8个字形象地概括科技成果的转化过程。他解释说,科研成果就像苗圃里培育出的珍奇苗木,直接拔出来栽到野外很难成活,必须带土移植,这个"土"就是我们科研团队的学者和技术平台。当苗木长大开花结果后,企业通过支付技术使用费等方式,反过来支持学校相关学科的研究和人才培养,这就是"回报苗圃"。

团队还与部分企业共建了联合研究机构,这种运作方式为团队提供了更有利的平台。团队承担的重大项目在立项之初就得到了企业技术人员的配合,科研成果向产品转化的时间也会大大缩短。另外,企业遇到的新技术难题为团队中的学生提供了最现实的挑战性课题,学生通过参与科研成果转化过程,也向企业技术人员学到了很多实践经验。

目前,康克军和他带领的团队正围绕国家在反恐防恐方面的重大需求开展学术探索和技术攻关。在面向国家重大需求、坚持集体创新的道路上,他们还将继续前行……

(撰稿:清华大学 王丹 高原)

面向国家重大需求　走集体创新之路

清华大学辐射成像创新团队始创于 1995 年，一直面向国家安全重大需求，解决辐射成像科学与技术问题，取得了加速器辐射源移动式集装箱检查系统、大型装备缺陷辐射检测技术等多项标志性成果，为国家打击走私、反恐及国防装备检测等提供了高科技手段。形成的产品出口到 120 多个国家，主导编制了国际标准，成为"中国创造"的典型。先后获国家科学技术进步奖一等奖、国家技术发明奖一等奖及多项中国专利金奖。团队倡导集体创新，坚持学术探索与转化应用密切结合，鼓励创造实实在在的效益，成功实践了"带土移植、回报苗圃"等创新的体制机制，为产学研合作提供了范例，既培育了国际领先的高科技企业，又支撑了世界一流学科的建设，还为国家重点单位培养了大批人才。

矢志攻坚
稳步挺进万米深海
——载人深潜研发团队

从"蛟龙"号、"深海勇士"号到"奋斗者"号

中国载人深潜装备研发的成功不是一蹴而就的,其背后是中国载人深潜团队近20年对载人深潜技术矢志不渝的持续攻关,历经了3个"里程碑"式跨越:"蛟龙"号首次实现了我国载人深潜装备自行设计、自主集成;"深海勇士"号在关键技术自主可控和国产化上取得了突破;"奋斗者"号则瞄准全球海洋最深处,实现了我国在同类型载人深潜装备方向的超越和引领。中国载人深潜团队相继取得这3台深海载人潜水器的研制成功,离不开科技部的精心布局和大力支持。"十五"以来,科技部面向国家深海重大战略需求,将深海潜水器谱系化、功能化作为发展目标和重点任务,总体设计、分步实施,开展了连续4个五年计划"咬定青山不放松"的持续攻关,这是我国在大深度载人深潜领域达到世界领先水平的前提。

矢志攻坚　稳步挺进万米深海

"蛟龙"号

自20世纪60年代起，随着海洋科学研究和资源开发利用逐步成为热点，国际上很多国家相继研发了大深度载人潜水器，这些潜水器发挥出了不可替代的作用，对深海装备的科技引领作用也愈发凸显。然而，直到21世纪初，我国载人深潜技术几近空白，大深度载人潜水器的研发迫在眉睫。

2002年，7000米级"蛟龙"号载人潜水器正式立项。七〇二所作为技术牵头单位，联合国内100余家单位，历经10年技术攻关，解决了大深度耐压、密封技术，可靠水声通信技术，深海复杂环境下精细作业技术等世界性难题，成功研发了具有自主知识产权的"蛟龙"号载人潜水器。2012年7月，"蛟龙"号在马里亚纳海沟成功完成7062米下潜，实现了我国载人深潜技术的重大跨越，并经过168次安全下潜验证了其可靠性和

实用性。"蛟龙"号的成功研制，在国内外产生了巨大反响，我国深海进入能力大幅跃升，使中国成为继美国、俄罗斯、日本、法国之后，第5个掌握大深度载人深潜技术的国家。

"深海勇士"号

"蛟龙"号的成功值得庆祝，但另一个问题也摆在团队的面前，即"蛟龙"号的载人舱、浮力材料、推进器等核心的部件是在国外加工或测试，当时我国既不掌握制造能力，也不具备测试条件，我国载人潜水器关键核心设备一直受制于人。

2009年，4500米级"深海勇士"号载人潜水器立项。七〇二所作为项目牵头单位，组织国内更多的优势企业，历经8年持续艰苦攻关，实现了载人舱、浮力材料、锂电池、推进器、海水泵、机械手、液压系统、声学通信、水下定位、控制软件等十大关键部件的国产化，技术自主化率达到95%，并于2017年10月成功完成海试，为深海载人深潜高端装备实现"中国制造"探索了一条切实可行的路径。"深海勇士"号应用3年来已累计下潜超过325次，创造了我国载人深潜作业的一系列新纪录。"深海勇士"号的成功，极大拓展了中国企业相关领域的制造能力，实现了我国载人潜水器由集成创新向自主创新的历史性跨越。

"奋斗者"号

"奋斗者"号的目标是在若干技术领域实现全球领先，更是在若干技术"无人区"开展艰难探索与攻关。"蛟龙"号的成功研制，意味着我国已经具备了可到达全球99.8%的海洋开展作业的能力，但0.2%的极限深渊，是全球深海装备和技术的制高点，到达过那里的人比到达过月球的人还要少。

研制"奋斗者"号全海深载人潜水器是"十三五"国家重点研发计划"深海关键技术与装备"重点专项的核心任务。七〇二所继续作为项目牵头单位，联合带领更加强大的深潜技术"国家队"开启了历时5年的集智攻关工作。2020年，"奋斗者"号在马里亚纳海沟完成8次万米级下潜，最大下潜深度达到10 909米，创造了我国载人深潜新的纪录，开展了深渊科学试验研究，并且实现了全球首次万米深海的高清视频直播，使我国具有了进入世界海洋最深处开展科学探索和研究的能力，体现了我国在海洋高技术领域的综合实力。

载人深潜科技创新一直着力于自主自强。2002年立项"蛟龙"号研制时，技术路线主要立足于集成创新。2009年启动"深海勇士"号研制时，我们将深度目标从7000米回撤到4500米，着力实现技术链的自主可控，历时8年，实现了载人舱球壳、浮力材料和推进器等12项核心技术的国产化。2016年，万米级的"奋斗者"号研制任务启动，经过5年奋斗，我国在世界海洋最深处的作业能力得以实现。3台潜水器的研制过程体现了科研团队严谨科学的态度和自立自强的执着。

优势单位　强强联合　协同创新

研制载人潜水器是一个复杂的系统工程，涉及材料、制造、结构、水动力、机械、液压、能源、声学、控制、生命支持等多学科的集成。在"蛟龙"号、"深海勇士"号组织实施经验的基础上，"奋斗者"号研制过程中开创了"大协同、网络化"的项目群组织模式。这个项目群由19个项目组成，包括总体项目、关键技术攻关项目，也包括测试保障项目，持续吸引和汇聚国内高科技力量，形成了由百余家机构、近千名科研人员组成的载人深潜技术"国家队"。项目群继续营造了"只问岗位、不问单位"的工作氛围，在团队内部能够做到互相信任、互相促进、互相补台，这种"国家项目牵引、优势力量联合、管理部门协调"的新型举国体制科研攻关模式在潜水器的研制过程中发挥了重要作用。

科学家精神 协同篇
SPIRIT OF SCIENTISTS

其中，七〇二所作为总师单位和技术总体单位，负责载人深潜装备研发项目中的立项论证、总体设计、总装集成、陆上联调、水池试验、海上试验等每一个环节的技术把控和组织实施，制定装备研制要求、关键节点质量控制。牵头研制的"蛟龙"号是国内首台大深度载人潜水器项目，瞄准国际载人深潜技术的最前沿，起点高、难度大，开启了我国载人深潜工程的新篇章；"深海勇士"号则进一步实现了我国载人深潜"核心技术自主化、关键设备国产化"，同时保证了载人深潜装备的稳定、安全、先进；"奋斗者"号面向万米级全海深载人深潜，首次形成了覆盖全海深环境的全系统技术解决方案，具备了载人潜水器谱系化设计能力，在若干技术领域实现了全球领先。在组织管理模式上，以"奋斗者"号为例，通过建立专项总体专家组、全海深载人潜水器项目群，设立全海深载人潜水器项目群协调管理组、协调管理办公室、设计师系统、质量师系统和建造师系统，形成项目群内各项目联系人制度、月报制度，并适时召开项目群工作协调推进会、总师组会议等创新管理办法，有效地促进创新链上下游任务间的交流合作、衔接集成。

中国科学院沈阳自动化研究所（简称"沈自所"）负责3台载人潜水器的"大脑"，即控制系统的研制。"蛟龙"号控制系统，立足于在成熟稳定的工业控制设备基础上，构建以工业以太网控制技术为基础的，具有较好稳定性、可靠性的载人潜水器控制体系，结合严密的控制逻辑、复杂的控制算法，研制出具有较好控制性能、较高控制精度及工程应用可靠性的控制系统，满足了载人深潜工程的应用需求。"深海勇士"号控制系统，在人机融合的交互设计、系统采集数据的精确校准方面，取得了更大的进展，研制出了基于信息化数据、图形化交互的载人潜水器控制系统，满足了深海科考调查的科学应用需求。"奋斗者"号控制系统，则汲取了"蛟龙"号精准可靠，"深海勇士"号信息化、人机共融等优点，并根据全海深载人潜水器自身的设计特点、研发的难点及具体应用需求，

矢志攻坚　稳步挺进万米深海

结合沈自所载人控制技术团队掌握突破的最新技术与前期经验积累，开展了更加复杂的系统研制过程。沈自所在全海深平台研制、控制与作业技术研发能力方面的不断进步，为我国全面进入万米科考新时代奠定了坚实的技术基础。

中国科学院声学研究所（简称"声学所"）负责完成了3台载人潜水器的声学系统设备研发，包括水声通信机、地形地貌探测声呐、多波束前视声呐、多普勒测速仪、避碰声呐的自主研发，以及定位声呐和惯性导航设备的系统集成。相较于"蛟龙"号与"深海勇士"号载人潜水器，"奋斗者"号的声学系统实现了完全国产化，突破了全海深难关，技术指标更高，在"奋斗者"号的整个海试过程中表现优秀，为全海深范围内的持续巡航作业提供了可靠的技术保障。其中，水声通信是"奋斗者"号与母船"探索一号"之间沟通的唯一桥梁，实现了潜水器从万米海底至海面母船的文字、语音及图像的实时传输。由声学多普勒测速仪和定位声呐及惯性导航等设备集成的组合导航系统为"奋斗者"号的巡航作业提供了高精度的水下定位导航。在2020年11月16日的下潜作业中，借助组合导航系统和声呐设备，"奋斗者"号潜航员仅用了半小时便成功取回了此前布放在万米海底的3个水下取样器，成功实现"海底捞针"，并通过水声通信机将取样画面回传至母船。

"蛟龙"号、"深海勇士"号和"奋斗者"号的历次海试都是高难度、高风险、复杂的系统工程，其成功离不开海试的科学组织和管理。相关单位紧密协作，为海试工作的周密部署积累了宝贵的经验。中国科学院深海科学与工程研究所（简称"深海所"）作为"奋斗者"号的业主单位，在整个万米海试期间发挥了重要作用。海试现场指挥部实行集体领导，严格遵守外事管理规定，加强对试验海区情况研判和海试编队指挥，对海试工作严密组织，先后召开工作例会34次，内容涵盖编队行动、试验作业、部门岗位协调、海试安全和作业现场管理等。海试团队通过安全高效的海试领导、组织、实施体系，形成跨系统、跨单位、跨部门团结协作的海试组织机制，这是各单位多年协同合作的默契，也是最为行之有效的方法。全体海试队员勠力同心、团结奋战，克服台风、多雨、高温、高海情等困难，使原计划 2 个月的万米海试进度大幅提前。

弘扬中国载人深潜精神

"严谨求实、团结协作、拼搏奉献、勇攀高峰"的中国载人深潜精神是中国载人深潜团队的灵魂。这 16 个字的精神是团队在攀登世界深海科技高峰的进程中、在深海实践的不断探索中锻造并凝练形成的，是科学家精神在载人深潜领域的具体化，为载人深潜事业注入了强大的精神力量，也为新时代民族精神注入了新的内涵。

严谨求实

传承了"实事求是"的思想路线，体现了追求真理的科学态度，是指导深海载人潜水器研制和应用的思想基础和客观要求。在"蛟龙"号之前，徐芑南院士等专家积极开展 1000 米、6000 米级别的无人潜水器研制，探索相关技术，积累经验，对 7000 米级载人潜水器的技术体系开展预先研究。在国家的战略需求明确的时候，团队迅速制定了自主设计、集成创新的技术路线，把最大工作深度目标定在了世界领先的 7000 米，并且在研制过程中采用数值仿真、缩比模型试验、模拟环境考核等手段验证和完善方法及标准体系。2009—2012 年 4 年间，团队用了比较长的时间稳步推进"蛟龙"号的海上试验。海试中坚持不带故障下潜，发现问题要归零，边试验、边改造、边应用，所有的方法和决策都实事求是、步步为营，秉承了严谨求实的科学精神。

团结协作

传承集体主义精神，体现友爱互助、和谐共进、创新发展的时代特色，是完成载人深潜研制和应用任务的根本保障和坚强基石。参与"蛟龙"号、"深海勇士"号、"奋斗者"号研制的有国内上百家单位，包括管理机构、业主单位、总体技术单位、课题研究单位、供货商和加工方等，充分发挥了举国体制优势，形成了"只有岗位、没有单位"的组织模式，并将其作为理念贯彻到每一位研发和试验人员心中，能够做到互相信任、互相促进、互相补台。海上试验过程中，每个人都承担了一个或多个岗位。策划任务的时候，发现问题，无论是谁的，都能进行开诚布公的讨论，目的就是高效解决。执行任务的时候，责任是明确的，流程是顺畅的。实践证明，团结协作是集中力量办大事、打赢硬仗的组织法宝，对于培养壮大我国载人深潜装备研发队伍、促进我国深海事业可持续发展具有重大意义。

拼搏奉献

传承艰苦奋斗和革命英雄主义优良传统，体现胸怀祖国、不畏艰险、勇往直前的豪迈气概和忠于职守、攻坚克难、敢于担当的奋斗精神，是中国载人深潜团队完成研制和试验任务的精神力量和内在支撑。载人深潜事业不仅需要长期在海上作业，还需要长期奋斗。通过"蛟龙"号的研制，团队基本看清了国际大深度载人深潜领域的发展方向，初步凝聚了国内最优势的深海科技力量，也坚定了我国走深海技术自主创新之路的决心。再通过"深海勇士"号和"奋斗者"号的接续攻关，团队实现了全球海域的自主进入、探测和作业能力，始终向着深海装备技术难度的最高点和最前沿努力拼搏。

科学家精神 协同篇

勇攀高峰

传承永不满足、奋发图强的进取意识，体现与时俱进、敢为人先、追求卓越的创新思维，是夺取载人深潜研制和试验胜利的执着追求和强大动力。大深度载人潜水器是国际海洋工程界的顶级挑战，从"蛟龙"号到"深海勇士"号，再到"奋斗者"号，从创造世界最大作业深度的纪录到打造世界领先的载人深潜水下作业效率，再到进入全球海洋最深处开展深渊科学研究，团队在载人深潜领域没有停歇、不敢怠慢，力争创造新的纪录。

在"奋斗者"号万米海试的动员会上，专项专家组组长动情地说，中华民族要到最深的海洋，今天这个事情落在了我们的身上，这是去挑战世界上最强的人，把这件事情干成才能对得起14亿人民。团队里的每一名科学家、工程师和一线操作人员都把对科学的追求融入深海事业的家国情怀中，在困难面前敢于拼搏，在每次向更大深度下潜时不惧风险挑战，为载人深潜事业的发展注入了强大的精神力量，也吸引和带动了更多的人投身于深海科技工作。

2020年11月28日，习近平总书记在"奋斗者"号海试胜利返航时发来贺信，指出："从'蛟龙'号、'深海勇士'号到今天的'奋斗者'号，你们以严谨科学的态度和自立自强的勇气，践行'严谨求实、团结协作、拼搏奉献、勇攀高峰'的中国载人深潜精神，为科技创新树立了典范。"

下一步，中国载人深潜团队会贯彻习近平总书记贺信指示，继续弘扬科学精神，勇攀深海科技高峰，为加快建设海洋强国、实现中华民族伟大复兴的中国梦而努力奋斗，为人类认识、保护、开发海洋作出新的更大贡献。

（撰稿：中国船舶重工集团有限公司第七〇二研究所）

矢志攻坚　稳步挺进万米深海

载人深潜研发团队是以中国船舶重工集团有限公司第七〇二研究所（简称"七〇二所"）为核心单位，联合国内百余家单位组成的我国载人深潜装备建设的主力军和"国家队"。该团队集潜水器研发、设计、制造、集成、测试、试验于一体，始终以科技创新为己任，经过20年的集智攻关和协同创新，完成了"蛟龙"号、"深海勇士"号、"奋斗者"号等一系列具有自主知识产权的高端深海装备的研制，为实现"深海进入""深海探测""深海开发"战略打下了坚实的基础。

团队由中国工程院院士徐芑南、中国船舶集团首席专家胡震、七〇二所副所长叶聪3位总设计师领衔，素质优良、结构合理、整体竞争力强，曾获国家科学技术进步奖一等奖等多项国家和省部级科技奖励，以及"载人深潜英雄集体""最美奋斗者"等荣誉称号，具有极高的研发水平和较大的国内外影响力。

"三线"调水
建重大战略基础设施
——南水北调工程

我国地域辽阔,南北地区水资源分布不均,北方地区水资源严重短缺,南方地区时常发生洪涝灾害,为保证供水安全,改善生态环境,促进经济社会的可持续发展与资源的可持续利用,1952年毛泽东主席在视察黄河时首次提出南水北调构想,经历长达半个世纪的前期论证,分析比较了50余种方案,从2002年开工建设,到目前为止已取得了丰硕成果,多个城市建成工程并通水。在这个耗费了巨大人力、物力与财力的工程中,大家团结协作,克服了千万困难,这里面包含着各个部门和城市之间的相互配合,包含着每一个参与工程的个人之间结成团队、众志一心的精神和努力。南水北调是国家科学统筹协调、库区移民舍家为国、工程的设计者与建设者创新求精的产物,离不开全国上下的通力配合,各个部分缺一不可。

大国统筹,各部门通力配合

南水北调工程涉及水利工程、建筑、管理、经济民生等多部门多方面的工作,这样的规模和调度,需要一个高屋建瓴的规划者,从全局考虑,协调各方工作。中国工程院院士王浩说,在规划南水北调工程时,首先要回答两个问题:一是整个工程的规模要控制在多大;二是各线路之间如何走线。2002—2003年,国家组织了50余位专家共同讨论,单王浩一人的汇报就长达5小时。只有大国才能集中力量办大事,南水北调的实现,是协作共享的国家精神的集中体现,这一多学科、跨地区、宽领域团结合作的典范,离不开中央的统筹规划,也离不开各部门、各省市和每一位工程建设人员的攻坚克难、无私奉献。

1958—1973年,在丹江口水库开展的工程建设总共有10余万人参与,在艰苦的条件和恶劣的环境下,他们自带衣食铺盖,风餐露宿,战天斗地,在挖掘地基时缺少风钻设备,就用人力手动开凿炮眼,手镐挖掘代

科学家精神 协同篇

替电铲，肩扛代替卡车搬运，为了缩短工期，保证整个工程的顺利进行。工人们采用三班倒的策略，为了保证积水及时排出，冬天时工人们站在冰冷的河水里挖沟渠，小病小伤都是家常便饭，但没人喊累，没人放弃，大家秉持着轻伤不下火线的原则，高喊着"丹江不北流，誓死不回头"的口号，持续工作着、坚持着，在这样的责任感与艰苦奋斗精神的推动下，从开工到节流，丹江口水库工程只用了不到一年半的时间。

据时任水利部副部长蒋旭光说，南水北调工程的建设一直在进行着，目前东线二期规划和布局已经编制完成，后续工程主要有3个方面的工作：一是在一期工程基础上增加向北方主要城市的供水，新建泵站，提升水速；二是进一步提升一期工程调水的保证率，建设引江补汉和干线调蓄工程；三是针对黄河中上游地区，解决西北地区水资源短缺问题。这一切战略性的部署，基于"节水优先、空间均衡、系统治理、两手发力"的思路，着眼于系统解决好水灾害、水资源、水环境、水生态四大水问题。

布局谋篇，必要提高站位，立足长远，统揽全局，完善格局，而这一切，都要有大国实力和大国眼光作为后盾，"治国必先治水，治水如同治国"，党和国家的领导是整个工程建设的核心，工程的顺利实施，得益于从国家到地方，各部门、各系统积极配合，通力协作，跨江跨河、跨省跨市，三千里调水，五亿人受益，用气吞山河的手笔绘制出改天换地的大工程。坚持人民至上的原则是南水北调工程的根本目的和价值内涵，正是慎重的规划和细密的考量，才能统揽技术、经济、社会、文化、环境等诸多因素，正是因为认真对待人民诉求，实现政策的严肃性与灵活性的结合，才能与广大人民密切配合；坚持中国集中力量办大事的制度优势，才得以集中展现国家机构的协调统筹、组织动员、高效执行的治理能力，将移民、环保、施工、治理水污染等各个艰巨任务一一完成，昭示了"中国之治"的光明前景。

"三线"调水　建重大战略基础设施

立足民生，团结一致迎挑战

南水北调工程还处在商议阶段时，就有质疑者曾提出问题，即如何保证输送过程中的水质？而这个问题，也是饮用水源输送过程中非常重要的一个环节，丹江口库区的南水北调渠刚好和国内最长的运煤专线铁路相遇，蒙华铁路北起内蒙古，终点是江西省吉安市，地跨河南省南阳市淅川县、邓州市，这里正好是南水北调的重点施工地点。为了保证输水的质量，蒙华铁路跨南水北调大桥采用了难度极高的顶推施工，不让一颗废料污染水体，用科学方法实现了施工和后续煤资源运输过程中对水渠的零影响，这座桥也是南水北调工程中首次应用顶推法施工构架桥梁。

蒙华铁路南阳工区总工侯涛说，自己修桥以来，从未遇到过对水环保和技术有如此高标准高要求的工程。如果按照常规方法施工，在施工过程中会对周围环境、植被、水体和堤坝产生较大影响，基于此次工程的特殊性，减少扰动和避免破坏是必需的，为此，技术人员与专家反复商议讨论，最终决定了进行现如今的顶推施工，并尽力将承力墩建在南水北调外围，以减少影响。这项决议意味着难上加难的操作和监管，三角桁架下承式钢桁梁，拖拉重量大，吊装难度高，风险系数也相应提升，顶推施工需要在承重墩的外侧而非内侧搭设支架，就好像两个纤夫站在桥的前端，拉起千吨梁一点点向前挪移，直到挪过南水北调中线干渠的上方，大量的焊接高精度组装工作紧随其后，经历拼装、焊接、探伤、高栓施拧等一系列复杂工作，且待工序检验合格后，才能顶推架设。整座桥约 50 000 颗螺栓，全靠工人用电动扳手逐一拧紧，要花费巨大的时间和人力，施工结束后的清理工作也须采用全封闭自动吸尘打砂抛丸机，确保桥面无尘无锈，并采用全生命周期防腐涂装体系，延长防腐周期，避免对南水北调中线干渠产生后续影响。这一切努力，都是为了重要目标：绝对不能让一颗废料掉进南水北调中线干渠里。顶推法施工让蒙华铁路不声不响地"跨"

科学家精神 协同篇

过了南水北调干渠,而这背后,是铁路施工工程组的热情配合与理解,他们用自己的汗水和努力,承担了更重大、更艰巨的工程任务,是为了让南水北调的水质保持清澈,也是为了整个中国的大局,正是这种团结的精神,支撑起了新中国成立以来中华民族一项又一项伟大工程。

注重水质,守护好绿色生命线。中线工程输水的水质保持在Ⅱ类及以上,解决了人民群众最为关切的饮水安全问题,尤其是河北省黑龙港地区,告别了喝含氟量超标水的生活,人民的生活水平有了大幅提升。南水北调是一项互利共赢、共享共建的工程,其积极贯彻"南北共建,互利共赢"的区域发展格局,达到了让全体人民共享发展成果的目的,实现了人民至上的初心。

舍家为国,心怀整体利大局

施工的先决条件是周围居民的配合,南水北调在中国的移民史上,无疑是一件浓墨重彩的大事记。南水北调工程给南阳地区带来了"三个史无前例":一是搬迁规模史无前例;二是搬迁强度史无前例;三是搬迁难度史无前例。河南省是人口大省,丹江口库区的移民人数超过了黄河小浪底库区的新安县,也超过三峡工程移民最多的重庆万县市(现万州区)。16.5万人的南阳库区移民工作,在河南省政府"四年工作,两年完成"的号召下,奇迹般地实现了。两年内平均每天都要搬走近300人,这个速度,远快于长江三峡的18年和小浪底的13年,在搬迁高峰时,南阳市甚至达到了一天完成7个批次的搬迁任务,一天搬迁人数将近6000人,其中,涉及11个乡镇168个村312个组,大部分人都需要被安置在省内外的10多个县市区。南阳市委迅速成立了移民安置指挥部,领导班子分包移民迁安,对口帮扶,包乡联村。除此之外,此次搬迁难度也很大,在这短短两年中,移民史上遗留下来的重大问题统统集中爆发了,这里好像一个没有硝烟的战场，广大移民干部没有节假日，不分昼夜地进行着组织和协调，是他们的使命感和事业心，以及搬迁人民舍小我为大家的精神，才让南阳得以在移民搬迁任务中交出漂亮的答卷，也为南水北调工程提供了最基本的客观条件。

对于每一位为了南水北调工程而移民迁居的个人来说，他们辞别世代居住的故土，推倒亲手建盖的房屋，抛家舍业，背井离乡，这是一项巨大的牺牲，对任何人来说都绝非易事。为了能让移民"搬得出、稳得住、能发展、快致富"，移民干部呕心沥血，寻找策略，统筹安排，在南水北调干渠沿线，有不计其数的迁征故事，令人为之动容。

赵清是淅川县一位小有名气的农家乐小老板，2011年，已是知天命之年，却不得不和一家老小离开故土，踏上未知前途的旅程。本来，由于从事渔业或餐饮业，大家都较为富足，当搬迁消息传来，全村陷入纠结，一开始大家都不愿意，害怕到了陌生的地方，一切都要从头开始，可能好几代人都没法过上好日子，心里没底。村支书明白了大家的顾虑，要搬去的地方叫邓州，那里的人多从事农林种植行业，于是他带着村民参观了陕西杨凌的林果种植基地。回来后，赵清决定赌一把，与老乡合伙成立了金果生态农业有限公司，获得了成功，还解决了很多移民的工作问题。赵清的父母就在20世纪50年代因修建丹江口水库而搬迁去青海，坐着闷罐火车去，又因为水土不服，需要艰难跋涉步行回家。赵清说，这次政府安排得很合理，行李和人都有专门的车接送，那边的房子也是盖好了的。由此可见，此次搬迁工程是有组织有规划的，政府为民众觅好去处，努力动员，为其心理建设而苦思冥想，而搬迁民众也能理解，舍小为大，响应号召，并且积极经营新生活。在这样的密切配合背后，是彼此之间的相互理解、相互体谅。正是这样的人间真情与大局意识，不但成就了水利工程的实施，也给了许多居民一次新的机遇，过上了更好的生活。

科学家精神 协同篇

聚少成多，亿万水滴可成海

南水北调工程是跨学科、跨领域的大规模伟大实践，需要多个部门集中配合、互商策略，也为许多领域提供了解决问题的方法和途径，可谓我国建筑业、水利业、环境保护业等通力合作、互惠共赢的伟大创举。

用电问题在施工过程中非常重要，苏州大学流体机械工程技术研究中心专门针对南水北调东线工程的情况，设计了一种低扬程泵。这种低扬程泵及水力模型应用在东线工程14个主泵站和7个支泵站中，每年可节约运行费用5%左右，这意味着上亿元资金可以投入到其他更需要的地方。泵是液体输送系统的关键，其性能直接决定了调水成本和工程运行的可靠性。除此之外，江苏大学开发的轴流泵、混流泵、贯流泵流体力学模型，经水利部测试后预测能够使得运输管道过流能力提高12.5%，最优效率提高3%。在南水北调工程施工过程中，全国各个单位和组织，都在想方设法为其出一分力，流体物理学便是与其联系较为紧密的一大领域，再加上江苏大学开发的这项对症下药的设备，更好地解决了工程用电的问题，提升了工程后期运行的稳定性与可靠性。南水北调工程本身，也正是这种跨领域、跨行业团结合作的体现，有了多方的支持，这项浩大的工程才能得以顺利进行。

位于南水北调中线的水源地淅川县，是河南省荒漠化最为严重的地区之一，曾几何时，这里处处都是石漠化的卧牛石，巨大的石块侵蚀着珍稀的土壤，水土流失严重，基岩裸露，没有植被，每年要因此而流失土壤220万吨，达1203平方公里土地，这使得丹江口库区发生了严重石漠化。在南水北调工程建设期间，治理淅川荒漠化的问题也被提上日程，为了确保清水入库北送，当地林业部门和工程团队开始了治荒的艰苦探索。针对立地条件差、交通不便、难以施工的实际情况，采取挖大穴、修鱼鳞坑造林的办法，尝试组团式块状混交模式造林，大家先在低洼处挖出坑穴，再将其他地方的土搬运上来，栽植树木，客土造林。绿化条件的提升也使得周围的河流更加清澈，保证了汇入丹江口水库部分支流的水质。如今，这里绿色满山，带动扶贫活动、旅游开发和各大经济产业共同发展，已经成为环库生态经济景观带，南水北调真正实现了恢复河道基流的生态补水，并为涵养地下水源提供了环境保障。

在南水北调工程实施的过程中，各种各样的小问题层出不穷，但都在团队的努力下接二连三地被解决，这离不开各个行业的支持和贡献，每一个行业的力量是单一且有限的，但是大家聚在一起，尽己所长，出己之力，方能成就这番复杂的综合性工程事业。

不惧困难，共同商议显智慧

南水北调工程规模巨大世界罕见，没有什么先例可供参考，其整体上的可行性背后是无数个具体的、细小的困难，如冬季水管结冰、水质变差、土地环境问题等，每一个困难都是对整个团队的一次挑战。

膨胀土施工问题是世界公认的"工程癌症"，这种土质遇水膨胀、失水收缩、易膨胀变形、易垮塌，南水北调中线工程膨胀土段长达368千米，难度很高却又十分重要，直接关系着建成渠道的安全和使用寿命，此外，现场施工质量的保障也需要大力度的监督和管理。此时，我国水利部总经济师、原国务院南水北调办（现已合并到水利部）总工程师张忠义表示，在大抓建设进度不放松的同时，也要狠抓建设质量。在南水北调工程中，我们率先建立了一套以飞检为核心的质量监管新机制，包括查、认、罚"三位一体"质量监管体系和飞检、稽查、站点监督及有奖举报"三查一举"的工程监管机制，高效快速地了解工程进度情况，责任到具体单位和个人，扭转了质量管理的被动局面。同时还建立了质量责任终身制和信用管理体系，走出了一条具有南水北调特色的工程质量监管之路。

这样的挑战不胜枚举，丹江口水坝要在原来162米高度的基础上，加高坝顶，达到176.6米的新高度，这一新老混凝土接合的应用史无前例；南阳方城县地区初遇淤泥带，有着高渗水地层、流沙层、硬岩地质层等复杂结构，是整个南水北调工程中最难攻克的标段之一。每一次面对新的困难，都会有一群人，他们或是技术人员，或是专家，或是工人，聚在一起商讨对策，计算着成本，预测着结果，他们通力合作，让集体的智慧碰撞出火花，攻克了一个又一个难关。

如今，南水北调沿线各省市和运管单位正在认真贯彻习近平总书记在工程通水时的重要指示精神，严格执行"先节水后调水，先治污后通水，先环保后用水"的"三先三后"原则，全面开展工程运行管理规范化、标准化建设，深化水质保护，打造智慧南水北调，让南水北调工程不断造福人民。

南水北调工程创立了无数个世界之最，这是规模最大、包含领域最多、距离最长的资源调配实践，同时，也是受益城市和人口最多的调水工程，施工期间，全国各部门通力合作，攻克了诸多技术难题，克服了无数个难以想象的困难。在南水北调工程中，世界首次大管径输水隧洞近距离穿越地铁下部，加上世界规模最大的U型输水渡槽工程、最深的调水竖井、直径最大的输水隧洞及规模最大的大坝加高工程等，如果不是在中央的调配下各部门团结协作，是难以书写出如此宏伟篇章的。

正是如此，团结是南水北调精神中最关键、最重要的一点。这么一项宏大而空前的任务，需要各部门、各领域、各学科之间的密切配合，团结协作的精神根植于中华民族伟大精神之中，发源于古，形成于今，汲取了传统文化中的养分，在南水北调的工程中得到践行。整个南水北调团队，是一个巨大的、包罗万象的主体，大到国家政府，小到每一位相关的公民，每一位参与者彼此配合、尽己所能，为这项伟大工程献出自己的力量。

让我们将团结的精神文化凝结起来，使之成为中华民族伟大而重要的精神标志。

（撰稿：罗依然）

参考文献

[1] 吕挺琳.民族精神的传承和时代精神的熔铸：南水北调精神初探[J].领导科学，2018（15）：4-6.

[2] 王心悦.南水北调精神研究[D].开封：河南大学，2019.

[3] 才淦.南水北调精神研究[D].焦作：河南理工大学，2018.

[4] 雍黎，李昌伦.蒙华铁路采用顶推法修建大桥：没让一块废料掉进南水北调水渠[N].科技日报，2018-10-18（3）.

[5] 南水北调工程：22万移民"搬得出、稳得住"[N].北京晚报，2014-08-01.

[6] 张晔，吴奕.高效水利模型为南水北调节电上亿元[N].科技日报，2017-11-29（6）.

[7] 乔地.南水北调中线工程水源地，正在探索防治石漠化[EB/OL].（2020-06-18）[2020-12-20]. https://baijiahao.baidu.com/s?id=1669836787161007227&wfr=spider&for=pc.

[8] 科技日报.南水北调中线工程科技创新之最[EB/OL].（2014-12-13）[2020-12-10]. http://scitech.people.com.cn/n/2014/1213/c1057-26199927.html.

[9] 瞭望周刊.南水北调重塑中国水格局[EB/OL].（2020-04-10）[2020-12-17]. http：//www.mwr.gov.cn/xw/mtzs/xhsxhw/202004/t20200410_1399817.html.

[10] 李庚香.南水北调是"中国之治"生动实践[EB/OL].（2020-10-09）[2020-12-17]. http：//henan.china.com/news/dsxy/2020/1009/2530113608.html.

南水北调工程是缓解我国北方地区水资源短缺的战略性工程。南水北调的工程建设，经过了周详的勘测、规划和研究，在分析比较50多种规划方案的基础上，分别在长江下游、中游、上游规划了3个调水区，形成了东线、中线、西线3条调水线路。通过3条调水线路，与长江、淮河、黄河、海河相互连接，构成我国中部地区水资源"四横三纵、南北调配、东西互济"的总体格局。

3条调水线路互为补充、不可替代。本着"三先三后"、适度从紧、需要与可能相结合的原则，南水北调工程规划最终调水规模448亿立方米，其中东线148亿立方米，中线130亿立方米，西线170亿立方米。

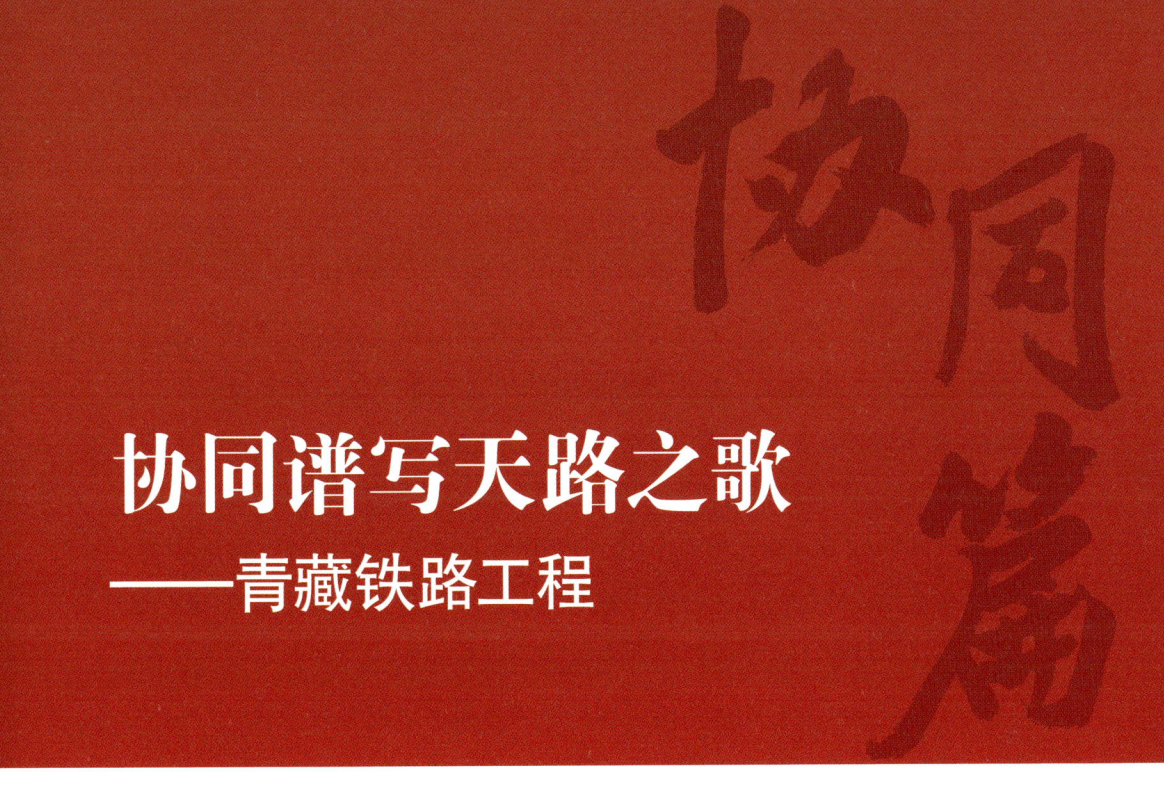

协同谱写天路之歌
——青藏铁路工程

雄踞于世界屋脊的青藏高原，冰霜连天，白雪皑皑。千百年来，复杂的地形、恶劣的环境、自我封闭的经济一直让这个神秘圣洁的宝地保持着与外界的距离。闭塞的交通不仅阻碍着西藏与祖国其他地区的联系，也严重制约着西藏地区经济和社会的发展。1950年，10万进藏大军开始了进藏公路的建设，先后开建了两条进藏公路，结束了西藏没有公路的历史，这也是世界公路史上的一个壮举。虽然公路有了，但物质的运输会耗费大量的财力和物力，并且还会伴随多发的公路事故，因此修建进藏铁路是西藏地区发展必不可少的环节，也是新中国建设必须纳入考量的计划。

1955年国务院开始专门研究进藏铁路建设问题，次年原铁道部第一勘测设计院即对从兰州到拉萨的2000余千米线路进行了全面的勘测设计工作，为后来的实际施工奠定了大量坚实的数据基础。在历史进程的变迁中铁路修建两次暂停，1984年，全长814千米的青藏铁路西宁至格尔木段正式建成通车，后称为一期工程。在党中央多次关心和讨论中，

科学家精神 协同篇
SPIRIT OF SCIENTISTS

2000年11月，指出修建青藏铁路的必要性。经过紧锣密鼓的队伍组建和方案磋商后，2001年6月29日，青藏铁路二期工程举行了开工典礼，预示着众多不畏艰难、甘于奉献的团队正式开始了格尔木至拉萨段铁路的修建，开始了对"天路"的不懈攻关。

青藏铁路的修建绝非易事，这条铁路要修建在平均海拔4000米以上的高原高寒缺氧地带，在建设中有着最为关键的三大难题：高寒缺氧、高原冻土、环境保护。这些世界难题无疑是铁路建设的巨大障碍和阻力，因此在修建过程中，不仅建设者要排除万难在极端环境下参与铁道建设，还有众多的部门专家团队在前方和后方进行着周密的部署和研究。

攻克千年冻土难题

青藏铁路北起格尔木，南至拉萨，全长1118千米的路段上就含有623千米的冻土区域，其中大片连续多年冻土区长度更是达到约550千米。在4000米以上高海拔及多年冻土层区域的施工无疑是难度极高的，无论是铁路设计、施工还是人员管理都是必须要解决的难题。可以说，青藏铁路成败的关键在于路基，而路基成败的关键在于冻土。冻土区筑路遇到的主要问题是冻胀和融沉，解决冻土的关键就在于融沉。

在青藏铁路正式动工前，中科院依托我国的权威冻土研究机构——中科院寒旱所冻土工程国家重点实验室，启动了知识创新重大项目"青藏铁路工程与多年冻土相互作用及其环境效应"。项目主管为我国冻土学家程国栋院士，项目首席科学家为寒旱所马巍、吴青柏研究员，项目参与单位30多家，参与人数高达70多人。

项目组承担了青藏铁路北麓河试验段工程，该地段海拔4650米，地下冰分布广泛，工程地质条件复杂，但冻土工程国家重点实验室的全体科研人员都选择了直面困难，在艰苦探索中不断前进，形成了一支凝聚力极强的科研队伍。为获得第一手冻土变化研究原始资料，项目组在施工期间每年都要组织10多次青藏铁路多年冻土监测、冻土环境和生态环境调查等综合研究。在高原上作业时，恶劣的气候环境、令人不适的高原反应和危险的高原地形使检测工作受到了很大的阻碍。

  在广泛借鉴和吸收国内外冻土工程理论研究和工程实践成功经验的基础上，经大量的资料对比和实验研究后，项目组提出了在青藏铁路建设中对冻土应采取积极保护的思想，即"主动冷却路基"，主张"采用保温材料来减缓路基多年冻土融化和升温的作用，采用通风管路基来有效为路堤提供冷却，采用遮阳棚来有效减少太阳辐射对多年冻土的影响"等方式解决冻土问题。后来项目组又在分析大量资料后，提出到2050年青藏铁路沿线平均年气温升高0.5 ℃的概率为64% ~ 73%，为青藏铁路冻土区路基的设计提供了非常有力的证据。

在强有力的理论支持下，建设者们将冻土层的施工付诸实践。2001年10月18日，风火山隧道的修建正式开始，此隧道全部位于永久冻土层以内，是世界上海拔最高、冻土区最长的高原永久冻土隧道，地下冰厚150多米，含土量不到40%。在这样的施工禁区中，参建单位大力推广使用新设备、新材料、新技术和新工艺，有效提升了冻土施工技术水平，建成了长达11千米的"片石层通风路基"、总长156.7千米的"以桥代路"的运输奇观。据铁路运营后的观测表明，青藏高原的冻土环境没有发生大的冻胀融沉病害，冻土路基变形和桥梁及隧道处于稳定状态，我国铁路技术已经在冻土工程技术领域走在了世界前列。

应对高原高寒缺氧环境，建立完备医疗体系

青藏高原作为"世界第三极"的生命禁区，高寒缺氧，干燥风大，紫外线辐射强烈，自然疫源多，高原反应容易使人因为缺氧而感到头昏眼花、胸闷气短，甚至诱发脑水肿、肺水肿等疾病，因此对所有高原作业建设者们的身体造成了严重的威胁。

为了保障全体建设者、铁路沿线职工的生命健康，在青藏铁路开工之前，铁道部和卫生部联合下发了《青藏铁路医疗卫生保障若干规定》，对施工现场职工的医疗卫生保障工作提出了明确要求，使建设单位、施工单位，以及铁路、地方、部队医疗卫生单位共同组建了完善的三级医疗保障机构，提出要实行阶梯式适应方案，使参与高原铁路建设的全体职工逐步适应由低海拔到高海拔的环境，严格限制工作强度和时长，采取科学有效的高原病、鼠疫病防治措施。另外，青藏铁路沿线近20个施工单位都建立了制氧站，3万名职工每人每天平均吸氧不低于2小时，沿线配置了25个高压氧舱。在现场医疗救治工作中，采取送医送药到工地、工区，实行应急救治的医疗措施，保证了施工人员的身体健康。

作为世界上海拔最高的铁路隧道，风火山隧道空气氧气含量只有平原地区的50%。为解决这里高难度的施工问题，施工局和北京科技大学合作，创造性地提出了像锅炉供应蒸汽一样源源不断向施工现场和宿舍输送氧气的思路，建成了世界上海拔最高的大型制氧站，使洞内空气氧气含量达到了平原地区的80%左右，工地海拔相当于下降了1000米。

正因为有这样全面而综合的医疗管理和措施来保证青藏铁路的全线施工，中国人创造出了高原大规模工程建设里高原病零死亡、鼠疫病零传播的奇迹。在这个过程中，学者们关于高原病的研究又进了一步，"高原人类适应生理学"受到了生命科学和环境医学界的重视，并在后来的国际高原医学大会中引起了中外医学专家们热烈的交流和讨论。

另外在高寒环境下，机械设备的不耐寒性也是一个问题。因此在施工中，工程师们用自己发明创造的技术，加强了电器系统的耐低温性能，提高了动力系统的供氧量，把这些设备变成了世界上最先进的高原工程设备。

解决环保难题，保护脆弱生态环境

青藏高原是亚洲乃至世界山地生物物种的重要起源地，被世界自然基金会列为全球生物多样性最优先保护的地区。这里气候寒冷、植被稀少、土层浅薄，生态环境可以说是极为脆弱，一旦遭受人为破坏，要恢复几乎不可能。为此，青藏铁路建设总指挥部和施工单位与当地政府签订了环保协议，作出了环保和施工同等重要的承诺。在铁路建设工程中，用于环保方面的投资预计达20多亿元，占工程总投资的10%左右，这样的环保投资和所占比例在国内建设史上尚属首例。

青藏铁路穿越青藏高原腹地，途经"三江源自然保护区"和"可可西里自然保护区"，环境问题是相当重要的技术难题。在青藏铁路建设过程中，施工单位采取了多种措施保护铁路周边环境。首先，从思想上提出"要像爱护生命一样爱护环境，关爱野生动物，呵护每寸绿地"的口号，在青藏铁路的建设工地和公路边随处可见"野生动物，人类的朋友""绿色的地球只有一个"等环保标牌；其次，相关法律措施的完善，在法律规定中明确了各施工单位的责任和义务，提出要依法保护沿线植被、冻土、湿地、水源与野生动物；最后，在施工中严格划分施工范围和人员车辆的路线，防止对施工区域以外的植被造成碾压和破坏，力争要把青藏铁路建成"快速、优质、安全、高效"的"环保型"铁路。

在多年冻土层的保护上，工程人员创造性地在桩基施工中应用了旋挖钻机干法成孔这一新型环保施工工艺，它可以快速成孔，既不会过多干扰多年冻土层，又不会污染环境。

为保护野生动物的正常活动、迁徙和繁衍，青藏铁路设置了"以桥代路"的措施，并在全线建立了33个野生动物通道，这也是中国铁路史上首次为野生动物修建迁徙通道。通道设计时不仅吸纳了专家、环保部门的建议，还征求了当地牧民的意见。作为国家级自然保护区，铁路穿过可可西里时，特意修建了清水河特大桥，这是全线最长的"以桥代路"工程，也是青藏铁路专门为藏羚羊等野生动物迁徙而开辟的通道。在施工中还随时注意着当地的动物动向，如2002年在国家珍稀野生动物藏羚羊产仔迁徙时，相关施工单位中铁十二局、中铁十四局主动停工，撤离了人员和机械，为藏羚羊安全迁徙让道。

除此之外，青藏铁路也首次在青藏高原进行了植被恢复与再造科学实验，并开展了实施工作。在恢复铁路用地的植被时，科研人员开展了高原冻土区植被恢复与再造研究，采取了人工种草和草皮移植的方法，使植物试种成活率达70%以上，高出自然成活率一倍多。

后来经过环保部门的检测结果显示，青藏铁路沿线的冻土环境和江河湖泊的水质无明显改变，沿线野生动物迁徙条件和自然景观未受破坏，沼泽湿地环境也得到了有效保护。由此可以看出，青藏铁路的建设实现了工程建设与自然生态环境的和谐，对我国工程建设理念产生了巨大的影响。

中国中铁各企业团结奋进

在青藏铁路建设中，中国中铁共有12个成员企业、31个项目部参战，承担着506千米、全线建设总长度45%以上的施工任务，工程造价62.5亿元。在整个建设过程中，各企业各部门各司其职、齐心协力，在各路段的建设中发挥了重要的作用，将艰苦奋斗的作风发挥到了极致。

在青藏铁路的修建中，中铁一局于格尔木南山口建设的铺架基地是一个重要窗口。2001年11月14日，新疆、青海交界处的昆仑山发生地震，持续3分钟的8.1级大地震形成了400千米的断裂带。因为地震，正在施工的路段受到了很大的破坏，然而项目部职工们依旧冒着不间断的余震在驻地办公，用强大的意志力克服困难，还构思出了"艰苦不怕吃苦，缺氧不缺精神，地震强生命更强，海拔高追求更高"的口号，在震后持续的高寒和风暴里，又将"地震强生命更强"改为"风暴强意志更强"。随着时间的推移，这4句话在青藏线广为流传，并被确定为中国中铁的青藏铁路建设精神，成为铺架将士强大的精神支柱。

在冻土问题上，走在铺轨一线的中铁二十局创造性地研制了两台大型隧道空调机组，控制隧道施工温度，有效防止了地下冰融化滑塌。在与多家科研单位的合作中，将理论变为现实，相继攻克了浅埋冻土隧道进洞、冰岩光爆、冻土防水隔热等多项世界性高原冻土施工难题。

为保护好铁路周边的生态环境，中铁十四局在投入30万元进行科技攻关的13个施工工艺难题中，涉及环保施工的就占了一半。他们不仅设置了生态环境保护监管员，监督沿线的生态管理工作，还要求在安家设营、人员设备进场、开设生活施工道路、采石、取土场、路堑开挖等施

科学家精神 协同篇

工活动中，尽量缩小工作面，对生活区范围进行画线监控，守护好沿线动植物保护带。

2003年年初，铁道部为确保青藏铁路按期建设完成，决定在原有的一个铺架口的基础上，在西藏安多县再开一个铺架口，建立第二个铺架基地。这样就可以向拉萨和唐古拉山两向铺轨，与格尔木南山口铺轨进藏的铺架大军形成"三向合围"之势，可将青藏铁路的建设总工期最少提前一年，这无疑是青藏铁路建设的战略之举。

虽然做出了决议，但当时在没有既有铁路的情况下，要想把机车、铺轨机、架桥机等庞然大物运上高原是一个在世界上都还无法破解的难题。曾被国家领导称赞为"铺架劲旅"、多年多次参加过我国重大基础设施建设的中铁十一局三公司责无旁贷地接下了这一段青藏铁路的修建。

2003年8月，占地201亩的世界最高铁路的西藏安多现代化铺架基地建成，中铁十一局三公司取得了进军青藏线后的第一个胜利。次年3月8日，中铁十一局三公司全体青藏铁路参建人员会同西宁铁路分局格尔木机务段的30多名管理和技术人员赶赴青海省秀水河火车站，开始机车拆解准备工作，到达目的地后再组装起来。

西藏安多铺架基地海拔4704米，每年风力在8级以上的大风天气有140多天，在这个过程中无论是油管进沙还是水管进沙，都会造成机器的损坏，这样就必须要彻底地清洗整个机器，然而这样的拆洗工作在当时的安多是难以实现的。中铁十一局三公司的青藏铁路建设者及武汉远洋运输公司的管理人员和技术人员一起对首台东风4型1083号内燃机车进行了拆解，把车体、转向架系统、柴油发电机系统等分装在3辆大型平板运输车中，面对这其中不能进任何异物和沙粒的将近30个进出水、气、油的内燃机内部口，他们仔细地将每一个口都用塑料布做了3层包扎。经过几日的运输后，运输车终于到达安多铺架基地。在机器解封过程中，由于环境限制他们无法使用常规的蒸汽解封，只能在帐篷里用电加热管将水、油加热到50℃以上，再加入柴油机后才能解封。工人们在艰苦、紧张的环境中耗时18个小时才完成任务。3月23日，在海拔4704米的安多铺架基地，1083号东风4型内燃机车正式启机，一声嘹亮的汽笛声为西藏百姓吹响了现代化的号角。这次启机全程没有一处漏水、漏油现象，足以证明大家工作时的小心谨慎和全情投入。

5月29日，中铁十一局从安多向南西藏拉萨方向开始铺轨，与此同时，中铁一局从安多向北青海格尔木方向铺轨。工人在安多车站铺下西藏境内第一组铁路道岔，预示着西藏境内大规模铺架的展开。随着铺架施工的一路凯歌，铁轨离拉萨越来越近，而铺路的将士们却离基地越来越远，为了节约每日返回基地的时间，将士们决定随铁轨一起前行，走在建设的第一线。在不断的技术攻关和人力施工中，铁路建设捷报频传。9月1日，属于以桥代路控制性工程的巴嘎榨大桥安全架通。这座大桥是为跨越冻土湿地而建的，其技术难点是在18‰的上坡道上架梁施工，架桥机本身自重就达到60多吨，再加上携带一片110吨重的桥梁在上坡道上架设，因此极易发生倾斜，将士们克服了海拔4500米的高寒缺氧环境和极端恶劣的天气条件，24小时不间断作业才终于圆满完成架设任务，为我国高原铁路大坡道架设施工积累了宝贵的经验。

后来他们又利用铺轨机代替架桥机架设8米梁获得成功，此项技术的应用，大大提高了作业效率，为铺架到拉萨节省了大量的时间。2005年7月2日，"铺架劲旅"铺轨工作又成功穿越了"世界屋脊"第一长隧道——青藏铁路安拉段羊八井一号隧道，这也是极其困难的一项任务，后来他们又陆续完成了墩高31.5米的青藏铁路安拉段最高桥达布曲特大桥和全长2208米的青藏铁路安拉段最长桥堆龙特大桥的架设施工，再将天堑变通途，将铁轨修过拉萨河特大桥，再接再厉、日夜兼程地向拉萨方向铺轨。

科学家精神 协同篇

青藏铁路工程圆满完成，天路赞歌响彻高原

2005年10月12日，青藏铁路格尔木至拉萨段的最后一节轨排在所有建设者的见证下铺设完成，这标志着世界上海拔最高、线路最长的高原冻土铁路全线铺通。众多参与建设的公司和团队在这其中立下了汗马功劳，共同用智慧和血汗凝结成这项伟大的工程，这项人类铁路建设史上绝无仅有的壮举。2006年7月1日，青藏铁路全线开始正式运营，建设者们用历时5年的艰苦施工缔造了这条伟大的"天路"，为西藏提供了全天候、大运量的进出通道，从根本上改变了西藏对外交通联系的状况，促进了西藏和外界的经济贸易往来和文化交流，加强了我国的文化融合和民族大团结，同时对中国加强与西南各邻国的联系起到了积极作用。

在青藏铁路长达两代建设者的修筑历程中，无论是1958—1984年修成的814千米的西宁至格尔木段，还是2001—2006年修成的1142千米（其中新建1118千米）的格尔木至拉萨段，都是中国铁路史上重要的进步，是世界铁路史上引人瞩目的壮举；无论是奔走在铁路修筑一线的工人还是在前方或后方一直提供技术支持、医疗支持、管理支持的专家、企业，都在极为艰苦的环境中坚持下来，在整个过程中各施所长，尽力做好每一个环节，全力攻克每一个难关。正因为原铁道部、卫生部、中科院寒旱所冻土工程国家重点实验室、中铁12家成员企业等重要参建单位及社会各界的通力支持和配合，才铺通了这样一条被称为"幸福路、发展路、团结路"的青藏铁路。他们使不可能变成了可能，展示了中国人不畏艰难、敢于创新、团结一心的精神面貌和扎实的专业实力，更使中国现代化建设取得了重大进展，在新千年为祖国的大开发作出了贡献，在协同配合中谱写出了响彻雪域高原的"天路"赞歌，翻开了世界铁路史上的重要篇章。

（撰稿：蒲雅杰）

参考文献

[1] 疏王炀. 背着火车上西藏 [M]. 武汉：华中科技大学出版社，2017.

[2] 王进东. 在世界屋脊上修建高等级铁路：记重大创新贡献青藏铁路项目 [J]. 科学新闻，2003（13）：17-19.

[3] 梁成谷. 青藏铁路：造福青藏各族人民的世纪工程 [J]. 中国铁路，2008（11）：11-13.

[4] 佚名. 雪山响起了汽笛声：青藏铁路建设纪实 [J]. 经济视角，2006（8）：1-5.

青藏铁路，是一条连接青海省西宁市至西藏自治区拉萨市的国铁Ⅰ级铁路，是中国新世纪四大工程之一，是通往西藏腹地的第一条铁路，也是世界上海拔最高、线路最长的高原铁路。青藏铁路分两期建成，一期工程东起青海省西宁市，西至格尔木市，于1958年开工建设，1984年5月建成通车；二期工程东起青海省格尔木市，西至西藏自治区拉萨市，于2001年6月29日开工，2006年7月1日全线通车。由于面临多年冻土、高寒缺氧和生态脆弱三大世界性工程难题，在建设过程中创造出了许许多多第一。

攻坚核聚变研究
探索未来能源
——超导托卡马克创新团队

习近平总书记在考察全超导托卡马克核聚变实验装置 EAST 时指出："核聚变能研究工作为人类在选择未来能源方面开辟了一条光明的道路……"超导托卡马克创新团队瞄准国家能源战略需求和世界科技前沿，40 年如一日，始终坚持从事高温等离子体物理、磁约束核聚变工程技术及相关高技术研发，取得了一系列具有原创性国际领先水平的成果，促使我国稳态磁约束核聚变研究走在国际前列，为人类核聚变研究作出了重大贡献。

核聚变能，人类未来的理想新能源

煤炭、天然气、石油等化石能源因其不可再生终将枯竭，促使人类未来的命运聚焦在寻找更加持久的清洁能源上。核聚变能的物理基础是氢的同位素氘和氚发生聚变核反应。氘和氚基本没有放射性，反应的生成物是氦气，对环境完全无害。另外，核聚变的原料储量也很丰富，氘可以直接在海水中提取，氚则可以通过氘和锂反应产生。据估算，一升海水中提炼出来的氘经过核聚变反应释放出的能量相当于 300 升的汽油。因此，核聚变能具有资源无限、清洁环保、不产生高放射性核废料等优点，是目前认识到的可以最终解决人类社会能源问题和环境问题、推动人类社会可持续发展的重要途径之一，是人类未来的理想新能源。

托卡马克，"人造太阳"核聚变实验装置

太阳普照大地，孕育万物，其能量正是来自内部一刻不停地聚变反应。但在地球上实现持续核聚变所需的条件尤为苛刻，只有在上亿度的高温等离子体环境下才能实现自发的持续核聚变反应。20 世纪 50 年代，苏联科学家提出了磁约束的概念，并建成了一种利用磁约束来实现受控核聚变的环形容器装置，称为托卡马克。核聚变能与太阳产生能量的方式相同，因此受控热核聚变实验装置被人们称之为"人造太阳"。托卡马克核聚变实验装置被公认为是探索、解决未来稳态聚变反应堆工程及物理问题的最有效途径之一，是地球寻找聚变能源出路的希望。

超导托卡马克创新团队，筑梦聚变人

在安徽省合肥市西郊风景秀丽的蜀山湖畔，坐落着中国热核聚变研究的重要基地，即中国科学院等离子体物理研究所，以探索、开发、解决人类无限而清洁的新能源为最终目的。该研究所拥有一支特别能战斗、特别有实力的团队——超导托卡马克创新团队（本篇以下简称"团队"）。他们秉承"甘于奉献、团结协作、锐意进取、争创一流"的大科学文化精神，在核聚变研究领域协同创新、攻坚克难，设计、建造并运行了四代核聚变实验装置，从"追赶者""并跑者"逐渐成长为实力强劲的"领跑者"。

他们日夜兼程、艰辛"逐日",只为世界上用核聚变能点亮的第一盏灯能够率先在中国出现。开发利用核聚变能的难度超乎想象,人类已为之付出了半个多世纪的努力,团队也为之奋斗了40个春夏秋冬,勇攀高峰、砥砺前行,聚变研究领域记录了他们光辉的足迹,见证了他们奋进的脚步。

东方超环,世界首个全超导非圆截面托卡马克核聚变实验装置

团队自主研制并拥有完全知识产权的EAST装置是世界首个全超导非圆截面托卡马克核聚变实验装置。EAST装置中文名为"东方超环",俗称"人造小太阳"。EAST由实验"Experimental"、先进"Advanced"、超导"Superconducting"、托卡马克"Tokamak"4个单词首字母组合而成,即"先进实验超导托卡马克",同时具有"东方"的含义。它同时具有

上亿温度的"超高温"、零下 269 ℃的"超低温"、"超大电流"、"超强磁场"、"超高真空"等极限条件，它的成功建设和运行是我国核聚变研究的里程碑。

EAST 装置研制过程中，团队解决了一系列关键技术难题，自主研发了 68 项关键技术，建成了 20 个子系统，实现工程调试一次性成功。EAST 装置因其独有的全超导、非圆截面及主动冷却内部结构三大特性和在高参数下开展稳态实验研究的能力，已经成为国际磁约束聚变装置中最前沿的国际开放的实验平台之一。自 2006 年首次放电成功至今，已开展了 14 轮物理实验，总放电次数接近 10 万次，先后创造多项托卡马克运行的世界纪录。其中，2012 年实现 411 秒 2000 万℃高参数偏滤器等离子体和 30 秒高约束等离子体运行。2016 年实现电子温度超过 5000 万℃持续时间 102 秒的超高温长脉冲等离子体运行，以及获得超过 60 秒的稳态长脉冲高约束等离子体运行。2017 年实现稳定的 101.2 秒稳态长脉冲高约束等离子体运行，成为世界上第一个实现稳态高约束模式运行持续时间达到百秒量级的托卡马克核聚变实验装置。2018—2019 年实现了高约束、高密度、高比压的完全非感应先进稳态运行模式和电子温度 1 亿℃等离子体运行等多项重大成果。EAST 装置的成功建设和运行赢得了国内外专家的高度赞誉，被国际顶尖学术期刊《自然》评价为"中国创造了聚变研究的历史"，被《科学》评价为"这里科学价值得到极大体现"。

树立国家品牌形象，深度参与国际热核聚变实验堆 ITER 计划

ITER 是当今世界规模最大、影响最深远的国际大科学工程，也是迄今为止世界最大的全超导托卡马克装置。它集成了当今国际上受控磁约束核聚变的主要科学和技术成果，是人类受控核聚变研究走向实用的关

科学家精神 协同篇

键一步,由中国、欧盟、俄罗斯、美国、日本、韩国和印度七方 30 多个国家共同合作,我国于 2006 年正式加入。凭借在托卡马克装置上 40 年的技术积累,团队让"中国设计"和"中国制造"应用于 ITER 大科学工程。作为 ITER 中国工作组重要单位之一,参与 ITER 计划 14 年来,团队承担了导体、校正场线圈、超导馈线、电源、诊断、总装等采购包,占中国承担 ITER 采购包任务的绝大部分,为 ITER 计划的顺利推进作出了重大贡献。通过自主研发,掌握了系列聚变工程关键技术,承担的 ITER 任务 100% 国产化并以优异的性能指标通过国际评估,交付进度和产品质量 100% 满足 ITER 要求,在 ITER 七方中居前列,创造多项第一,获得 ITER 组织高度赞誉。ITER 组织总干事评价:"中国在采购包研发生产方面领先各方。"团队推翻了原 ITER 电源和日本馈线设计方案并修正提出了被国际专家组认为合理可行的新设计方案,消除 ITER 运行风险并促使中方 ITER 份额大幅提高。研制出世界最大电流的高温超导电流引线,性能居 ITER 各方之首,创下了高温超导电流引线载流能力的世界最高纪录,实现了我国在高温超导大电流引线领域应用零的突破。研制的大电流超导铠装导体一次性通过严格苛刻的国际验证,并率先交付 ITER 采购包首件产品,促使我国大型超导导体研制和工业化生产能力跨入国际领先水平。

此外,依托掌握的聚变工程核心技术,团队向欧美等发达国家提供聚变技术产品和服务,在实现我国聚变技术产业发展的同时,有力推动了国际聚变工程技术的发展,提升了国际竞争力和影响力。例如,通过国际竞标以高价格赢得欧盟承担的 ITER 计划 PF6 项目合同,总重超过 400 吨、外径超过 11 米的 PF6 线圈是目前国际上研制成功的重量最大、难度最大的超导磁体。PF6 线圈所有关键制造工艺及部件全部一次性通过 ITER 国际组认证,性能显著优于 ITER 技术要求。团队与中核集团所属单位等组成联合体通过国际竞标赢得 ITER 主机 TAC1 安装工程。TAC1 安装标段工程是 ITER 主机最重要的核心设备安装工程,现场装配的部件数以万计,精度要求高，标准严苛，与超导磁体和馈线系统相关的任务就有数百项，为我国进入欧洲核能领域的工程建造市场提供了良好契机。

2020年7月28日，ITER计划重大工程安装启动仪式在法国ITER总部举行，习近平总书记的贺信给等离子体所ITER大科学工程团队带来了极大的鼓舞和激励。团队始终牢记嘱托，在国际上树立了"将不可能变为可能"的"中国创造"品牌形象。通过深度参与ITER计划，团队解决了聚变工程领域若干技术难题，突破和掌握了一系列未来建造聚变堆必备的核心技术。

瞄准核聚变能的未来应用，推动未来聚变工程实验堆建设

在承担大科学工程项目中，团队自主发展的超导、电源、低温、微波、材料等关键聚变工程技术，促进了国内一批高新技术企业的蓬勃发展。例如，将超导、低温技术应用于医疗，研制世界最紧凑型质子治疗装备，可大幅提高我国精准医疗水平和高端医疗装备国产化水平。建成的国内最大的直流电气设备测试中心，测试结果在欧美30多个国家获得认可。开展先进超导动力系统关键技术研究，以及低温等离子体技术应用。团队与欧、美、俄、日、澳等30多个国家和地区建立了稳定合作交流关系，与超过120个国内外主要研究机构建立合作，形成了"以我为主"的国际合作良好局面。团队全面参与合肥综合性国家科学中心建设，建设"十三五"大科学装置聚变堆主机关键系统综合设施，目标是建成具有国际领先水平的超导磁体研究系统和主机及偏滤器研究系统。以实现聚变能源为目标的中国聚变工程实验堆CFETR设计与建设是我国聚变能研发必不可少的一环，是实现人类聚变能源梦想的重要步骤。团队立足开展"以我为主"的国际合作，联合国内相关单位在科技部支持下开展CFETR概念和工程

设计。全国超过 30 家科研院所、高等院校、高技术公司约 800 人共同参与，形成了全国一盘棋的局面。近年来，CFETR 的集成工程设计及未来聚变堆的设计正在快速推进，取得了一批重大成果。同时团队已经开展 CFETR 预研，在 CFETR 设计方案的各项运行指标和关键等离子体参数、主机系统和重大部件、远程操作方案，以及先进偏滤器位形等方面已开展了实质性研究工作。

筑梦聚变人，合肥科学岛上书写协作奉献的最美篇章

十年磨剑终成器，聚变曙光耀东方。"人造太阳"，开发利用核聚变能源，是聚变科学家们从未褪色的梦想。为了这一天，在 40 多年的聚变征途中，一代又一代人接力传承，聚沙成塔，协作创新，奉献青春。从 20 世纪 70 年代用生活物资换来了俄罗斯退役的设施，到 20 世纪 90 年代初建成我国首个世界第四个超导装置合肥超环，实现并跑；从零起步开展超导工程研究，开始追赶，到如今 EAST 的超越和领跑；从开展四代托卡马克装置研究并创造若干世界纪录，到参加国际热核聚变实验堆 ITER 计划并为 ITER 作出重大贡献，再到开展中国聚变工程实验堆 CFETR 工程设计及规划建设聚变电站……从老院士到研究生，从物理学家到能工巧匠，科学岛上，三代聚变人 40 年如一日，甘为人梯、团结协作，从青年到中年到暮年，坚守人类的能源梦想并为之奋斗不息。

科学家们实现核聚变能源的每一步都充满艰难、挑战和创新。40 余年的日日夜夜，为之付出汗水、欢笑、激情和青春，耄耋之年的万元熙院士依旧痴狂地工作。"愁眉苦脸过一天，还不如快快活活过一天。没有理想过一辈子，还不如有明确的抱负、有理想，为追求自己的理想而不惜任何代价不怕任何艰难去工作。"要知道他是胃切除 4/5，至今还留有心肌梗死病灶的长者。他带领团队发扬"没有条件创造条件也要上"的精神，

在相对简陋的实验室内成功制造出关键部件和设备,整个项目自研率达90%以上,为国际核聚变研究的发展探索出了宝贵的经验。他常叮嘱青年人:"核聚变是好几代人的梦想,青年人要珍惜国际交流合作的机会,勤于学习,肯于钻研,早日成长起来,扛起核聚变发展传承的重任。"

李建刚院士偶然触碰聚变研究竟成终身事业。上大学时他读到了一本关于聚变的小册子,对这个事关人类未来能源问题的聚变领域产生了浓厚兴趣,从此踏上了这条漫漫征途路。他大学一毕业就来到了科学岛,这一待已经近40年,这在当时绝非易事。他把一生最美好的时光全部留在了科学岛也必将奉献一生于此,每次谈到此,他却说:"能把人类的梦想、科学家的兴趣和国家的需求完美地结合在一起,对自己来说是件极其幸运的事。""像核聚变这样的大科学工程,需要全世界科学家历经几代的艰辛合作研究才能走向成功",他希望越来越多的年轻人能够理解核聚变,将聚变研究作为人生事业的选择。"我这一辈子,做了20万次物理实验,有4万次失败了。这是一个非常漫长的过程,但是我们会一直往下走。"

国家杰青宋云涛研究员用实际行动践行青春的誓言,谨记一代又一代聚变人厚植家国情怀,投身核聚变研究漫漫征程中。对老一辈科学家们深怀敬仰和感激,对青年干部职工学生满怀感情和激励。农家出生的他,有着一股质朴坚韧的勤奋与刻苦。"我来所读研究生时,HT-7装置刚正式投入运行,再到后来的EAST,有幸跟着老一辈科学家们全程参与EAST装置的建设、运行和维护。"相较于国外名校毕业的专家学者,宋云涛是我国本土培养出的青年人才,科学岛的标签伴随他的一生。他攻读核能科学与工程研究生,然后留所工作;从一名普通的科研人员,成长为我国聚变工程技术界杰出的青年科学家。"广大青年要珍惜人生中最美好的黄金时段,立足本职岗位,脚踏实地、艰苦奋斗、勇于担当、不做过客、不当看客,让青春年华在为国家、为人民的奉献中焕发出绚丽光彩。"他号召团队的青年科研人员要大力发扬老一辈科学家的精神,志存高远,

科学家精神 协同篇

把握好时代机遇，不断创新创造创优。

1977年9月，刚从同济大学机械设计与制造专业毕业的吴维越来到合肥。下了公交车，眼前便是看不到头的农田，他不知道要报到的单位还有多远，于是顺着小路一直往前走。没想到的是，走了半天，才到了一座荒凉的岛上。更没想到的是，吴维越这一走，就是43年，为了聚变事业在科学岛上奉献了一生。还有一大批青年科研人员，为了聚变能源梦想，带着自己的青春才华扎根科学岛。一根电缆既要保证压缩比，又要拥有一定的空隙率，让其中1000余根毫米级的超导线既发挥作用，又不折断，这曾让"80后"秦经刚犯愁："当年请外国专家过来也解决不了断线问题，急得饭都吃不下。"试了无数种方案，团队最终做到100%不断线。"如今中国制造的超导电缆被用在ITER装置上，超导材料从原先年产几公斤到现在年产达到百万吨的量级，并且已经实现了国际输出。"秦经刚说。作为一名年轻的"老师傅"，"人造太阳"上成千上万条焊缝见证着焊接工吴祥明的成长。每一次实验对他都是挑战，他要根据每次的实验要求"量体裁衣"。常常遇到焊接处空间狭窄、肉眼无法看到焊口的难题，这让他练成了对着镜子焊接的绝活。香港青年叶孜崇对祖国的了解曾经只局限于对岸的深圳，而如今是他在合肥科学岛安家的第四个年头，在同事看来，他的普通话愈加标准。2016年年末，已在美国工作的他向科学岛发了第一封求职邮件。"祖国的核聚变技术发展飞速，让我找到了在国外未曾有过的契合点。"叶孜崇告诉记者，他越来越有信心从事更多的核聚变研究。一次参观改变了王亮的科研轨迹，投身聚变研究。王亮说："人的一生总要做一些有意义的事情，聚变研究就是一项意义深远的工作，有幸参与其中并且能作一点贡献，哪怕只是微不足道的贡献，也能让人收获到实现人生价值的满足感。"由科学岛送出培养并已经在海外完成学业的丁锐，在了解到EAST装置再次创造了新的世界纪录后，便决定结束在国外的博士后工作，提前回到科研队伍中，利用国外所学的知识，矢志聚变研究，将自己的青春奉献在科学岛。还有一大批青年科研工作者深知"个人的事再大都是小事，国家的事再小都是大事"，他们忍受劳燕分飞或骨肉分离，长期离家远赴 ITER 现场承担国际合作任务，为之深爱的聚变事业奉献青春。

"做研究要甘于寂寞，板凳要坐十年冷，文章不写一句空。"中国聚变研究取得的进展，背后是三代科研工作者无怨无悔、团结协作、奉献青春的积累。他们从青年、中年到暮年，一直坚守聚变梦想，三代聚变人谱写了最动人的青春故事，用他们最美的青春奉献促使我国聚变研究实现了从跟跑、并跑到领跑。

"核聚变能研究工作为人类在选择未来能源方面开辟了一条光明的道路"，"你们是在做一项非常伟大的事业，相信一定会取得成功！"习近平总书记的嘱托指引了聚变科学事业发展的前进方向，给予聚变科研人强烈的信心。核聚变研究是一项长期的科学研究，正是坚定了这一理想信念，为了人类的核聚变研究事业，聚变科学家几十年如一日，默默耕耘在开发利用核聚变能源的漫漫征途中，为了追逐人类聚变能源梦想，不断协作创新、孜孜以求，期望能够为世界核聚变研究作出更多中国人的贡献。

（撰稿：中国科学院合肥物质科学研究院　叶华龙）

参考文献

[1] 常河. 追逐太阳的人：记中科院核聚变大科学工程团队 [N]. 光明日报，2019-08-10（1）.

[2] 陈诺. 那些"种太阳"的年轻人：记中科院核聚变大科学工程创新团队 [EB/OL].（2019-06-11）[2020-12-01]. http://www.xinhuanet.com/2019-06/11/c_1124608121.htm.

[3] 叶华龙. "东方"之光 [J]. 百科知识，2018，730（23）：12-15.

[4] 佚名. "人造太阳"研究之路 [J]. 紫光阁，2016（9）：81.

科学家精神 协同篇
SPIRIT OF SCIENTISTS

超导托卡马克创新团队建成了世界首个全超导托卡马克装置等多个国之重器，并在物理实验中创造多项世界纪录。深度参与国际热核聚变实验堆大科学工程计划，质量和进度在七方30多个国家中居首，凭借先进的研发水平和质量标准在国际上树立了"中国设计""中国创造"品牌形象，同时全面参与合肥综合性国家科学中心建设，开展"以我为主"的国际合作，积极推进中国聚变工程实验堆设计与建设。团队取得了一系列具有原创性国际领先水平的成果，促使我国核聚变研究走在国际前列，为人类核聚变研究作出重要贡献。

集智攻关奏响
探月三部曲
——中国月球探测工程

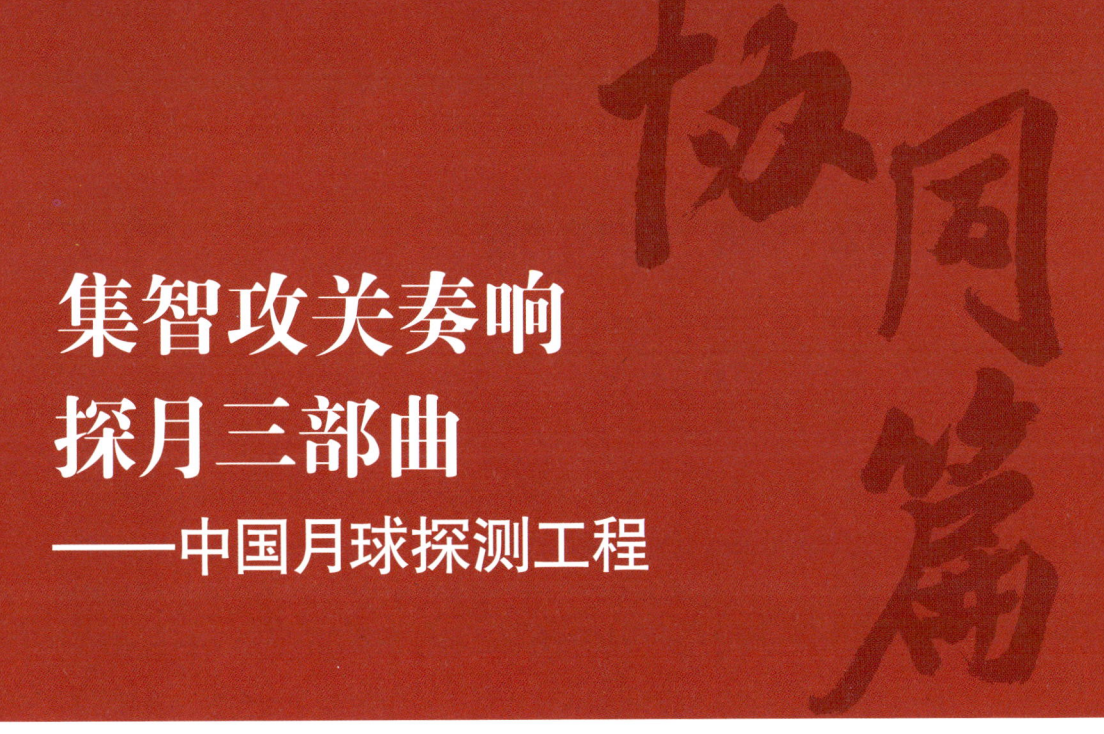

  中国探月工程团队是以欧阳自远、孙家栋、栾恩杰、叶培建等老一辈的科学家为领导核心，以新时代的青年为研发主力的队伍。经过无数航天人的默默付出，现如今嫦娥一号圆满完成绕月使命，嫦娥二号首次实现中国对小行星的飞跃探测，嫦娥三号成功实现落月梦想，嫦娥五T完成地球轨道以外航天器高速再入大气层的返回试验验证，嫦娥四号实现首次月球背面软着陆，嫦娥五号携带月球样品顺利返回地球。中国探月工程六战六捷、举世瞩目，在长期的科研攻关和工程实施过程中，逐步锤炼凝聚出"追逐梦想、勇于探索、协同攻坚、合作共赢"的探月精神。

  这是一支高度团结的队伍。统一决心，统一意志，统一目标和统一行动。他们同舟共济、众志成城、团结协作，是"嫦娥"成功奔月的强大动力。中国探月故事，正是由团队中一个又一个的中国航天人所书写，并结集汇编而成的中华民族奔月新传奇。

科学家精神 协同篇
SPIRIT OF SCIENTISTS

托举"嫦娥"的青春力量

2020年11月24日凌晨，中国文昌航天发射场，这一刻所有人的心都随着滴答的秒针跳动得更加剧烈。突然，金色的火焰腾空而起。在长征五号运载火箭的托举下，嫦娥五号探测器升空入轨，承载着中华民族探月梦想，奔向月球。在发射现场，一抹靓丽的身影，引起了大家的注意。她就是嫦娥五号任务连接器系统指挥员，也是中国文昌航天发射场有史以来第一位女性指挥员，不过24岁的年纪，她已经坐进了肃穆的指控大厅，作为发射场上不可或缺的一环，护送嫦娥五号探测器登空揽月。她就是周承钰，人们也叫她"大姐"。1996年出生的她，身高1.58米，无论从年龄还是个头来说，都很难和"大姐"联系起来。其实在她刚到单位时，大家看她娇小可爱，经常护着她。直到一次3公里测试，她以极强的耐力和速度超过一多半男同事，大家对她刮目相看。工作中，她更是以能啃硬骨头著称。这就是"大姐"，能吃苦，也肯吃苦，是出了名的硬角色。

周承钰的出现，完全颠覆了整个单位对女娃的刻板印象。而很多人也只是看见了她在新闻里面威风帅气的一面，却不知道站在这个高度的

她都付出了什么。在此前的长征五号遥三火箭测试任务中，周承钰被定岗在位于脐带塔15层的二级连接器配气台。通往15层的路，是倾角接近90°的180多级钢铁台阶，

集智攻关奏响探月三部曲

在文昌航天发射场的人看来，这条路堪比"天梯"。就是这样的一条路，她要一天来回4趟，可这还不是更难的。15层的高空，狭窄的工作环境，更让人"抓狂"的是，这里没有空调。这种工作环境，一些男同志都望而生畏，周承钰却在这里整整干了60天，从来没有抱怨过一次，更没有迟到过一次，成功把二级连接器配气台这个"边缘岗位"，打造成"党员先锋岗"，并顺利完成长征五号火箭的复飞之战。确实，成功的背后往往都有不为人知的艰辛。在庞大的航天工程系统中，周承钰无疑是年轻的，但大家早已对这种年轻见惯不惊。

2020年11月30日凌晨，北京航天飞行控制中心。"各号注意，我是北京。"面对电子屏幕上反馈的数据，26岁的高健注视着、思考着，然后下达命令："探测器组合体分离正常。"他的声音顺着无线电波传递到测控系统各个点位。话音落地，他紧绷的神经才稍稍松懈，此刻这名进入调度岗位不过两年的年轻人，才觉察到自己满手是汗，后背也有些湿湿的。今天，是高健第一次在重大航天任务中独立完成一道"大口令"。适度的亢奋对他来说很有必要："为了这一句正常，必须要清楚背后所有'不正常'的状态。"别看只是一句简单的口令，可在这背后都是庞杂烦琐的资料数据，是夜以继日的推敲筹划。而调度员看似平静地坐在座位上，他们的大脑要时刻保持高速运转。作为整个飞控系统的"发动机"，调度员必须清楚"什么时候该干什么事，为什么此时此刻要做这件事"。几尺见方的工作台，方方正正的电脑屏幕，线路错落的通信设备……这就是"高健们"的"战场"；他们喊出的一句句口令就是重如泰山的命令；操作的要求，就是零失误。

另一侧调度岗位上，总调度刘建刚宛如一根定海神针。1989年出生的他今年刚做了父亲；1980年出生的嫦娥五号发射任务01号指挥员胡旭东，已经是文昌发射场指控大厅里的"大龄人士"；长征五号火箭总控系统指挥徐文晓不过26岁……在嫦娥五号背后的各系统团队中，无数年

科学家精神 协同篇

轻的航天人早已接过了中国航天事业的接力棒，将中国航天的未来扛在肩上。不仅代表着中国现在的科技创新主力，也代表着中国现在年轻群体富有生命力的状态，让中国航天事业有了突破与发展。

造就"嫦娥"的传承力量

北京航天飞行控制中心指控大厅，明亮如昼。嫦娥五号工程北京总调度刘建刚稳坐指控大厅，3 天后即将迎来 31 岁生日的他，对着面前的麦克风喊出最后一道关键口令。此时千里之外，朔风凛冽的内蒙古四子王旗航天着陆场，身着橘红色工作服的搜救队员也在严阵以待，等候迎接"嫦娥"回家。在嫦娥五号的团队中，随处可见洋溢着自信的青春面孔。数百个关键岗位上的负责人，大多为"80 后"和"90 后"，平均年龄仅 33 岁。时光倒回 10 年前，嫦娥二号顺利抵达环月轨道直播现场，看着许多年轻人欢欣雀跃的身影，时年 57 岁的总设计师吴伟仁潸然泪下。在他们身后，时年 82 岁的嫦娥一号总设计师孙家栋院士，静静注视着这一切。82 岁、57 岁，再到今天的 33 岁。这是一种传承，也是一种跃升。

2019 年，当我们对日月星空远远眺望时，多了一些新的期待，也多了一些牵挂之感。在 30 万公里外的月球上，中国"玉兔"（月球车）正在一步步地向前迈着努力的步伐，它平稳地向前迈出了一小步，代表着中国探索登月事业前进了一大步。2019 年 1 月 3 日 10 时 26 分，嫦娥四号探测器成功实现首次在月球背面软着陆，并成功拍摄了世界上第一张月背的特写照片，使得人类第一次近距离地看到了月球背面的模样。与此同时，一张"握手"的照片也在网上广为流传。照片的背景是在航天飞行控制中心的大厅中，48 岁的嫦娥四号探测器项目执行总监张熇，面对嫦娥四号探测器的圆满成功，激动之情溢于言表。中国航天科技集团五院深空探测和空间科学首席科学家、嫦娥一号卫星总设计师，74 岁的叶培建院士，紧紧握住她的右手，有欣慰，更多的是骄傲。两代"嫦娥人"的手握在一起，这或许是对中国航天精神传承与接力的一种最好的注解。

从嫦娥一号到嫦娥四号，叶培建付出了无数的心血，张熇那一刻的百感交集，他深有体会。只有亲身经历才能理解这一刻的意义，不仅仅是成功的喜悦，更是对以往付出的回报。当叶培建从后排走过来，拍着张熇的肩膀说着"辛苦了，不容易"的时候，代表着新一代的航天人没有辜负前辈的嘱托与期盼，这就是传承与接力。其实在"嫦娥奔月"的旅途上，不仅有叶培建和张熇这样的传承，还有更年轻一代的接力。他们不畏艰苦，不怕困难，一步一个脚印，完成嫦娥四号的方案设计、生产、测试等工作。作为新时代的新青年，他们扛起了建设祖国的大任。

后来，叶培建院士谈及那次"握手"时说：这条路，他走过，深知是一条崎岖的泥泞路。张熇及年青一代取得的成就有多不容易，付出了多少汗水与努力，他也深有体会。如今他们挑起了这个担子，他要给他们祝贺和鼓励。因为，在这之后，还有更多更难的路要走。这就是我们的"嫦娥人"，带着梦想，踏着青春，勇敢自信地奔赴下一程。

圆梦"嫦娥"的坚守力量

在距离地球38万公里外的月球轨道，让两个飞行器进行交会对接，这对普通人来说是难以想象的事情，但中国的航天人总是能够将这种不可能变成可能。而进行两个飞行器的交会对接仅仅是嫦娥五号探测器探月任务中的一个环节，该系统工程的复杂程度之高、技术难度之大可想而知。两个飞行器成功对接，中国航天科技集团有限公司五院西安分院（以下简称"西安分院"）的交会对接微波雷达研制团队功不可没。嫦娥五号交会对接微波雷达是轨道器和上升器之间交会对接所用的测量敏感器，为交会对接的高精度姿轨控系统提供两个飞行器之间的相对距离、速度、

科学家精神 协同篇

角度等信息,并具备空空通信功能,是交会对接的关键测量手段,相当于在嫦娥五号着陆器上安装了一部"泊车雷达"。

2014年,嫦娥五号交会对接微波雷达外场挂飞试验在机场进行。试挂当天下午3时,守候在捕获跟踪现场的试验队员得到起飞消息,早早地就将一切准备就绪,只等着实时信号的出现;随后,目标信号准时出现在监视器上,微波雷达也充满灵性地上下俯仰转动,执着地跟踪着目标,这意味着嫦娥五号交会对接微波雷达的外场挂飞试验取得成功,充分验证了交会对接微波雷达的工作性能。而从2010年开始方案论证到2014年挂飞试验的成功,再到2020年嫦娥五号探测器成功发射并实现交会对接,西安分院研制团队经历了整整10年。就是因为西安分院研制团队这10年的坚守,为我国探月三期工程中的"返回"发挥了重要作用,为嫦娥五号探测器的一飞冲天贡献出重要力量。然而,我国探月工程目前取得的成功,离不开像西安分院一样的无数个团队的坚守。

2014年10月24日凌晨,被称作"小嫦娥"的探月三期飞行试验器入轨那一刻,作为总体主任设计师的席露华还是感慨万千,虽然这已经是她的第四次探月征程了,但是每一次的紧张兴奋感都记忆犹新。7年前,也是这一天,也是这个大厅,她作为中心总体计划和国际联网岗位负责人,参加了嫦娥一号的绕月探测任务。如果从2004年我国探月工程立项算起,她从事嫦娥任务飞控工作已整整10年。10年,对于席露华和她身边的女同事来说是人生中最美好的岁月。她们中有在改革开放大潮中成长的"70后",有选择守望星空的"80后",再加上如今的"90后","嫦娥们"一直都在,流逝的是岁月,不变的是坚守。

所谓壮举,皆因奋斗。自嫦娥五号轨道器立项起,中国航天科技集团有限公司八院探月工程负责人张玉花就带领团队"白手起家",展开了攻坚研制之旅。她在载人航天领域干了18年,一纸调令来到探月,从嫦娥三号、嫦娥四号再到嫦娥五号,一路走来、从无到有,她带领团队一步一个脚印坚定地走向月球。一轮圆月，一双足迹。发射平台上"中国探月工程"的标志图案，充满东方意韵，吸引了大家的目光。这双足迹，就是中国航天人的脚印。如今，嫦娥五号回家了，而嫦娥四号带着无数航天人的努力继续坚守在第一线。

追梦没有坦途，圆梦唯有实干。中国探月工程不断创造奇迹的背后，离不开无数航天人用自己的方式默默托举，是一代代航天人数十年如一日的坚守。他们从大山深处到大海之滨，一路追随、永不言弃；从翩翩少年到白发院士，矢志坚守、攀登不止。为了圆九天揽月之梦，中国人激发一棒接着一棒跑的干劲，中国制度发挥集中力量办大事的优势，为"中国为什么能"留下了又一个生动注解。

"嫦娥"团队敢为人先、百折不挠，一次次刷新我国航天史上的诸多"第一"。协同攻坚，是国防科工局牵头，各大系统与协作单位数万科技人员深入论证方案、严谨实施工程的体现。嫦娥一号到嫦娥五号任务的圆满完成，是新老传承、集智攻关的成果。合作共赢，是国家利益高于一切、全国一盘棋、上下一条心、共使一股劲、团结奋进的大协作精神。

（撰稿：鲁雪）

参考文献

[1] 王通化, 高立芙, 贺逸舒, 等. 中国探月故事 [N]. 解放军报, 2020-11-25.

[2] 索阿娣. 十年铸器, 嫦娥五号这些年 [N]. 中国航天报, 2020-11-24.

[3] 冯华, 叶雨恬, 段逊. 月球挖土, "打包"完成 [N]. 人民日报, 2020-12-03.

[4] 杨悦, 安普忠, 张未, 等. 托举"嫦娥"的青春力量 [N]. 解放日报, 2020-12-18.

[5] 邱晨辉, 祁登峰, 姜宁. "嫦娥"团队"嫦娥"多: 记中国探月工程女设计师们 [J]. 发明与创新（大科技）, 2014（12）: 34-35.

科学家精神 协同篇

　　2004年，中国正式开展月球探测工程，并命名为"嫦娥工程"。嫦娥工程规划为3期，简称为"绕、落、回"三步走。第一步为"绕"，即发射我国第一颗月球探测卫星，突破至地外天体的飞行技术，实现首次绕月飞行。第二步为"落"，即发射月球软着陆器，并携带月球巡视勘察器（俗称月球车），在着陆器落区附近进行就位探测，这一阶段将主要突破在地外天体上实施软着陆技术和自动巡视勘测技术。第三步为"回"，即发射月球采样返回器，软着陆在月球表面特定区域，并进行分析采样，然后将月球样品带回地球，在地面上对样品进行详细研究。这一步将主要突破返回器自地外天体自动返回地球的技术。

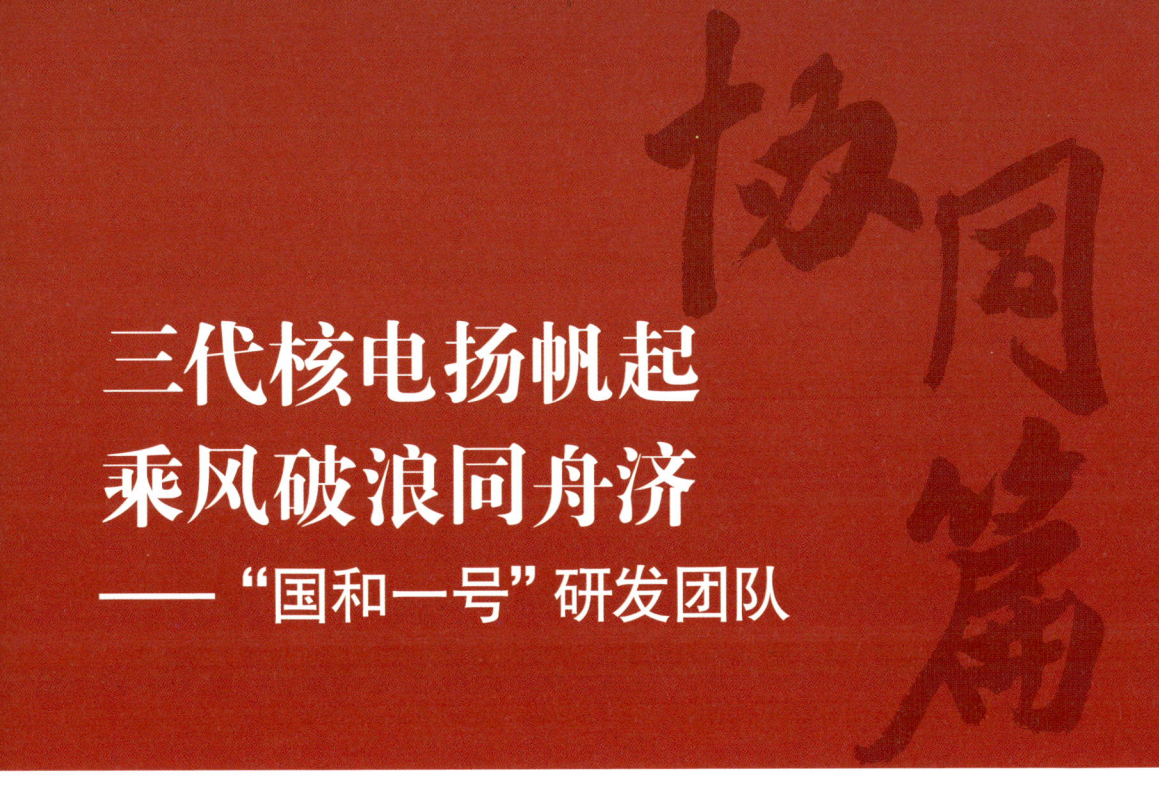

三代核电扬帆起
乘风破浪同舟济
——"国和一号"研发团队

2020年9月，国家电投集团在上海发布我国三代核电自主化的标志性成果——中国自主核电品牌"国和一号"，包括央视新闻联播在内的几十家主流和行业媒体纷纷报道了此事。从技术上说，"国和一号"完全达到三代核电水平，跻身国际最先进核电技术之列，较目前主流的二代核电安全性提高上百倍，设备国产化率超过90%。

寒来暑往，几度春秋。在这背后，是上海核工程研究设计院有限公司（简称"上海核工院"）等全国几百家单位几万人的产学研用的研发团队，历经10年的不懈奋斗。

核电报国　产学研用共携手

"国和一号"的研发要求源自20世纪初。为了赶超世界先进核电水平，又好又快又安全地发展核电，党中央、国务院组织国内专家，经过多年

科学家精神 协同篇

调研和论证，在2007年决定引进国际先进的美国AP1000三代核电技术，通过引进消化吸收再创新，形成有自主知识产权的先进核电品牌。

同时，中美双方约定，中国可以在AP1000技术上进行改进，设计新的核电技术。但是，只有新核电技术的发电净功率大于135万千瓦，美国才承认中国拥有自主知识产权。

但是，从100万千瓦到135万千瓦，核电厂已经不是简单地放大，而是从反应堆堆芯到厂房结构都要重新设计。甚至在美方专家看来，很多设备的尺寸、厚度、强度已经超过了当时世界各国设备制造能力的极限，换句话说，就算图纸能画出来，也没有一个国家能造得出来。

再高的山也要翻过去！2007年，作为我国大陆第一座核电站——秦山核电站的研发设计单位，上海核工院责无旁贷地承担起了新核电技术研发的攻关任务。

国家使命在肩，上海核工院院长、"国和一号"总设计师郑明光立即开始牵头，上海核工院总师团队组织院内各专业设计部所结合我国制造

业实际情况开展研究，对"国和一号"顶层设计方案进行了全局性的规划和创新。

作为我国16个国家科技重大专项之一，2008年2月15日，"国和一号"总体实施方案在国务院常务会议上获得审议通过。"国和一号"与大飞机、载人航天、探月工程等科技项目一起，受到了全国上下的高度关注，研发设计工作步入快车道。

在 AP1000 技术的基础上，研发团队在核反应堆内采用了多种创新的结构设计提升流通性能、核燃料组件数量从 157 个增加到 193 个、增加了钢制安全壳的厚度和直径、重新设计研制了蒸汽发生器以提高传热效率、大幅提升和优化了主冷却剂泵流量和主管道流通截面等，实现整个机组性能和效率的全面提升，发电净功率成功突破 135 万千瓦。

"核电是国家战略性产业，战略性的产业需要战略性的合作，需要战略伙伴。""国和一号"总设计师郑明光如是说。众志成城，戮力同心。面对关键试验、设备研发等一个个硬骨头，上海核工院作为技术总牵头方，先后组织国内 605 家科研院所、装备制造企业、高等院校的 31 853 名科研人员参与到"国和一号"的研发中。在这个过程中，中科院等国家科研机构，清华大学、上海交大、西安交大等著名高校提供了有效的研发支撑；上海电气、中国一重、浙江久立、上上电缆、台海核电等设备制造企业也相继在主设备、关键材料的研发上投入了大量人力、物力。各方集中力量、有效协同，为"国和一号"的成功研发乃至我国核电技术水平的整体提升作出了不可磨灭的贡献。

上下齐心　实现产业跨越升级

虽然如今，中国的设备制造能力已在不断赶超世界先进水平，但在"国和一号"研发刚刚起步的 2007 年，我国核电装备制造业却面临着不少现实困难，二代核电设备中很多材料都需要进口，更不要说对材料要求更高、制造难度更大的"国和一号"三代核电了。

天南地北一盘棋，很快一重集团、二重集团、上海电气、哈尔滨电气、东方电气、中船重工、中航工业、宝钢、上上电缆、宁波天生、浙江宝银、国核锆业、国核设备……不管是身经百战的老牌国家队，还是同怀赤子之心的民营企业，甚至专为三代核电新成立的制造企业，纷纷扛起了自主化的重任。

以核燃料组件为例，它是反应堆的"粮食"，也是自主化的重点之一，研发过程中需要调动包括材料研制、燃料制造、设计、试验、辐照考验等在内的全产业链资源。

首先要解决制造的材料问题，核燃料铀芯块装在锆合金制成的燃料包壳中，核反应就在里面发生。虽然铀芯块已经可以国产化，但燃料包壳对锆原料的纯度、有益金属比例的要求都非常高，制造原料一直依赖进口。

为了解决核电厂的"粮食"问题，国核锆业有限公司于2007年在陕西宝鸡成立。建厂初期，国核锆业的员工在没有空调也没有暖气的办公室里工作，经常一干就到凌晨，当时厂区没有开通公共汽车，而且四周荒芜，出租车都不愿意来，等步行到家已经凌晨3点，第二天8点照常上班。就这样，大家仅用3年的时间就在一片空地上建成了具有世界先进水平的生产线。

同时，上海核工院与国核锆业联合中国原子能院、中国核动力院、中核包头核燃料元件公司、上海大学、重庆大学、西北有色金属研究院等单位，共同开展核级锆材研制工作。

在各方努力下，2012年6月，国核锆业核级海绵锆生产线正式投产，结束了我国燃料包壳的基本原料——核级海绵锆一直依赖进口的局面。2013年12月，能够生产燃料包壳管、燃料格架材料的核级锆材生产线全线贯通投产，同时与之匹配的核级锆铪检测实验室也完成建设。从此，我国具备了核级锆材制造、产品开发、技术研究、配套检测等全套能力，结束了核级锆材长期受制于人的局面。

材料解决了，但燃料组件应该是什么尺寸？格架是什么样的外形？在材料实现国产化的同时，"国和一号"自主化燃料组件的研发设计也在如火如荼地进行。上海核工院燃料组件研发团队"合理分解、各个击破"，分解出原型组件、定型组件、先导组件、批量商用等四大关键里程碑节点，形成1个目标、六大关键性能、4类保障平台、9项关键任务的"1649"研发策略，分阶段实施攻坚战活动，"白+黑""6+1"，加班加点确保各项研制节点目标的完成。按照专题化推进、团队化运作的模式，成立多个子项目攻坚团队，形成了抗磨蚀格架、高热导芯块、高强度骨架等关键核心设计技术。

10年来产学研用齐头并进，国核锆业的创业坚守、上海核工院的技术攻坚、相关单位的鼎力协同，终于研制出自主化燃料组件。在各方协同下，2015年年底，"国和一号"自主化燃料原型组件成功下线；2016年年底，"国和一号"自主化燃料定型组件下线；2017年年初，定型组件通过包括中国工程院院士在内的专家组的评审。

类似的例子还有很多。例如，反应堆冷却剂泵，它负责将冷却水注入反应堆堆芯，需要24小时不间断运行在高温高压高辐射的环境中，因制造难度大被誉为核电装备领域里"皇冠上的明珠"。为避免因研发导致的供货拖期风险，"国和一号"研发一开始，上海核工院就与沈鼓、哈电及上海电气确定了屏蔽电机主泵、湿绕组主泵两条技术路线并行的研发模式。经过8年时间，"国和一号"湿绕组主泵研发成功，屏蔽电机主泵的研发也接近尾声。"世界上任何大型先进压水堆核电站的主泵，我们现在都可以提供。"在央视新闻中，上海电气的研发人员语气中充满了自豪。

再如，三代核电所需的核级电缆，不但要求无卤无毒无烟，还要耐辐射、耐高温，因制造难、标准高被誉为电缆制造行业内的"珠穆朗玛峰"，此前没有任何一个国家成功研制出来。上上电缆勇挑重担，与上海核工院联合成立研发团队，在两年多的时间里，做了几万次电缆外皮的配方，通过了热老化试验和辐照老化试验、失水事故后的耐压试验等鉴定试验，终于制造出合格的电缆，填补了国际空白。

就这样，核电主管道、核级仪控系统等设备和系统相继实现国产化。从核电"大动脉"主管道到核电站"大脑"仪控系统，从设计方案到产品研发，"国和一号"设备研发团队步履不停，不断推动我国核电行业和技术上的整体升级换代。"国和一号"的成功研发，改写了诸多神话，打破了多项技术垄断，主泵、爆破阀、压力容器、蒸汽发生器、堆内构件、控制棒驱动机构、大锻件、核级焊材等关键设备、关键材料全部实现了自主化设计和国产化制造，设备国产化率在不久的将来可以达到100%。

尤其可喜的是，在支撑了"国和一号"技术研发的同时，国内一大批企业实现了技术迭代，我国整个核电制造产业实现了从二代到三代的跨越升级。

试验求证　守护核安全生命线

在材料、设备的研制之外，在另一条战线上，一个以高校和研发单位为主的群体开始了关键试验的推进。

一个新核电技术的诞生，不仅仅是靠设计人员在电脑上仿真、在图纸上画线就能实现的。为了保障核电安全，验证设计是否合理，需要搭建大型试验台架，在最接近实际运行工况的条件下模拟验证设计的可靠性。

为了确保"国和一号"设计可靠，上海核工院联合上海交大、国家电投中央研究院、中国核动力院等多家单位的研发人员设立了六大基础类重大验证课题，用以支撑论证三代非能动核电关键系统运行和重要设备性能研究，从反应堆堆芯的冷却到安全壳外部的喷淋降温，全都包括进去了。5年的时间，研发团队在国内22个世界先进试验台架上完成六大试验课题 17 项关键试验共 887 个工况的独立试验验证。可以说，每一次试验，都是保证核安全的一道屏障。例如，一旦发生事故，钢制安全壳上方的水箱会开始喷淋，让水沿着安全壳表面均匀流下，为安全壳降温。所谓"均匀流下"，就是要在安全壳外壁形成水膜，让尽可能大的面积都有水流过，而不是只沿着几条线流下来。这就和安全壳的外形、坡度、材料，以及安全壳外壁上分水器的配置息息相关，为了验证设计的合理性，研发人员搭建了高 20 多米的试验台架，通过真正的喷淋进行验证和改进。

再如，根据实际要求，在某些工况下，需要将反应堆压力容器淹没，保证反应堆内有放射性的堆芯能够被牢牢关在压力容器里。为了验证核电厂能否达到上述要求，上海核工院、国家电投中央研究院、上海交大联合开展了"'国和一号'熔融物堆内滞留（IVR）研究及试验"课题攻关。

台架的设计和搭建并不容易，流道几何结构的敏感性试验需要在试验台架设计中预留可调整结构件，入口水温、系统压力、试验工质等参数调节需要配置专门的辅助支持系统，微观参数如加热表面粗糙度、接触角等需要特殊的试验段表面处理工艺……

为了保证试验结果准确，需要充分考虑各种条件下压力容器的传热情况，甚至在核电厂长期运行后，压力容器外表面会发生氧化、材料老化等各种因素都要考虑进去。课题组充分调动一切可以利用的资源，学习试验样块微观检测技术，深入制造厂家寻找压力容器原型材料老化样品……经过不懈的努力，最终明确了压力容器长期老化后的特性，并建立了一整套快速模拟长期老化特性的处理方法。成功完成了 IVR 试验验证，获得国内外核电专家的关注。

2018 年，"国和一号"六大关键试验课题成果全部通过国家能源局组织的专家验收，试验目标、内容全部完成，各方专家一致认为试验数据真实、完整、可信，能够证明"国和一号"工程设计的合理性。

科学家精神 协同篇
SPIRIT OF SCIENTISTS

未来已来　技术升级永远在路上

核电，作为人类工业文明最复杂、安全要求最高的工程之一，离不开多部门、多单位、多个行业的协同合作。面对建设核电强国的国家使命，全国各地的产学研用单位拧成一股绳，交上了一份令人满意的答卷。

十年艰辛，玉汝于成。在研发过程中，在一线涌现出众多人才，如牵头主持研发工作的"国和一号"总设计师、"全国工程勘察设计大师"郑明光；多年来一直保持焊接合格率100%的"全国技术能手"豆存印；为了反应堆控制棒试验连续一个月每天工作到凌晨的"全国青年岗位能手"陈宇清；一直奋战在示范项目建设现场的"中央企业劳动模范"胡国峰；全国能源化学地质系统"大国工匠"葛鸿辉；直接参与了三大关键试验的"上海市工匠"林绍萱……每一段先进事迹的背后，都标志着一个技术难题的解决，都意味着我国在某个领域技术升级的成功，都是一笔宝贵的物质和精神财富。

核能发展日新月异，技术探索永无止境。下一步，"国和一号"研发团队将继续以100%自主化为目标不断努力。在不远的将来，团队将不断探索核能利用新的领域，为实现我国2030年碳达峰、2060年碳中和的目标，实现国家科技实力跨越式发展不懈奋斗。

（撰稿：国家电力投资集团有限公司）

2007年，党中央做出决策，决定引进世界最先进的三代核电技术，并在此基础上研发具有我国自主知识产权的"国和一号"先进核电技术。以上海核工院为技术总牵头单位，全国605家产学研用单位的31 853名科研人员参与到"国和一号"的研发中。无论是上海核工院这样的设计院，清华大学、上海交大这样的高校，还是上海电气、

中国一重这样的老牌国企，抑或上上电缆、宁波天生这样的民营大军都投入我国三代核电技术的研发洪流之中。

历经 10 年磨砺，"国和一号"核电技术横空出世。与此同时，我国核电设计、关键试验、工程管理均获得突破性进展。截至 2020 年年底，研发团队共取得国内专利 2134 项、国际专利 12 项、技术秘密 871 项、软件著作权 365 项、技术标准 455 项，发明新装置 155 项、新工艺 137 项、新材料 52 项、新软件 70 项，为我国核电技术和装备制造能力的提升作出了重要贡献，核反应堆压力容器、蒸汽发生器、主管道、壳内电缆、核级焊材、核级密封件等关键设备和材料相继实现自主化。

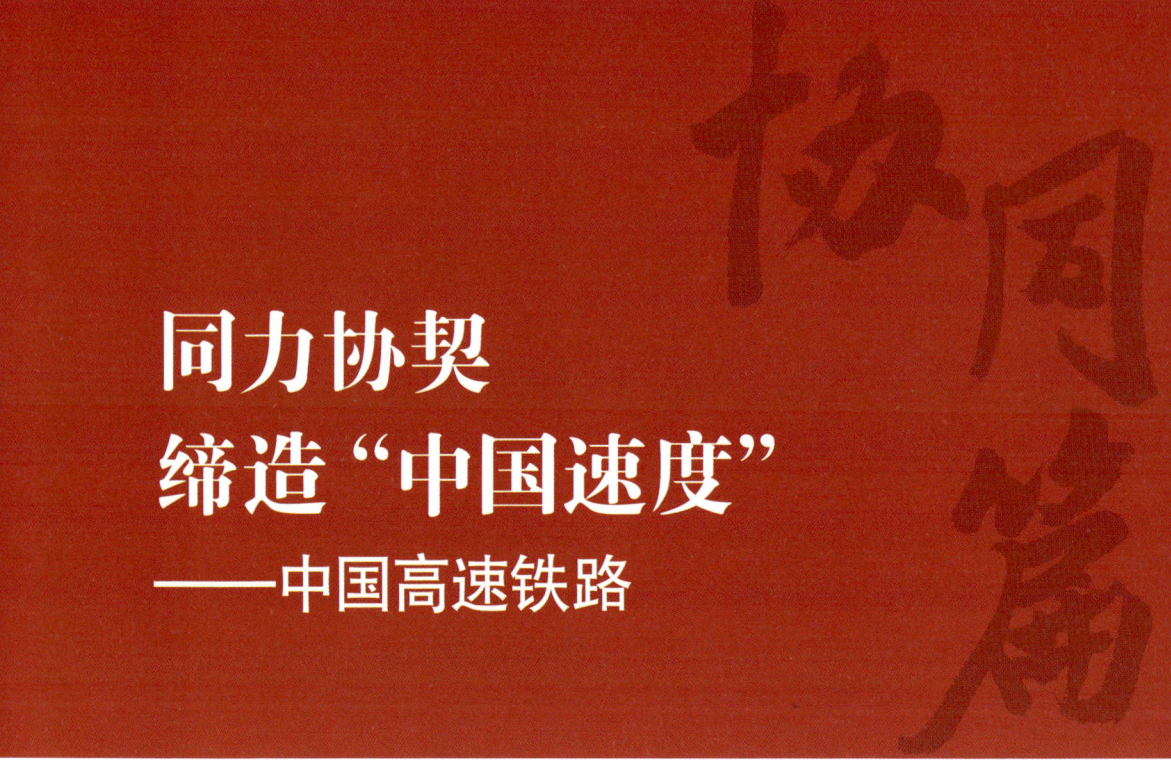

同力协契
缔造"中国速度"
——中国高速铁路

在塞北风区、岭南山川、东北雪海、黄土高原、江南水乡之上，驰骋着一条条"巨龙"，它们蜿蜒在山川湖海之间，承担着跨越省市的交通运输重任，它们就是中国的高速铁路。

产学研合作，造"中华之星"

高速列车是一个零部件构成众多、所涉知识领域广泛的复杂产品系统，其技术互补性、交叉性决定了创造和创新过程也是跨行业、跨专业、多个行动主体之间的合作过程。经过几十年的不断探索，中国铁路行业逐渐形成了一个以用户为中心、"产学研用"紧密结合的技术开发体系。

产学研合作的集大成之作之一就是"中华之星"号动力集中型电力动车组。

"中华之星"从2001年开始研制，集中了当时国内铁路机车车辆制

同力协契 缔造"中国速度"

造和研发的核心力量进行联合攻关、协同合作。株洲电力机车厂高速牵引研究所所长刘友梅院士担任项目总体组组长，与当时国内最具优势的4家机车车辆制造工厂、4家科研院所和2所高等院校联手，共同研制"中华之星"号。

在研制过程中，企业、科研院所和高等院校分工协作、通力配合。南车集团的株洲电力机车厂和北车集团的大同机车厂分别负责研制一台动力车，北车集团的长春客车厂负责研制4节拖车，南车集团的四方机车车辆厂负责研制5节拖车。中国铁道科学研究院主要负责列车编组调试和性能测试；株洲电力机车研究所主要负责牵引传动和网络控制系统方面的研制；四方车辆研究所主要负责车轮设计与试验，整车滚动振动、热工、空调与强度试验，列车供电、网络监控、接地及密接式钩缓装置的研制；戚墅堰机车车辆工艺研究所主要负责牵引齿轮及传动系统的研制；西南交通大学主要负责动力学计算及参数选择、模拟动力学试验；中南大学主要负责外形结构设计和空气动力学试验。参与本次工程的专家骨干多

达几百人，这项工程被称为"442"工程。

2002年11月27日，"中华之星"电动车组冲刺试验在中国第一条铁路快速客运专线秦沈客运专线创造了当时"中国铁路第一速"321.5公里/小时。该纪录直到CRH2型动车组在2008年4月24日于京津客运专线上进行高速测试时才被打破。中国工程院院士、原铁道部部长傅志寰曾说："中华之星"寄托着中国高铁最早的民族梦想。短短一年时间，"中华之星"就成功下线，这无疑是多方协同努力的结果。

智道合一，以桥隧代路

当高速铁路跨越大河大川、深山峡谷时，以桥代路、以隧代路是打通铁路轨道路线的关键。

在复杂的地形地势条件下，实现列车的高速运行，面对着的是更为复杂和严峻的挑战。京沪高速铁路就是这样一个跨越长江的工程奇迹，历经了各领域科学家们将近20年的联合讨论和探索，才最终建成。

2011年6月30日，京沪高速铁路全线正式通车，这是当时世界上建成的线路最长、标准最高的高速铁路。这条铁路从北京出发，绵延1300多公里，相继跨越海河、黄河、淮河和长江四大水系，最终抵达中国第一大金融城市上海，连接环渤海和长三角经济圈两个经济区域，全线纵贯京津沪三大直辖市和冀鲁皖苏四省，是中国客货运输最繁忙、增长潜力巨大的交通走廊。

南京城外，万里长江的下游江阔水深、航运繁忙，为让高速铁路跨越大江，建设者建设了一座巨形钢铁拱桥——南京大胜关长江大桥。大桥全长9273米，建成时是世界上首座时速300公里以上的六线铁路大桥，是世界上跨度最大的高速铁路桥，也是世界上设计荷载最大的高速铁路桥。

同力协契 缔造"中国速度"

为了支撑巨大的荷载,大桥建造对钢材性能提出了极高的要求。承担大桥建设的中铁大桥局向武汉钢铁集团公司发出合作求助,邀其共同研发一种高强度、高韧性,同时焊接性能良好的新钢种。提高钢材强度和改善焊接性能难以兼得,在钢材中,碳是起强化作用的重要元素,但只有降低碳含量,才能改善钢材的焊接性能,因此,这一研发任务无疑是一个巨大挑战。武汉钢铁集团公司钢铁产品研究所的工程师们,通过添加其他微量合金元素,在碳含量降低的情况下,保证了钢材的强度和其他性能。最终,经过合力攻关,研制出一种每平方厘米能承受 4.2 吨压力的强度超高、韧性好、焊接性能优异的新钢种。2012 年,南京大胜关长江大桥获得国际桥梁大会年度"乔治·理查德森奖",该奖是国际桥梁工程领域的最高奖项。

沪昆高铁在建设时也遇到了严峻的挑战。沪昆高铁从上海一路爬升到云贵高原,海拔从海平面上升到距离海平面两千米以上,其中的地质地貌千差万别。长沙至昆明路段,崇山峻岭,地形复杂,地质灾害频发。面对复杂的地形地势条件,需要在高耸入云的两山之间建造一条主跨度为 445 米的巨形拱桥——北盘江大桥。

2012 年,交通部设立北盘江大桥科研项目,贵州高速公路集团有限公司协同中交公路规划设计院有限公司、西南交通大学、贵州省公路工程集团有限公司和中交第二航务工程局有限公司共同承担。2013 年,北盘江大桥开工建设,由云贵两省共同建设。

借助坡度为 80 度的山体建造拱桥,主跨的受力点支撑在陡峭的山体上,完成困难很大。难度最大的就是拱圈的搭建。拱圈由一个个钢结构从两端的底座依次在空中对接完成,每一个组件重达 115 吨,比一架波音 737 的重量还大,只有拱圈合龙,才能形成稳定的刚性结构。

随着桥拱越修越高,拱圈组件面临高空中强风的威胁。为了检验拱圈的最大抗风性,设计师们联合西南交通大学,借助其风洞实验室,进行拱圈最大荷载风洞试验。在实验室中，设计师们进行了反复的试验后，才确定了最终的建设方案。2014年1月12日，北盘江大桥拱圈成功合龙。北盘江大桥是钢筋混凝土拱桥最大跨径、高铁桥梁最大跨度及最大高度等一系列世界纪录的创造者，标志着中国高速铁路桥梁建设达到新高度。

除了需要借助桥梁跨越深山峡谷和江河大川外，高速铁路也需要借助隧道穿越峻岭崇山。

西安至成都的高速铁路，是中国铁路第三次翻越秦岭屏障，线路穿越秦岭山区135千米，隧道总长度127千米，其中10千米以上的特长隧道有6座，而西成高铁天华山隧道是全线最长的一座，也是亚洲最长的单洞双线高铁隧道，穿越山体15.9千米，犹如一条巨龙，翻越秦岭，穿越汉中平原，走过巴山蜀水，将从西安到成都的时间压缩到3小时。

天华山隧道位于陕西省安康市宁陕县境内，隧道穿越4条断层带，属于最高风险等级隧道，施工安全风险高、难度大。当高速列车通过隧道及两车在隧道交会时，会产生强烈的空气动力学效应，对隧道净空、断面形式、结构设计、防灾救援、抗震、洞门形式和环境都提出了特殊要求，这就要求项目组的各行专家集智攻关、协同作业。

由于山路崎岖，加上岩石硬度很强，盾构机之类的大型隧道掘进设备很难派上用场，隧道施工只能采用隧道钻眼、人工爆破的方式一米一米地往前推进。一个掌子面一天的掘进长度仅有2米左右，如果从进洞口和出洞口同时对打，每天也不过掘进4米，要打通这条近16千米的隧道，至少需要10年时间，而业主方给项目部的工期只有48个月。为了确保按期完成任务，工程师们决定除了进洞口和出洞口，再开通3条斜井直通到隧洞主干道，8个掌子面同时建设，工人们分组合作，大大缩短了建设周期。

2016年7月8日，亚洲最长的双线高铁隧道西安至成都客运专线重点控制性工程——天华山隧道顺利贯通。

同力协契 缔造"中国速度"

由于我国地域广袤、地形地势条件复杂，建造铁路需要逢山开路、遇水架桥，要实现高速铁路的贯通，务必智道合一，联合桥梁、海洋、地质等多领域的专家共同制定工程建设方案。经过高速铁路研发团队的集智攻关，我国发明了无缝钢轨、无砟轨道等技术，展示了中国在各种地质条件下建设铁路的能力。

集智攻关，研发"和谐号"

2010年，中国研发制造了以"和谐号"CRH380为代表的17种型号动车组，涉及4个技术平台，建成京津城际和武广高铁，设计时速350公里，并凭此成绩加入了以欧洲铁路发达国家为主的国际铁路联盟。

其中，CRH380A高速动车组自2008年开始研制，设计时速高达380公里，这是当时世界动车组最高的设计运行速度，接近飞机低速巡航，没有任何先例可循，只能自主试验、慢慢摸索。

车头的设计是第一块"硬骨头"，与航空飞行器相比，高速列车还要面临地面气流的扰动、两车交会时气体的激荡及车体通过隧道时的气流变化，因此，高速列车的头形设计比飞机更具挑战性。中国高铁研发队伍代表之一的中车青岛四方机车车辆股份有限公司（简称"中车四方股份公司"）高速动车组研发团队是此项目的主导研制单位，负责组织进行方案设计、试验优化、施工设计、工艺验证、线路试验。然而，仅仅依靠四方团队，难以在短时间内完成如此艰巨的任务，中国科学院力学研究所负责气动性能的仿真分析；清华大学与北京大学负责侧风稳定性计算；中国空气动力研究与发展中心负责气动力学的风洞试验；同济大学负责气动噪声风洞试验；中国铁道科学研究院、西南交通大学、同济大学负责气动性能和噪声的实车测试。中国南车首席技术专家丁叁叁说："为了拿出最佳的头型方案，研发团队设计出20个列车头型方案，进行了17

科学家精神 协同篇

项 75 次仿真计算、760 个不同运行环境的气动力学试验和 60 个工况的噪声风洞试验。"

在各单位各部门的通力合作下，研发人员设计出 20 种概念头形，通过仿真计算、不同运行环境的气动力学试验和不同工况的噪声风洞试验，定型 5 种头形做筛选试验，最后形成了"圆润光滑、线条流畅、形态饱满"的 CRH380A 高速列车全新设计头形。据专家介绍，这个设计概念源自中国的长征系列运载火箭。

2010 年 12 月 3 日，CRH380A 高速列车在京沪高铁枣庄至蚌埠段综合试验中跑出 486.1 公里的时速，创造了世界轮轨最高运营速度纪录，被誉为"世界上最快的有轮子的火车"。CRH380A 拥有完全自主知识产权，已形成专利 181 项、标准 189 项，研发团队将"话语权"牢牢掌握在中国企业手里，是当时世界上运营速度最快、品质最优、功能最全、安全可靠性更高的产品。

同力协契，打造"复兴号"

2012 年，由铁道部主导，集合国内有关企业、高校、科研单位等优势力量启动了中国标准动车组研制工作。来自全国 25 所一流高校、11 家科研院所、51 个国家实验室和工程研究中心的 68 位院士、600 多位教授级高级工程师、200 余位研究员及上万名工程技术人员，形成了集合优势力量、产学研用紧密结合、协同创新的态势，全面展开了中国标准动车组的研发与制造。

中国标准动车组有 CR400AF 和 CR400BF 两种型号。400 为速度等级代码，代表该型动车组试验时速可达 400 公里以上，持续运行时速为 350 公里。

2017 年 6 月 25 日，中国标准动车组被命名为"复兴号"。2017 年

同力协契 缔造"中国速度"

6月26日，首对"复兴号"中国标准动车组在京沪高铁正式双向首发。2017年9月21日，"复兴号"中国标准动车组在京沪高铁以350公里的时速运营，刷新世界高铁商业运营最高速纪录。

然而在"复兴号"设计之初，"统型"的起步便遭遇了激烈的争论。每一个生产厂家都认为自己的生产技术很好，不愿意改变各自既有的生产线，大家各执一词、争执不下。经过60多次协调会的商讨、无数次争论、反复比选，近百项统型方案才最终确定。谈起统型方案的商定，几乎参加了每场会议的中国铁道科学研究院机车车辆研究所副所长张波说："铁路人有团结奉献的奋斗情怀，不管中间有多少争论、多少困难，目标一旦定下，就会全身心地投入，团结合作，坚定不移地努力下去，直至目标的实现。"

被誉为"高铁女神"的梁建英是中车四方股份公司总工程师，"复兴号"研发的领军人。50多万个零部件，几万张设计图纸，她带领设计团队从关键技术研究到方案设计，从仿真分析到试验验证，攻克了一道道技术难关，将一个个设计思路变成了方案可行的图纸。

单说"复兴号"的车头设计，为了兼顾外形美观和降低空气阻力两大要求，梁建英和团队最初设计了46个概念头型，通过技术优选挑出23个进入工业设计，再遴选出7个头型，通过海量的仿真计算和试验，才最终敲定设计方案。当性能最优的"飞龙"头型出炉时，打印数据的A4纸，足足堆了1米多高。

2015年6月，"复兴号"中国标准动车组样车下线并开始试验，中车四方股份公司主任设计师付善强加入了试验团队。付善强和100多人组成试验团队，先后辗转北京环形铁路、大西客运专线、郑徐客运专线、哈大客运专线等做线路试验。样车每天试验目标里程长达3000千米，凌晨5点入库整备，6点出库，在线路上往返20多趟，一直到深夜11点结束当天试验。试验的日子里，付善强和团队的每一位成员都是这样日复一日地努力着。"正是团队的艰苦试验，才解决了不计其数的难题，实现了整车性能的验证和优化。"付善强说。

从2012年到2017年，项目团队每天早八晚九是常态，很多时候还要挑灯夜战、连夜攻关。一列高速列车车体，有1万多个组件，提供电力驱动、内核控制、信号传输的电线有5万多根，接线点有10万多个；一列高速列车车厢，组装需要4个月时间，要有700人协作参与；一列高速列车的检验，总共有56 000个数据确认项点，需要进行200项试验检测。每一个零部件的研发、制造都凝结着工作人员的心血。项目内装系统负责人董雪妍说："忙到后半夜，已经累到不行的时候，发现白天出差的邓哥（中国标准动车组设计经理邓海）从车底钻了出来，那一刻，就好像看到了主心骨，动力又来了。"项目团队的每一个人都尽心尽力、同力协契。

"'复兴号'高度集成了大量世界尖端技术，也是多方科研技术力量跨领域跨地区的合力之作，团队的力量是无穷的。"负责项目运作和平台建设的项目副指挥王俊彪这样说道。

截至2019年年底，全国铁路营业里程达到13.9万千米以上，其中高速铁路达3.5万千米以上。中国高速铁路研发创新团队同力协契、集智攻关，不断刷新"中国速度"。从2008年京津城际开始，中国高铁最高刻下了时速350公里的"陆地飞行"纪录，不仅使得居民的"双城记"生活成为常态，也将"千里京广一日还、大漠戈壁银龙过"变为现实。

（撰稿：赵敬茹）

参考文献

[1] 王雄. 中国智慧 中国高速铁路创新纪实 [M]. 郑州：河南文艺出版社，2017.

[2] 李国武. 政府调控下的竞争与合作：中国高速列车的创新体系及其演进 [J]. 南开学报（哲学社会科学版），2019（3）：121-137.

[3] 陈鹏. 郑万高铁重庆段奉节隧道全隧顺利贯通 [EB/OL]. （2020-11-30）[2020-

12-20]. https://www.sohu.com/a/435351593_362042.

[4] 雍黎. 郑万高铁取得重大进展　巫山隧道顺利贯通[EB/OL].（2020-12-15）[2020-12-20]. https://baijiahao.baidu.com/s?id=1686148105383614939&wfr=spider&for=pc.

[5] 矫阳."复兴号"：带着"中国心"跑出新速度[N]. 科技日报（数字版），2017-09-29（6）.

高速铁路，简称高铁，是指设计标准等级高、可供列车安全高速行驶的铁路系统。其概念并不局限于轨道，更不是指列车。

高铁在不同国家、不同时代及不同的科研学术领域有不同规定。中国国家铁路局颁布的《高速铁路设计规范》文件中将高铁定义为新建设计时速为250公里（含）至350公里（含），运行动车组列车的标准轨距的客运专线铁路。2016年7月，发展改革委、交通运输部、中国国家铁路集团有限公司联合发布了《中长期铁路网规划》，勾画了新时期"八纵八横"高速铁路网的宏大蓝图，即以沿海、京沪等"八纵"通道和陆桥、沿江等"八横"通道为主干，以城际铁路为补充的高速铁路网。"八纵八横"可实现相邻大中城市间1～4小时交通圈、城市群内0.5～2小时交通圈。截至2020年年末，全国铁路营业里程达到14.6万千米，其中高速铁路3.8万千米。

团结创新
铸就"电力天路"
——特高压高端换流变攻坚团队

新疆准东—安徽皖南 ±1100 千伏特高压直流输电工程是中国原创的世界上电压等级最高、输送容量最大、输电距离最远的单体输电工程，是国际输电工程史上具有里程碑意义的超级工程，是我国电工领域进入"技术无人区"的重大工程。工程起于新疆维吾尔自治区昌吉自治州的昌吉换流站，止于安徽省宣城市古泉换流站，途径新疆、甘肃、宁夏、陕西、河南、安徽六省区，翻越天山、秦岭，跨过长江、黄河，线路全长 3324 千米，额定电压 ±1100 千伏，输送容量 1200 万千瓦，总投资 414 亿元。工程连接准东大型能源基地和华东负荷中心，是支撑新疆跨越式发展、长治久安和华东能源结构转型的战略性工程。

昌吉换流站高端变压器是世界上电压等级最高、单体容量最大的变压器，电磁热力紧密耦合，材料、工艺、机械多学科融合的复杂技术，代表了电工装备制造领域的最高技术水平。变压器研制和现场安装过程中先后遇到了交直流混合强电场作用下绝缘放电、超大型复杂绝缘结构机械/电气特性冲突、现有绝缘油处理工艺不能满足特高电压绝缘需要等超出已有认知的技术和工程难题。

技术攻关团队在 -30 ℃的恶劣自然环境下，连续、集中工作 6 个月，精心策划、科学组织、深度协调，成功突破了全系列关键技术，确保工程按期投产。

事迹 1：换流变压器设计与研制攻关

换流变压器内部承受着高电压、高场强，包裹在金属外壳中，直接放置在地面上，因此，外部为零电位。高电位的金属导体需要从地电位的金属外壳穿越至外部进行电气连接。导体与外壳间必须进行可靠绝缘，称为出线装置。

换流变压器出线装置的设计和施工工艺高度复杂。2018 年 5 月，首台样机因出线装置的问题发生绝缘击穿。设计人员通过图纸验算发现阀侧图纸绝缘裕度非常紧张，遂对出线装置设计进行了第一次改进，但设备研制完成后，连续两台发生了阀侧交流外施耐压试验放电故障。9 月初对出线装置结构进行了再次改进，但试验仍未通过。技术攻坚团队再次组织开展详细的仿真计算、电场校核和优化改进验证，9 月底最终确定了加装角环分割高场强区域油隙、扩大外壳外径提高对地绝缘距离的方案，并对装配工艺提出了更严格的要求（在原装配公差要求基础上提高 0.8 系数）。这种方案设计和工艺高度复杂，远超以往的 800 千伏换流变压器。此时距 11 月 20 日全部换流变压器完成试验仅剩 60 天时间，尚需对阀侧出线装置重新进行生产、验证，而单台换流变压器的验证周期需 40 天以上，时间非常紧迫。

此时又遇到了另外的难题，因为外壳直径由原来的 1600 毫米增加到

科学家精神 协同篇

2000毫米，国内仅有少数地区能够进行该尺寸法兰的加工，通过多地紧急调研，在沈阳、衡阳、重庆等重工业基地选定4个厂家同时生产。监造团队立即派驻专人赶赴4个厂家进行监造工作，及时反馈质量情况、生产进度、发货进度和运输进度。

设计和结构的复杂性，给加工带来了全新的挑战。出线装置下节引线绝缘存在绝缘脱落问题，经过分析确认为制作时锁扣配合方向错误，上下颠倒，导致每层瓦楞纸板和绝缘纸板间悬挂固定、支撑固定未起到作用，仅靠胶粘不能可靠固定，存在着整体脱落的风险。出线装置放电和绝缘损伤，导致出线装置数量高度紧张，已不能满足换流变压器的生产需求。攻关团队将管理节点进一步前移，组织全部出线装置供应商全面开工，为了争取时间，全部材料空运。出线装置体积庞大，只能使用安-124运输机进行运输，协调航空部门保证运力。

为了提前发现问题，避免反复返工，急需一套适用于1100千伏特殊需求的专题出线装置试验方案。技术攻坚团队进行了科学、合理的部署安排。需生产至少两套825千伏和两套1100千伏套管和出线装置的试验系统（油箱、绝缘系统等），而新疆昌吉工厂地处西北内陆、油箱生产资源紧张，攻坚团队又紧急协调距离新疆昌吉工厂较近且具有生产能力的西变油箱车间进行了其中1台油箱的生产，并组织常州英中生产了3套825千伏套管和出线装置试验系统的绝缘系统，通过协同合作，新的试验方式很快出炉，保障了阀侧出线装置试验的顺利开展。

由于多台换流变压器因出线装置、套管等问题导致生产返工，生产资源十分紧张，技术攻坚团队集合全国资源，紧急协调了湖北电科院的直流试验装置、苏州华电的工频耐压试验系统作为新疆昌吉工厂试验资源的备用，协调了山东电力设备有限公司的升降车、保变的气垫车平台和西变的真空机组、滤油机、干燥空气发生器各1台，以及青海电力公司检修基地的真空机组、滤油机各1台供生产使用。

事迹 2：换流变压器工艺攻关

换流变压器腔体中充满了高纯度的油，用于设备的绝缘和冷却。"局放量的试验数据放大，考虑与油中的含气量有关。"在一次故障分析会上专家们提出了这样的疑问。大家一时之间陷入了迷茫和争论。"滤油是一项非常成熟的工艺，以往800千伏的工程都是这样做的，应该不会有问题的。"

通过大量的分析、理论计算和试验验证，最终形成一致意见，1100千伏变压器绝缘要求更高，必须将注入变压器的油含气量控制在0.1%以下，按照正常的工艺进行注油操作，远达不到要求。症结找到后，在国网公司的组织下，一种新的注油方法——三级脱气滤油工艺应运而生。思路终于明确了，执行方案在哪里？资源在哪里？现场如何组织？一系列的问题接踵而来。

科学家精神 协同篇

为了解决工艺难题，攻坚团队组织联合天津艾博恩、吉林一级、重庆渝能等设备厂家专家，以及国网油务专家、上海送变电等施工单位成立攻关组，白天进行方案制定及工器具材料准备，夜间进行方案验证及试验数据采集，次日进行验证结果及方案改进，在 $-30\ ℃$ 的冬夜里先后试验了三级真空注油方案，三级增加真空注油方案、三级常压注油方案等十几个方案，最终采用三级常压注油方案解决了重大工艺难题。

$-30\ ℃$ 的超低温，超过多种施工机械的临界使用温度，换流变热油循环也无法达到工艺要求，在这种情况下，张进处长集思广益、勇于创新，不断尝试采用各项新工艺、新设备、新技术：制定冬季施工专项措施，提前对施工机具及车辆进行专项保养改造，订购电暖气等保暖设备，定制换流变、油管等保暖篷布，搭设车辆保暖棚、施工机具保暖棚，采用全金属注油管路并包裹保暖材料，购买 20 000 L/H 滤油机，使用短路低频加热装置加双机热油循环提升变压器油温等各项措施确保换流变冬季施工安全质量各个环节可控、能控、在控。

施工期间，为了保证疆电外送需求，换流站低端部分已经带电，安全施工的管控风险极大。通过制定专项安全管控措施，调整优化安装方案，为避免影响后继换流变运输或遇到本体到出线装置未到的情况，先在基础上安装换流变网侧套管、风扇等，后推至换流变广场安装阀侧套管、油枕等，再上基础进行抽真空注油等后续工作，结合模拟试吊，固定吊装工位及吊车工况、设置安全隔离围栏及红白警示线。在吊车吊臂顶部布置红外报警器、设置吊车限位装置，防止误操作靠近带电区域，不畏烦琐，有效确保作业安全。

事迹 3：风雪中的设备安装

历经千难万险，高端 14 台变压器终于具备了安装条件。前期研制和

团结创新　铸就"电力天路"

试验过程的反复拉锯，造成安装环节的时间非常紧张，必须同时展开几个工作面，这是一场"没有硝烟的战争"。时值寒冬，昌吉换流站现场的条件极其艰苦，攻关组首先需要克服的就是低温，在外面15分钟，眼睫毛就会上霜，半个小时脸就冻得没有了知觉，就这样没用上一周的时间监造组成员的脸上就被冻出了"高原红"。其次需要克服的就是住宿环境恶劣的问题，由于昌吉换流站周边火力发电厂众多，且周围又有很多配套的电解铝等高污染企业，每天早上醒来旅店房间里的桌子上都是一层灰，尤其是在晚上，监造人员都是戴着口罩入睡，这样才不至于被呛得无法入睡。

一天的工作经常要持续到深夜或次日凌晨，但是现场监造组成员没有一位同志喊苦喊累，午餐及晚餐之余，监造组成员通过播放倾听云朵演唱的国家电网公司励志歌曲《光明使者》相互鼓劲、打气，正如里面的一句歌词"听从召唤就成了我们的方向"。

高端换流变压器阀侧套管的吊装工作，1100千伏换流变压器长达18 870毫米，重达15 500千克，更为关键的吊装工艺与以往800千伏换流变压器完全不同，传统套管常规800千伏换流变压器阀侧套管使用单钩、双绳起吊，一根吊绳连接阀侧套管下部专用吊孔与吊钩；另一根吊绳通过手拉葫芦及套管起吊专用吊环，连接套管头部与吊钩。水平缓慢起吊阀侧套管至一定高度，测量升高座倾斜角度，通过调节手拉葫芦使阀侧套管与升高座倾斜角度一致，将阀侧套管缓慢滑入升高座。对正安装孔，对角紧固螺栓。而昌吉站1100千伏换流变压器因为阀侧套管长度的上升、重量的增加、安装角度的变化，对起重安全、安装精度，以及套管起吊过程中套管挠度变化的影响都提出了更高的要求。根据变化，为保障安全高质量地完成1100千伏换流变压器阀侧套管安装，先将阀侧套管与升高座完成对接，再将阀侧套管先安装在阀升高座上，最后再将阀侧套管及阀升高座整体安装到油箱上。制造厂内通过行车进行试组装，现场无法采用这种方式。如何在现场安全可靠地完成吊装工作摆在了现场工作

科学家精神 协同篇

人员的面前。

在这种情况下，攻坚团队大胆提出了采用一台吊车进行安装的方案，并联系相关单位设计三维动画，模拟安装工况，反复测算多种工况的受力情况后将初步方案提供给施工单位，上海送变电、新疆送变电进行了现场模拟试吊，证明方案简单安全可靠，顺利解决了阀侧套管安装难题。

面对高端换流变压器安装工程工期短、设备质量不稳定、冬季施工、低运高建等种种困难，施工团队科学协作、团结创新、攻坚克难，顺利完成高端换流变压器在复杂环境下的安装工作。

（撰稿：国网特高压部）

> 特高压 ±800 千伏直流输电技术是目前世界上电压等级最高、输送容量最大、送电距离最远、技术水平最先进的输电技术，是解决我国能源与电力负荷逆向分布问题、实施国家"西电东送"战略的核心技术。国家电网公司等单位在国家科技支撑计划、973 计划、国家自然科学基金大力支持下，联合科研、高校、设备制造等 160 多家单位协同攻关，在世界上首次提出发展特高压 ±800 千伏直流输电技术，攻克了特高电压、特大电流下的绝缘特性、电磁环境、设备研制、试验技术等世界级难题，每回输送容量可达 500 万～1000 万千瓦，输电距离超过 2000 千米，技术经济优势十分突出。该技术荣获 2017 年度国家科学技术进步奖特等奖。

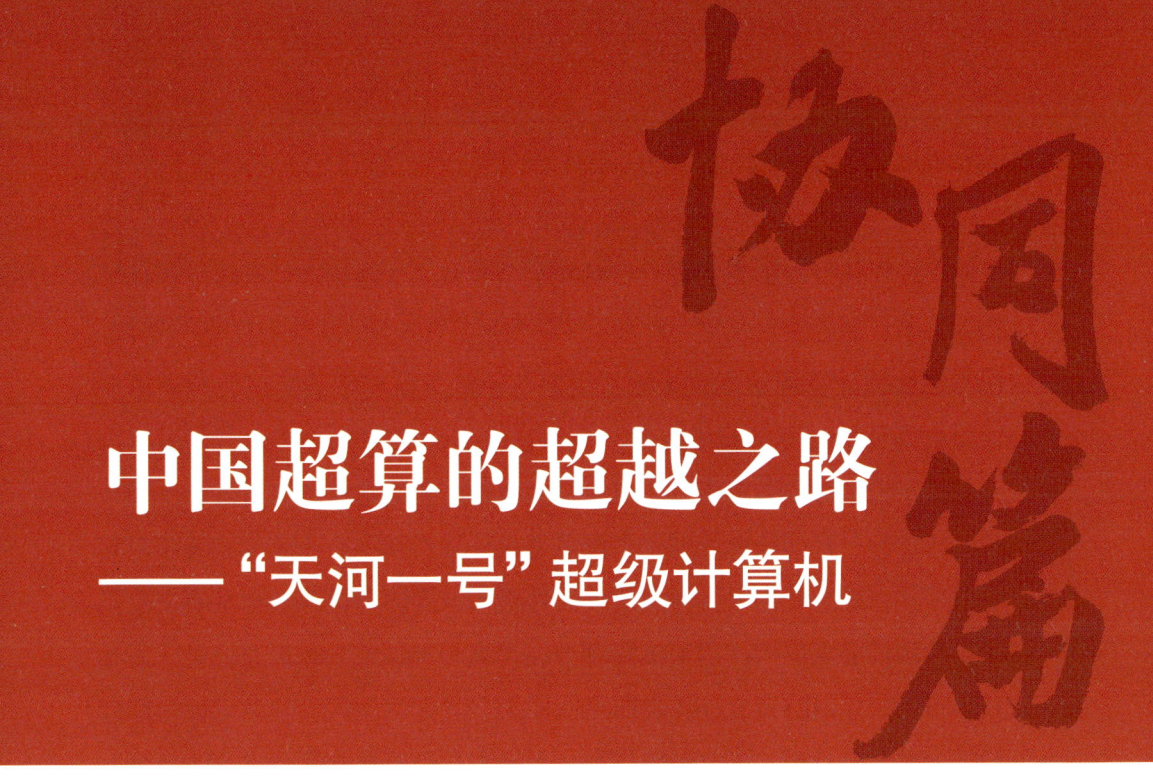

中国超算的超越之路
——"天河一号"超级计算机

2008年,一项名为"天河一号"的工程在国防科技大学悄然展开。"天河一号"是中国第一台设计运算速度达千万亿次的超级计算机,采用了世界上最先进的设计结构,最终目标是要向世界上运算速度最快的超级计算机发起挑战,冲击世界第一。2009年10月29日,"天河一号"研制成功的消息正式发布,中国成为继美国之后世界上第2个能够研制千万亿次超级计算机的国家。2010年11月14日,"国际TOP500"组织公布了最新全球超级计算机排行榜,"天河一号"二期系统成为世界上运算速度最快的超级计算机。两年时间,"天河一号"不断超越,连续完成亚洲第一和世界第一两次冲顶,中国人首次在计算机领域站上了世界之巅。

军民融合,迈开强军兴国新步伐

伴随着21世纪的曙光,世界进入信息时代,中国高性能计算机事业也迎来产业化发展的新契机。"曙光""神威""深腾""天梭"等品牌相继打响,迅速渗入教育、政府、气象预报、石油勘探、生物医药等领域。作为高性能计算领域国家队的"银河"团队显得异常淡定,他们通过多年深耕高性能计算的技术积累,有了冲击新高度的信心。彼时,天津滨海新区刚刚成为国家级新区,亟须发挥高端产业的支撑和辐射带动作用,共同的目标、共同的愿望催生了国家超级计算天津中心(简称"天津超算中心"),也孕育出"天河"超级计算机,取天津与银河融合发展之意。

对科技成果如何应用于民用领域,大家心有顾忌,吃不透政策、迈不开步子。时任国防科大计算机研究所所长、"天河一号"副总设计师徐炜遐带领团队积极融入国家创新体系,带领先导组成员常驻天津滨海新区,白天与地方单位领域交换意见,晚上研究国家综合配套改革试验区的政策和资源优势,硬生生把自己从科研专家逼成政策专家。政府高校对接、科学家与企业家的碰撞……针对同一个问题大家各有立场、各有观点。徐

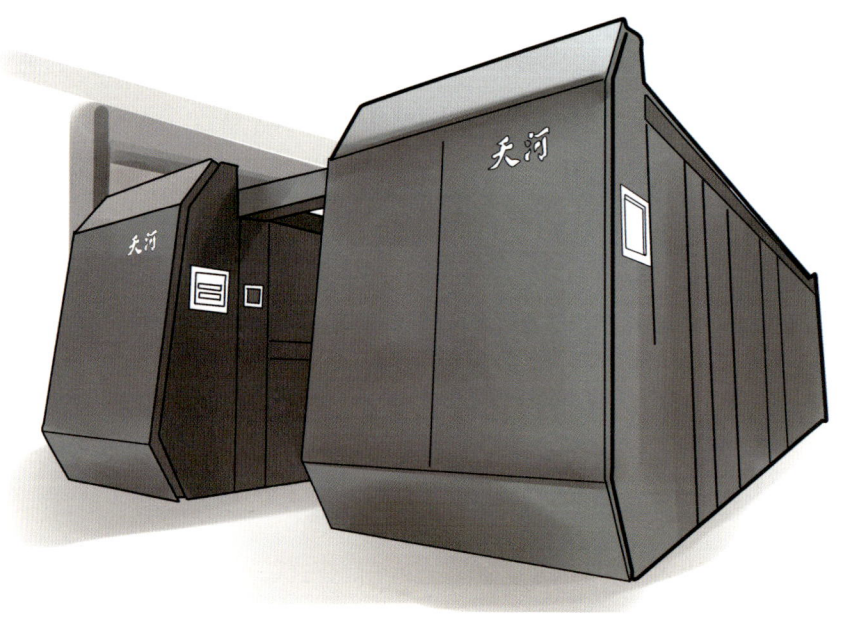

炜遐把技术领域的"诸葛亮会"引进超算中心建设中来,针对重点问题请各方及时发表意见。徐炜遐既当天津"前线总指挥",又当超级计算的"推销员";既做技术代言人,又做政策解读者,总能找到各方意见的最佳衔接点,把任务顺利地推进下去。

通过徐炜遐和团队的不断努力,超算应用逐步实现从"花钱买用户"到"用户排队等机器"的转变。建成两年后,天津超算中心已经拥有涵盖高端制造业、石油勘探、生物科学和金融风险分析等10多个领域,形成集计算服务、技术研发、人才培养"三位一体"的信息产业集群。天河的用户包括中科院、中石油、国家海洋局等1000多家单位,在基因分析与测序、新药制备、大型飞机和高速列车气动数值计算、汽车和船舶等大型装备结构设计仿真、电子政务及智慧城市等领域获得一系列应用,取得了显著的经济效益和社会效益,有力助推了天津滨海新区的经济发展和转型,有效引领天津、环渤海地区科技创新能力和产业技术创新。

异构融合,探索技术突破新路径

计算机体系结构的创新发展是高性能计算技术取得重大突破的核心关键。2006年,在国际上天河团队成员首次系统论述了流处理器应用于科学计算,创造性地提出与之前完全不同的系统架构——"异构融合体系结构"。理论验证准确无误,只需将CPU、GPU两类处理器捆绑起来即可。可这看似简单,但要实现两类处理器的高效协同计算,充分发挥各自的性能优势,却不是一件容易的事情。这个压力,落到了杨灿群的身上。

"采用异构融合体系结构,主要是因为我们'穷',想少花钱办大事。"回忆最初构想的提出,主任设计师杨灿群半开玩笑地说。GPU运算效率惊人,花同样的钱产生的运算速率远高于CPU。"但当时GPU的计算效率仅 20%，这种效率对比 CPU 就失去了优势。"以当时 CPU 的功耗，想要达到每秒千万亿次的计算速率，机器的能耗、降温都会成为瓶颈。面对两难抉择，天河总设计师坚定地支持异构融合，"一条路走不通，另一条路再难走也要坚持下去。"

为了解决问题、提高效率，杨灿群找来了软件、硬件、互联各个方向的负责人，大家一天到晚紧紧盯着屏幕，从浩如烟海的数据中捕捉一次次优化的机遇。"一次不对就两次，硬件没问题就改软件，软硬都过关就调互联……"就这样，成百上千次的实验在大家盯着电脑的固定姿势中溜了过去。究竟何时才能达到理论验证的计算效能，大家都不知道。杨灿群只好带领团队成员在天河机房摆开了战场，开机一小时所有部件连续稳定运行毫无问题，可开机 4 小时系统又出现异常，这样的反反复复无疑给整个团队泼了一盆冷水。一时间，沮丧压抑的气氛笼罩着天河机房。一些刚刚留校的青年人不禁对整个理论产生了怀疑。他们找到杨灿群，对异构融合体系结构说出了内心的真实想法，如果真如理论所言，那为什么我们埋头苦干了几个月还是没有突破，如果一开始就是错的，大家岂不是在错误的道路上越走越远。杨灿群的心里很不是滋味，他明白年轻人心里的苦涩，拍着对方的肩膀说："理论的正确性是团队系统验证过的，已得到国内外的一致认可，虽然我们现在没有找到正确的路，可我们一一排查出了错误的路啊！把错误的路都走了一遍，还担心找不到正确的路吗？"

一晃半年过去了，杨灿群的头发都白了许多，可计算效率的问题一直没有根本性的突破。直到有一天，杨灿群到北京兄弟单位出差，汽车在京津高速上行驶，他看着来自四面八方的车辆汇聚在立交桥上依旧井然有序，一路上都在思考的杨灿群脑袋里闪过一道灵光。如果把超级计算机的数据通路比作城市交通枢纽，网络路径就是条条城市道路，街道的交汇地往往是堵塞区，只有合理放行车辆才能确保交通畅通无阻。杨灿群马上给守在天河机房的同事打电话，让他们多关注网络路径参数，重点在网络路径上做突破。回到长沙的深夜，杨灿群未来得及回家便跑到了机房，通过一夜的攻关。终于，计算效率达到了 50%！一瞬间，大家的欢呼声盖过了机器的嗡嗡响，从 20% 到 50%，上万次实验是何等的不易啊！

终于，经过 8 万多次实验，经历了无数次的失败甚至想要放弃，GPU 的计算效率由 20% 提高到了 70%，而其他超算强国最高只达到 50%。在之后相当长的时间内，天河团队引领了高性能计算体系结构的发展趋势，许多超算强国相继采用我国的"CPU+GPU"体系结构构建超大规模系统。回忆起那一年的时光，杨灿群嘴角泛起微笑："没有灵光一现，只有创新与坚持，只有专注与协作。"

资源聚合，攀登世界科技最高峰

天河工程的成功，绝不是哪一个人或哪几个人的功劳，是"胸怀祖国、团结协作、志在高峰、奋勇拼搏"的银河精神的胜利，是银河队伍敢打硬仗、善于攻关的最好勋章。

2009 年国庆前夕，每秒千万亿次的"天河一号"超级计算机一期系统安装完毕，性能测试准备一切就绪。就在这时，芯片市场传来一个喜讯，一款性能更高的新型号 GPU 上市了。这就像足球赛场中前锋面前突然出现了空门，让大家兴奋不已。百般兴奋过后却是万分纠结，离任务时间节点只有一个月了，更换 GPU 必须重新拆装机器，整个系统 2560 多个节点，更换新的芯片后必须对原有软件进行优化，万一碰到不可预知的问题，是否能够完成任务都是问题！总设计师来到任务第一线，大声问在场科研人员："这款新 GPU，我们上不上？"大家异口同声："上、上、上，保证按时完成党和国家交给我们的任务。"国庆来了，银河人却没有假期，

科学家精神 协同篇

最后的突击开始了。测试筛选、拆卸安装 GPU 是个体力活，团队全体人员齐上阵，人手不够就抽调学员紧急参与装机，3 天 3 夜连续攻关完成了几千块 GPU 的更换工作，为后续调试争取了时间，为提高系统性能作出了贡献，也为一年后"天河一号"二期系统的冲击顶峰打下了基础。

"天河一号"二期系统是银河历史上没有先例的攻坚战，一年时间完成 2000 余颗芯片国产化替代，系统速度升级 3 倍以上，而机柜数量只增加 1/4，一场被称为科研总冲锋的"上甘岭战役"打响了。参研人员现在回忆这场战役，最深刻的记忆就是"热"。

二期系统进场是在 2010 年的夏天，经过半年多的技术攻关，系统安装的最后决战开始了。哪知施工第一天，刚铺设了几根光纤，施工指挥员邹革新就傻眼了：光纤的绝缘胶皮被磨出了道道裂痕，个别地方还露出了线芯。原来时值盛夏，光纤地沟温度更是高达 40 多度，光纤表皮被烤得外焦里嫩，哪里经得起水泥地面的摩擦。如何避免光纤绝缘层受损？时间紧迫，改造地沟已经来不及了，大家绞尽脑汁，花了两个小时讨论也没想出个办法。当时机房空调尚未安装完成，室内温度也很高，邹革新抹了一把汗水后，激动地直拍大腿，"有办法了。"他带头脱掉衣服，光着膀子让光纤在身上滑过去，大家一看全都明白了，纷纷脱掉衣服，在光纤地沟中铺设了一条光滑的人肉传送带。

要将 15 000 多根光纤铺设到层高只有 60 厘米的地槽里，一开始大家趴在地板上作业，进度缓慢。为了抢工程进度，邹革新带头钻进闷热狭窄的地槽里进行布线。大家仰卧在粗糙的水泥地上，艰难地挪动着身体，有的后背刮伤了，强忍着伤口被汗水浸渍的疼痛，一根一根地传送着光纤。20 多天下来，很多人皮肉磨破了，伤口开始往外渗血，可是没有一个人撤退，他们遍体鳞伤换来的是 15 000 多根光纤毫发无损。天津滨海新区一名领导看见这一幕，非常感动地说："战争年代，军人用血肉之躯堵枪眼、炸碉堡；和平年代，军人用血肉之躯挡洪流、救灾民；今天，我又看见了科研人员以血肉之躯捍卫国家的荣誉。"

机器搭建完成,机房空调装配完毕,大家终于感觉到了凉爽,可是刚开机没多久,科研人员的汗又冒出来了:死机了!来天津之前,杨灿群已经在长沙做了无数次实验,同样的机柜、同样的系统,怎么在天津就不行了?杨灿群抬头望了一眼天河机房,有种一眼望不到边的感觉,140组机柜,几万个部件,哪一点出问题都可能影响系统的稳定!到底哪里出问题了呢?走出机房,头上的太阳晒得人头昏脑涨,一时间他感觉眼前一片漆黑。热!"对,就是热,问题应该还是出在'热'上面。"

在长沙实验用的是4组机柜,到了天津变成了140组,机器热量过于集中无法散开,导致系统温度过高。通过对水冷系统反复检查发现,由于水量不够,散热功能下降,才导致系统不稳定。水冷问题刚解决,风冷又出现麻烦,GPU出现抽风似的波动现象。通过对GPU、供电模块、通信接口卡一一大量采样分析,发现同一刀片上的两个GPU工作温度存在明显差异。前面是水量不够,这次是风量不均,通过发明风量"挖补"技术,终于彻底解决了散热不均匀的问题,实现了GPU的稳定工作。又一个国庆佳节来临之际,"天河一号"二期系统终于达到稳定工作的目标。

终于,在第36届世界超级计算机500强排名中,"天河一号"当之无愧地摘取世界第一桂冠,使得中国的超级计算技术首次走向世界。天河机上实现"中国芯"从无到有的突破,标志着中国信息产业"空芯"的历史走向终结。中国人首次提出的异构融合体系结构,引领了世界超级计算机的发展潮流,这一成就必将载入中国高新技术发展史册。

(撰稿:国防科技大学计算机学院)

科学家精神 协同篇

　　"天河"科技创新团队由国防科技大学计算机学院主要成员组成，涌现出以9位院士为代表的一大批科技领军人才，先后取得了以7次排名世界第一的天河系列高性能计算机为代表的一大批世界领先科技成果，成功研制出世界性能最高的ARM架构服务器CPU芯片、国内自主研发的安全等级最高的麒麟操作系统，在世界计算机领域屡创奇迹，在我国信息化建设中屡破难题，为国家战略计算能力和自主可控信息系统建设作出了突出贡献，在计算机领域形成了代表国家最高水平、进入世界领先行列的综合实力，被授予"科技攻关先锋"等荣誉称号，记集体一等功两次。

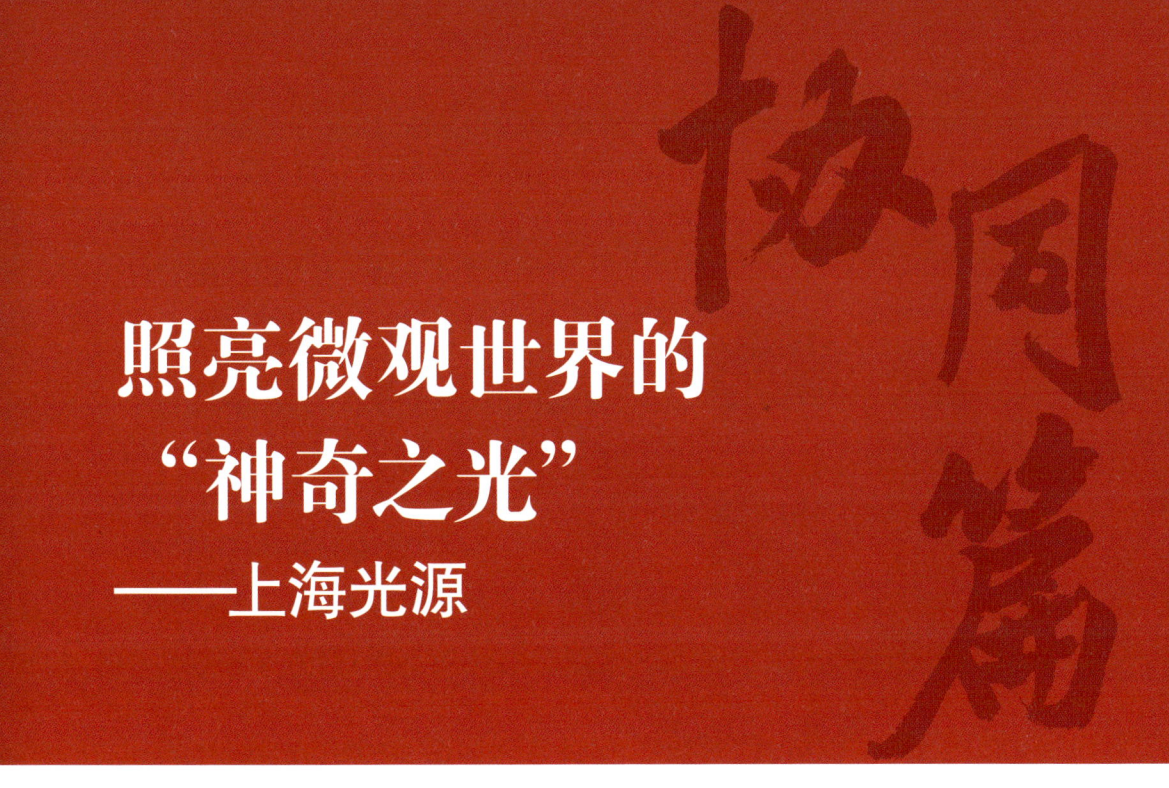

照亮微观世界的"神奇之光"
——上海光源

上海浦东，有一座整体结构形似"鹦鹉螺"的建筑，这是目前世界上性能最好的第三代中能同步辐射光源之一——上海光源。2004年12月25日，由中国科学院和上海市人民政府共同建议和合作建设、中国科学院上海应用物理研究所承建的上海光源破土动工。2009年5月6日，上海光源正式向用户开放，我国由此加入世界级同步辐射"俱乐部"。上海光源支撑我国科学家在诸多学科领域创新突破，成为我国用户最多的大科学装置，也成为我国科技界命运共同体的一个典型代表。

勇攀高峰，利用"梦之线"发现"幽灵粒子"

石友国和小组成员戴着好几层手套，热得浑身汗水、衣衫湿透，他们正在加紧制备实验样品。由于样品制备和提取的过程不能间断，而且对样品的质量和尺寸要求特别高，所以他们一行人在实验室里一待就是好

科学家精神 协同篇

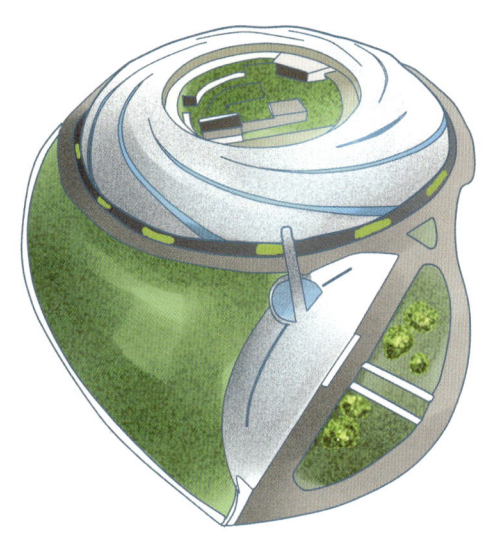

几个小时。石友国还笑称自己干的是"体力活"。不过,他们这次制备的样品可不简单。

上海光源"梦之线"用户中国科学院物理研究所(简称"物理所")团队在拓扑物态研究领域又取得了重大突破,首次发现了突破传统分类的三重简并费米子,这是一种新型费米子,为固体材料中电子拓扑态研究开辟了新的方向。对于这次重大发现,国内外都给出了很高的评价——打破常规分类的新型费米子研究,该发现对于促进人们认识电子拓扑物态、发展新型电子器件、发现新奇物理现象,以及深入理解基本粒子性质都具有重要的意义。令国人更为自豪的是,该项研究无论从理论预言、样品制备,还是到实验观测的全过程,都是由我国科学家独立完成的。

这项举世瞩目的成就出自物理所一批年轻的科学家。来自不同的省(区、市),学着不同专业的翁红明、钱天、石友国是这个团队的骨干成员。同时,他们也有共同的经历,如都在20世纪90年代中后期进入大学、在21世纪初留学日本并迅速回国。在科研一线默默耕耘十几年后,他们进入了"爆发期"。

在物理所的年轻人里,研究员翁红明是小有名气的一位,在知乎上就常有"方忠、戴希和翁红明是不是代表了世界凝聚态物理的顶级水平"之类的"八卦"问题。作为理论物理学家,翁红明专攻量子材料的计算和设计。2016年,他所在的团队"预言":在一类具有碳化钨晶体结构的材料中存在三重简并的电子态。此次《自然》发布的成果从实验角度证实了当年三重简并费米子的预言是正确的。而这两次实验观测的完成者便是物理所的丁洪、钱天团队。

通常，物理学分成两大类，即理论物理和实验物理。理论物理通过理论推导和公式推算得出的结论被称为"预言"，"预言"必须通过实验验证才能成为国际公认的事实。这里就不得不提到样品制备，不少研究机构或许会忽略这一环节。"但是物理所不存在这个问题。"石友国乐呵呵地说。他是物理所的研究员，样品制备的专家，天生一副笑面孔，但练就了一身硬功夫。在此次发现三重简并费米子的过程中，他经过几次摸索，很快生产出高质量的样品，为团队赢得了宝贵的时间。

所以钱天算是"近水楼台先得月"，很多样品石友国总能第一时间为他制备出来。这次就是石友国迅速制备出碳化钨家族中的磷化钼单晶样品，物理所的丁洪研究员和钱天副研究员指导博士生吕佰晴等利用上海光源"梦之线"的高分辨光电子能谱实验站及瑞士光源，经过几个月的实验测量，成功解析出碳化钨家族中磷化钼的电子结构，观测到其中的三重简并点，与翁红明他们理论计算的结果高度吻合，首次实验证实了突破传统分类的三重简并费米子。

科学家在上海光源"梦之线"上找到了隐身80多年的"幽灵粒子"——外尔费米子。上海光源用的是我国自主设计的真空波荡器，它是每个第三代光源的核心，每一条线站的波荡器都要针对实验目的进行不同程度的改造。"梦之线"就是其中一条。"梦之线"之所以可以找到"幽灵粒子"，对于上海光源来说，最重要的技术支撑就是这条线站对波荡器的改造。在实验之初，超高的性能指标和极端的实验条件，对"梦之线"的建设提出了前所未有的挑战。上海光源团队着眼于实际需求，从参数分析设计、加工到安装调试，都进行了大量精心的调研与准备。克服了重重困难和障碍，最终达到了所有预期指标的要求。无论从分辨率还是从能量跨度上来说，"梦之线"都是世界上第三代同步辐射光源中性能最好的线站。

科学家精神 协同篇

为各领域科学家提供先进的实验平台和研究手段，是大科学装置建设者的使命和责任。"幕后工作"就是他们在科技舞台上的角色。台前镁光灯下展示的一项项重大科研成果的"功劳簿"上或许并没有上海光源团队的名字，但他们发自内心地为能帮助那些研究人员解决核心问题而感到欣慰。

齐心协力，破解新冠肺炎病毒关键蛋白结构

跨年之际，新冠肺炎（COVID-19）暴发肆虐全球，每日确诊病例不断攀升，一场没有硝烟的战争就此打响。4万多名医护人员集结荆楚大地，为抗击疫情出一份力。疫情就是命令，上海光源作为大科学装置用户平台，积极响应科研战线的迫切需求，自2020年1月起开设绿色通道，全力支持新型冠状病毒研究的科研攻关。

在主动征集用户研究的同时，上海光源紧急组织、协调加速器、光束线站、公用设施等相关专业技术和运行人员，迅速恢复正在停机维护的加速器，恢复光束线站，特别是晶体学线站（BL17U1、BL18U1、BL19U1）的运行开放。生物大分子晶体学方法是利用晶体X射线衍射手段开展生物大分子高精细结构研究的重要技术手段，上海光源晶体学线站近年来在抗击禽流感（H1N1、H7N9等）、严重急性呼吸综合征（MERS）、寨卡、埃博拉病毒等重大传染病研究中都发挥了积极作用，及时帮助科研人员阐明病毒入侵细胞的分子机制，争分夺秒地与病毒"赛跑"，为抗击疫情提供利器。

结合用户团队研究工作的开展，上海光源分别于2020年1月12日、2月2—3日、2月11日、2月17日、2月23日安排了实验。

2020年1月12日，上海科技大学饶子和、杨海涛团队开展实验，1月26日，研究团队率先公布了2019-新型冠状病毒3CL水解酶（Mpro）

的高分辨率晶体结构（数据 BL17U1 采集），紧接着 PDB 蛋白质数据库将其评选为 2 月明星分子，并且撰文指出："作为第一个被解析的 2019-新型冠状病毒的蛋白结构，3CL 水解酶（Mpro）结构数据的及时公开，将推进对于新型冠状病毒这一新发现人类病原体的研究及药物发现，有助于科研人员及临床医生及时应对新型冠状病毒的疫情。"为方便更多的科技工作者第一时间开发以该水解酶为靶点的抗 2019- 新型冠状病毒药物，在 PDB 可下载前，团队就已为国内外 300 多家高校、研究机构及公司的实验室直接提供了结构数据。研究团队解析出的病毒结构已第一时间向全社会公布，以便有更多的科技工作者，特别是药物研发的科技人员使用，在科技战线支持全球抗疫。

2020 年 2 月 11 日，中国科学院微生物研究所齐建勋团队在上海光源收集和处理病毒蛋白晶体衍射数据，取得了重要进展。2 月 20 日，中国科学院微生物研究所将数据上传至国家微生物科学数据中心，向全社会共享了 2019- 新型冠状病毒蛋白（S 蛋白）受体结合区域（RBD）和人受体 ACE2 复合物 2.5 埃分辨率晶体结构（数据 BL17U1 采集），首次揭示了 S 蛋白如何与受体 ACE2 在原子层面相互作用。新型冠状病毒属于囊膜病毒，表面的刺突蛋白（S）在病毒的入侵过程中至关重要。其负责识别和结合宿主细胞表面的受体并促使病毒囊膜与宿主细胞膜的融合，介导病毒进入细胞。此外，S 也是重要的免疫原，是疫苗设计和治疗性抗体的关键靶点。因此，解析其与受体的复合物三维结构可为靶向二者界面的干预手段开发提供重要的结构依据，对于疫苗和抗体研发具有十分重要的意义，对目前基于 S 蛋白的血清学诊断试剂研发也有指导作用。这对于传染病防控和风险评估具有重要意义，为进一步进行疫苗设计及抑制剂筛选提供结构基础。

2020 年 2 月 17 日，清华大学王新泉和张林琦团队在上海光源收集和处理病毒蛋白晶体衍射数据，取得了重要进展。2 月 18 日，清华大学对外公布解析了新型冠状病毒（2019-nCoV）表面刺突糖蛋白受体结合区（receptor-binding domain，RBD）与人受体 ACE2 蛋白复合物的晶体结构（数据 BL17U1 采集），准确定位出新型冠状病毒 RBD 和受体 ACE2 的相互作用位点，阐明了新型冠状病毒刺突糖蛋白介导细胞侵染的结构基础及分子机制，从而为治疗性抗体药物开发及疫苗的设计奠定了坚实的结构基础。

新型冠状病毒表面蛋白与人体细胞受体复合物结构的解析，为后续一系列工作打下了坚实的基础，在上海光源本轮绿色通道期间，已经帮助国内科研人员及时掌握了关键蛋白结构信息，还有一些研究团队如复旦大学闻玉梅院士、杨振霖团队、中科院药物所蒋华良院士、许叶春团队的工作正在推进整理中（数据采集在 BL17U1、BL18U1、BL19U1 完成）。上海光源团队以最快的速度恢复开放，优先支持新冠肺炎相关药物的筛选和研发工作。

上海光源团队以饱满的热情怀揣创新的梦想，牢记肩负的职责，保持奋发有为的精神状态。全国疫情警报拉响之时，上海光源团队在号角声中乘势而上，奋楫争先，为抗击疫情而不懈努力，为国家科技事业作出了突出贡献。

凝心聚力，大科学装置跻身国际一流行列

在"鹦鹉螺"隔壁，上海光源团队研发的新一代光源——X 射线自由电子激光试验装置正在加紧建设。2020 年 11 月 4 日，国家重大科技基础设施 X 射线自由电子激光试验装置项目通过国家验收。"世界科学之光"将在张江综合性国家科学中心继续闪耀。

上海光源经过了漫漫 15 年的立项和建造过程，使自由电子激光站在了光源的肩膀上，这源于上海光源团队领军人物赵振堂带领的一批批敢于

照亮微观世界的"神奇之光"

创新的年轻人的不懈努力,他们以平视全球加速器领域的心态,团结协作、精益求精的科学精神,最终使愿望变成了现实。

为了上海光源,赵振堂从中科院高能物理研究所来到了上海应用物理研究所。那时候的想法很直接,就是要亲手建成中国的光源大科学装置,缩小与发达国家之间的差距,跻身国际一流的行列。这是中国几代科学家的共同愿望。

赵振堂和光源团队清楚,为各领域科学家提供先进的实验平台和研究手段,是大科学装置建设者的使命和责任,这份"幕后工作"就是他们在科技舞台上的角色。"我们原来都是跟随别人的发明原理,如上海光源比国际上第一批第三代光源落后了15年,现在我们在自由电子激光上、在原理的研究方面已经走到了前列。"这就是赵振堂正在主持研制的我国首台第四代光源——X射线自由电子激光试验装置。这让自由电子激光部主任王东颇为骄傲。

2007年,王东从美国麻省理工学院回国,梦想就是造一条"中国制造"的X射线自由电子激光装置。"这是一个世界级的机遇",就这一条理由让他和其他有志于做点事儿的科研人员聚集起来。即便经历了超过预计的8年筹备期,科研也没有停下脚步。在赵振堂等的鼓励下,上海光源团队的年轻人在国际上首次实验了超高次谐波X射线自由电子激光的原理——目前在建的自由电子激光装置,所用的就是这一原理!团队还提出了新的理论,在自由电子激光原理上形成了新的突破点。

这是一次跨越式发展,X射线自由电子激光试验装置,包括用户装置,对于年轻人是一个更广阔的舞台。做大科学装置,目前在中国是一个机遇期,除了支撑我国科学家不断产出重大成果外,还能够在大科学装置领域,逐步实现中国从追赶到并跑的转变。

科技进步的齿轮不断向前,上海光源团队攀登科学高峰的脚步永不停歇。医生想看糖尿病对小血管的改变,但样品经受不起长时间光照,技术

科学家精神 协同篇

人员就在设备上加装了快门；材料学家想看清楚催化剂活性原子怎么活，技术人员就想办法提高光束势力……

上海光源自竣工以来，始终稳定高效地运行，这离不开上海光源团队的不畏艰苦、无私奉献。上海光源24小时对用户免费开放，每年都有数以千计的课题等着在这里进行实验。即便是深夜两三点，科研人员依旧穿梭在不同的线站之间和用户共同研究实验需求，不断尝试新的实验方法。上海光源团队一次又一次地克服了技术难度高、人手少、时间紧、任务重、异地安装等困难，高质量地完成了任务，创造了辉煌成绩。

（撰稿：邢明雪）

参考文献

[1] 丁佳. 我国科学家发现新型费米子 突破传统分类[EB/OL].（2017-06-19）[2020-11-20]. http：//News.Sciencenet.cn/htmlnews/207161379853.shtm.

[2] 郜阳. 追光者 点亮微观世界[N]. 新民晚报，2019-11-25.

[3] 李艳. 记发现三重简并费米子的科学家："高深"费米子背后的"简单"科学[N]. 科技日报，2017-07-10（11）.

[4] 郜阳. 送出最亮助攻上海光源助力破解新冠肺炎病毒关键蛋白结构[N]. 新民晚报，2020-04-30.

上海光源（SSRF）是中国大陆第一台第三代中能同步辐射光源，于2004年12月25日开工建设，2009年4月29日竣工，5月6日正式对用户开放，总体性能位居国际先进水平。上海光源具有波长范围宽、高强度、高亮度、高准直性、高偏振与准相干性、可准确计算、高稳定性等一系列比其他人工光源更优异的特性，可用于生命科学、材料科学、环境科学、信息科学、凝聚态物理、原子分子物理、团簇物理、化学、医学、药学、地质学等多学科的前沿基础研究，以及微电子、医药、石油、化工、生物工程、医疗诊断和微加工等高技术开发应用的实验研究。上海光源是国家重大创新能力基础设施，是支撑众多学科前沿基础研究、高新技术研发的大型综合性实验研究平台，向基础研究、应用研究、高新技术开发研究各领域的用户开放。

伶仃洋上珠联璧合
——港珠澳大桥

清晨旭日东升的时候，从香港大屿山顶向西眺望，云海之下的港珠澳大桥犹如一条蛟龙，在离岸 20 多千米的地方倏然隐没，又在 6 千米外的海面腾空而起，蜿蜒向珠海和澳门方向前行。从空中俯瞰大桥，海底隧道两端的人工岛宛如璧玉，而绵延起伏的钢铁大桥则如一条丝带，串起"中国结""海豚""风帆"的 7 座桥塔——"珠联璧合"不仅仅是大桥设计师们赋予的美学寓意，也不仅仅是"一国两制"下连接三地的宏大手笔，更是粤港澳三方通力合作、产学研界共同协作、国际国内挑战工程界"珠穆朗玛峰"的最佳典范。

全球视野，举国支撑，聚气伶仃洋

港珠澳大桥所处的伶仃洋海域，江海交界，东西交会，新旧交替，对中华民族来说具有特殊的历史记忆。19 世纪，西方列强的坚船利炮轰

伶仃洋上珠联璧合

醒了清王朝的迷梦，积贫积弱的中国痛苦地暴露在世界面前，开始了长达百年的屈辱和心酸，历史的伤痛和烙印依然隐藏在伶仃洋。当2003年国务院批准开展港珠澳大桥前期工作的时候，中国工程师们感到历史性的机遇、挑战和使命摆在了他们面前，决心要在伶仃洋上建一座"争气桥"。

然而，要如何"争气"呢？一切全靠小心求证、大胆摸索。在粤港澳三方政府的支持下，自2004年起，港珠澳大桥前期工作协调小组办公室（简称"大桥前期办"）立足国际视野，经过广泛的调研考察，联合交通运输部公路科学研究院、中交建设集团及中国香港安诚公司、英国奥雅纳公司、丹麦科威公司、日本长大株式会社、英国合乐公司等共同研究制定了港珠澳大桥技术标准。2008—2009年，大桥前期办又在国际范围内选聘了荷兰隧道工程咨询公司、美国林同棪国际集团，对设计、施工、运维和验收标准等进行了全面系统的审查。通过不断摸索，确立了港珠澳大桥"建设世界级跨海通道、为用户提供优质服务、成为地标性建筑"的宏伟目标，建立了同时满足三地、"就高不就低"、实现120年设计使用寿命的技术标准体系。

超高的技术标准体系既已建立，接下来就是如何实施。港珠澳大桥全长55千米，由主体工程、三地口岸和三地连接线组成。其中，主体工程集桥岛隧于一体，长29.6千米，桥梁部分达22.9千米，由3座通航孔桥、13.7千米的110米跨径钢箱连续梁桥和5.4千米的85米跨径钢混组合梁桥组成。桥梁上部结构用钢量达42.5万吨，相当于60座埃菲尔铁塔或10座北京鸟巢的重量。然而，巨大的体量并非港珠澳大桥主体桥梁面临的唯一难题，在我国桥梁建设过程中，钢箱梁疲劳开裂问题相当普遍，大大限制了钢箱梁的使用寿命和安全。大桥采用的正交异性钢桥面板结构，质量轻、强度高、施工速度快，但需要突破U肋焊缝熔透率的"拦路虎"。"正交异性板上面是一层钢板，下面是许多U肋支撑，U肋与顶板焊在

科学家精神 协同篇

一起,与横隔板也有焊缝,90%的问题就出在U肋焊缝上。"港珠澳大桥管理局总工程师苏权科说,"要解决焊缝问题,首先需保证熔透率不低于80%。"

这个问题应该好办,就是达到一个指标。然而,实际上U肋厚度只有8毫米,如果完全焊透到100%就会过犹不及。换句话说,U肋焊缝的熔透要控制在6.4~8毫米,允许的误差只有1.6毫米。港珠澳大桥主体桥梁U肋与顶板之间的焊缝达200万延米,大桥钢结构达42.5万吨,而制造合同工期仅为36个月,如何在如此紧张的工期内高质量完成如此庞大体量的钢结构制造呢?要知道,2008年完成的香港昂船洲大桥使用了3.6万吨钢结构,仅为港珠澳大桥的8.5%,制造工期也为36个月。

超大规模的钢结构制造质量标准高、工期紧、管理接口众多、系统复杂,无论在技术层面还是管理层面均需实现从量变到质变的飞跃。港珠澳大桥获得了国家层面科研力量的支持。

2010年7月,国家科技支撑计划"港珠澳大桥跨海集群工程建设关键技术研究与示范"由交通运输部和科技部联合立项实施，苏权科被任命为该计划项目负责人兼领导小组办公室主任。整个项目共包含五大课题19个子课题，参研单位包括21家企事业单位和8所高等院校，共同形成了以企业为主、产学研用结合、覆盖桥岛隧工程全产业链的500余人的研发团队。五大课题涉及"外海厚软基大回淤超长沉管隧道设计与施工关键技术"（负责人为中交公规院总工程师徐国平）、"外海厚软基桥隧转换人工岛技术与施工关键技术"（负责人为中交三航局副总工程师时蓓玲）、"海上装配化桥梁建设关键技术"（负责人为中交公规院副院长、设计大师孟凡超）、"跨海集群工程混凝土结构120年使用寿命保障关键技术"（负责人为中交四航工程研究院总工程师王胜年），以及"跨境桥岛隧集群工程的建设管理、防灾减灾及节能环保关键技术"（负责人为苏权科）。钢结构疲劳开裂问题就属于国家科技支撑计划项目课题三的研究范围。

"港珠澳大桥是交通运输行业第4个得到国家科技支撑计划支持的项目。"苏权科说，"国家举全国科技之力来应对港珠澳大桥关键技术和关键装备的突破。"

为解决钢箱梁疲劳开裂的行业痼疾，项目组与中交公规院合作，联合相关企业，从设计、施工、实验、检测等各个方面进行系统化研究：中铁宝桥集团通过一年多的摸索完成模型试验件的制造，认定U肋坡口钝边的厚度保持在1~1.5毫米，既可以满足熔透率又保证不漏焊；有了合格的模型，又与西南交通大学建立大桥应力谱和荷载谱，对模型进行加速加载试验，用一年的时间对试验件进行数百万次的加载，来验证试验件的可靠性。

然而，一个试验件的可靠，无法保证整个工程钢箱梁的质量。港珠澳大桥钢结构制造单位之一的中铁山桥集团按照"车间化、机械化、自动化、信息化"的制造理念，研制了智能化的板单元组装和焊接机器人专用机床，"每台焊机里都植有芯片，工作状态随时可通过电脑控制，从而保证焊接质量和精度。"总工程师胡广瑞说。为对钢箱梁内部焊缝质量进行有效监测，项目组联合江苏法尔胜集团首次研发了超声相控阵检测技术进行焊缝探伤，填补了国内焊缝焊接过程中缺乏实质性检测设备和手段的空白，扭转了我国一直靠切割取样人工抽检U肋角焊缝内部质量的局面。港珠澳大桥主体钢结构制造实现了从科研、设计、制造到检测的全产业链的突破！

协同攻关，全景式创新，直面技术禁区

作为当今世界最长的公路沉管隧道、世界唯一的深埋沉管隧道和我国首条外海沉管隧道，港珠澳大桥海底隧道位于伶仃洋最繁忙的海域，每天有超过4000艘次船舶经过；6.7千米的沉管隧道穿越外海深厚软基区域，最大作业水深近50米，还要克服严苛的水利防洪、航空限高、环境保护等建设条件带来的挑战，相比国际上类似的几个项目，如美国切萨皮克湾大桥、丹麦到瑞典的厄勒海峡通道、韩国釜山—巨济跨海通道，其建设规模和难度有过之而无不及。何况外海沉管隧道在当时对中国工程师们来说几乎是一个未知的领域。

所谓沉管隧道，简单地说就是在海床（或河床）上挖一条沟，对软弱地基进行处理，铺上碎石垫层，然后把一节节沉管放在基槽里，连成一条隧道。教科书上一般把它定义为浅埋隧道，放在海床（或河床）下面2～3米处，全世界已建的100多条都是贴着海床（或河床）面的。但是港珠澳大桥所处的伶仃洋未来要允许30万吨级油轮通行，航道水深需达到27米左右；加上沉管自身高度11.4米，以及近20米的覆盖层，管顶必须深埋在海床下20多米。"深埋"是隧道工程最大的特点和最大的挑战！

港珠澳大桥水下是30～50米的软土地基，传统概念中沉管隧道只有刚性和柔性两种结构，前者即整体式管节，承载力好但缺乏柔韧度，适

合用在比较均匀的地基上；后者即节段式管节，"健壮性"不够，但是对地基变化适应性好，适合用在变化比较大的软土地基上。港珠澳大桥显然更适合采用柔性结构，然而，隧道33节沉管一共有252个小节段，串起来之后共同受力、共同变形，"承接"它们的海底地质条件差异大，承载力不均匀，而且管顶的水深不一，回淤厚度也不同。这就极具挑战了：要在120年的生命周期里保持所有节段相对均匀的变形和受力，确保隧道200多个接头不漏水。这就是为什么港珠澳大桥深埋沉管隧道是"成不成"的问题了。

中国沉管隧道在设计、建造和装备等方面都面临着前所未有的挑战，隧道能否建成具有相当大的不确定性。大桥管理局经过广泛的国际调研，决定对这部分工程采用设计施工总承包模式，并选择荷兰隧道工程咨询公司、美国林同棪国际集团、上海市政工程设计研究总院、广州市地下铁道设计研究院4家单位组成设计及施工咨询联合体，对设计施工总承包方的技术方案进行咨询和把关。

2010年12月，大桥管理局与中交集团牵头的7家单位组成的联合体签订了岛隧工程设计施工总承包合同，沉管隧道施工图设计和施工同时启动。联合体成员丹麦科威公司参与了丹麦大贝尔特桥、香港昂船洲大桥等多个创世界纪录的桥梁工程，在隧道工程领域也有发言权，但"深埋"对他们来说也是道坎儿。科威公司专家曾提出"深埋浅做"，在管顶回填轻质材料，或是在未来120年里每年都进行维护性挖泥，控制管顶回淤厚度，但无论哪种方法，都将多花费数十亿元。

设计师们希望跳出这个思路，从隧道自身结构上寻找出路。但是随着设计施工的推进，所有参建方都对沉管隧道的难度认识不断加强，施工图设计根本无法按计划在2012年完成。工程进度的压力也不断被施加到设计、咨询、施工和业主方，到2012年年底，岛隧工程总承包方负责人林鸣提出了一个从未采用过的深埋段"半刚性"纵向设计思路，一时间在各方激起千层浪。

2012 年 12 月 20 日，在一次为该方案专门召开的大型专家咨询会上，荷兰隧道工程咨询公司代表的咨询单位认为，该设计变更的许多方面都过于乐观，而且没有提供足够的理论研究和试验支撑，很容易低估结构性变更所带来的风险。考虑到工期因素，建议各方集中精力在原柔性方案上。总承包方的"半刚性"是经过一年多艰难探索提出的方案，但首次提出就被直接否决，深埋段隧道设计要如何推进呢？

顶着巨大的压力，岛隧工程设计施工总承包项目部夜以继日地细化方案的设计工作，奔波于清华大学、同济大学、中交公规院、中交四航工程研究院、日本土木工程咨询株式会社等国内外高校和科研单位之间，与之探讨设计思路，并邀请国内外 5 家专业研究机构协助开展"背对背"的平行分析计算。经过 3 个月的不懈努力，获得了比较一致的计算数据。然而，本以为在 2013 年 7 月 16 日召开的深埋段管节施工图设计评审会上可以通过，会上专家和设计人员却激烈争论起来，评审会以极其少见的"不通过"结束，各方也都"不欢而散"。

港珠澳大桥这个"山头"汇集了如此多的"老虎"，只只都有真本事，在一个陌生领域面前，要统一这群"老虎"的认识实在太难了，设计工作几乎陷入了僵局。2013 年 8 月 19 日，为彻底解决和决策半刚性问题，大桥管理局提请召开了港珠澳大桥第五次技术专家组会议，岛隧组专家全面听取各方报告，并对关键性技术问题展开了激烈而深入的讨论。会议让大家看到了深埋段隧道纵向设计问题解决的希望，也建议委托荷兰隧道工程咨询公司在两个月内完成半刚性的平行计算，与总承包方的设计结果进行对比。

早在 2010 年，鉴于港珠澳大桥技术的复杂性，交通运输部就牵头成立了港珠澳大桥技术专家组，负责对工程重大技术问题提出咨询和评审意见，为大桥进行技术把关、保驾护航。大桥技术专家组由全国 40 多位桥梁、隧道、水工的顶级专家组成，也包含几位国际专家，由时任交通运输部副部长冯正霖担任组长。在港珠澳大桥隧道推进困难时，技术专家组第五次会议为解决分歧和管理决策，提供了科学依据和及时的技术支持，可谓是雪中送炭！

经过两个月的详细平行计算，荷兰隧道工程咨询公司采用独立方法获得的结果表明，咨询和总承包方在隧道纵向设计方案的争议和分歧已经减少，咨询的观点也开始转变。最终，2013年12月10日重新召开了施工图设计审查会，通过了隧道深埋段管节施工图设计，整整一年的争论终于告一段落。

回头来看，港珠澳大桥跳出了传统的"甲方优势"观念，与各参建方形成了"合作伙伴关系"，在工程推进的多个重大节点中发挥了不可替代的作用。其实参建方各司其职，专家间的讨论肯定会有不同意见，通过背对背的独立计算，通过"不妥协"的科学家精神，对工程质量和安全起到了关键作用。荷兰隧道工程咨询公司专家汉斯·德维特也表示："作为咨询公司，我们审查了设计方案，并与中国工程师们经历了非常富有挑战，有时甚至是非常艰难但最终总是非常有建设性的交流和讨论。我认为对所有参与者来说，过程艰难但最终的结果都是值得骄傲的。"

三地合作，智能大桥，大湾区融合发展

通过千淘万漉的辛苦，港珠澳大桥的"钢筋铁骨"终于屹立在伶仃洋的碧波上，但还有"面子工程"挑战——钢桥面铺装。钢桥面铺装普遍存在各种问题，寿命较短，一般几年时间就需要维修。然而，港珠澳大桥旁边的青马大桥也是采用钢桥面铺装技术，2012年港珠澳大桥做设计方案的时候，青马大桥已运营超过15年没有大修。两座桥的通行车辆、环境、气温又比较像，项目组很早就开始关注青马大桥。通过港珠澳大桥三地联

科学家精神 协同篇

合工作委员会香港方的协调，青马大桥的顾问公司莫特麦克唐纳咨询公司和施工方安达臣公司非常配合港珠澳大桥的学习咨询，积极提供各种方案、技术和管理的协助。但通过详细的对比研究发现，青马大桥的材料、技术和施工方案都很有特点，但是实施起来非常难，因为施工效率太低了。如果按照一年1千米的铺装效率，港珠澳大桥单是铺桥面就得16年，问题出在青马大桥施工采用了大量的小型机械，中国内地反而是大型化、集中化施工。

所以，港珠澳大桥桥面铺装的工程师们借鉴了青马大桥的材料和结构方案，但施工采用内地的方法。为了验证方法的可行性，保证港珠澳大桥钢桥面铺装方案效果，他们请来了青马大桥的施工单位，用原来的材料和设备在中山制作了一个钢箱梁及铺装样板段。同时，由广东长大公司再用国内浇筑式沥青混凝土的方法制作一个，将同济大学的试验装备运到中山试验场，模拟相似环境下的加速加载试验，几个月内把十几年的损伤完成，来验证港珠澳大桥方案的实际效果。试验表明，青马大桥连续运行15年的铺装质量，港珠澳大桥研发的GMA浇筑式沥青混凝土方案也可以做到！

2018年10月23日，港珠澳大桥正式开通，习近平总书记亲临开通仪式，并亲切接见了建设者代表。在粤港澳三地共建的背景下，中国工程师们秉承历史责任感、使命感和荣誉感，前后历经15年，终于在珠江口伶仃洋上建成了一座世界级的跨海通道，为我国从桥梁大国迈向桥梁强国献上了里程碑之作。大桥开通以来，始终牢记习近平总书记"用好管好大桥，为粤港澳大湾区建设发挥重要作用"的嘱托，努力将大桥打造为连接粤港澳三地的民心桥，打造成为港澳和内地协同创新、融合发展的纽带。

港珠澳大桥是"一国两制"下由粤港澳三地政府首次合作共建共管的超大型基础设施工程，在规划、决策和项目管理全程中涉及了不同的法律、体制、文化、技术标准等一系列合作、矛盾与冲突。为建设好港珠澳大桥，中国工程师用世界眼光谋划，发挥"一国两制"三地的优势，始终共同论证、共同决策、共同管理。合作的过程是相互理解、相互信任的，合作的成果是有目共睹的。港珠澳大桥模式是一种体制机制的创新，有效解决了三地法律法规的差异、技术标准的衔接、建设程序的协同、思维方式的碰撞及利益风险的分担等难题。通过合作共建，港澳同胞全过程参与，加深了对内地的认同感，更加为祖国的进步而自豪。可以说，港珠澳大桥是粤港澳大湾区建设的先导工程和试验田，取得了十分珍贵的经验。

大桥建成后，广东省批准设立了由大桥管理局牵头，香港理工大学、澳门大学、中交四航工程研究院、澳门土木工程实验室、香港大学、珠海交通集团等三地科研机构联合共建的"粤港澳大湾区交通建设智能维养与安全运营工程技术研究中心"。作为粤港澳共同举办的科技创新平台，充分发挥三地科研优势，整合三地优势资源，以共同承担国家重大科研专项为契机，联合攻关解决大桥跨海集群工程运营维护面临的技术问题，降低安全风险，提高服务水平，延长港珠澳大桥使用寿命，并为大湾区其他重大工程先行示范。

2019年11月16日，粤港澳大湾区交通建设智能维养与安全运营工程技术研究中心揭牌仪式在港珠澳大桥管理局隆重举行，交通运输部科技司、广东省科学技术厅、广东省交通运输厅、珠海市政府、香港运输及房屋局、澳门交通事务局及工程技术研究中心7家成员单位的领导和代表参加会议。研究成员单位之一的澳门大学，于2018年获科技部批准成立了智慧城市物联网国家重点实验室，这是目前在智慧城市领域的第一个国家重点实验室。澳门大学葛伟教授表示："澳门大学将一如既往地重视粤港澳大湾区交通建设智能维养与安全运营工程技术研究中心这一湾区级的科研平台，以智慧城市物联网国家重点实验室的团队为骨干力量，力争在跨海集群设施服役状态评估及智能维养技术、运维任务及数据系统互联关键技术等方面做出应有的成绩，为推动大湾区基础建设互联互通贡献澳大的智慧。"香港理工大学陈国华副校长发言说："我们笃信，

科学家精神 协同篇

在粤港澳大湾区交通建设智能维养与安全运营工程技术研究中心平台上，齐心协力，携手并进，一定能出色地完成各项科研创新题目，引领交通建设智能维养与安全运营至世界潮流，巩固我国桥梁强国的地位。"成员单位对工程技术研究中心寄予厚望、信心满满。

未来，工程技术研究中心将依托自建和各联合单位的科研资源，发挥粤港澳三地科研优势，立足于突破大型跨海桥隧项目智能维养和安全运营技术瓶颈，以智能运维技术为抓手，提升港珠澳大桥的维养和安全运营水平。2020年10月，尽管全球依然处于新冠肺炎疫情的笼罩下，国家重点研发计划"综合交通运输与智能交通"重点专项"港珠澳大桥智能化运维技术集成应用"项目启动暨实施方案论证会在珠海召开。交通运输部科技司，科学技术部高技术研究发展中心，广东省交通运输厅、科学技术厅、市场监督管理局、标准化研究院，澳门交通事务局，项目参研单位及工程技术研究中心理事单位的领导、代表及项目专家出席会议。参研单位克服新冠肺炎疫情的影响，有序推进各项工作，并取得阶段性成果。5G网络已实现全桥覆盖，一体化云平台服务项目全面开工并于2020年年底建成，感知及维养设备研发、资产管理系统、应急管理系统、系统平台集成等主线任务均在稳步推进当中；"港珠澳大桥智能运维数据标准体系"目前已完成规划，共包含四大类33项标准，将作为大湾区标准体系建设三大样板工程之一，纳入湾区标准，开启了同一个湾区、同一个标准的征程。

全面促进科技、交通协同发展与创新交流，是未来发展的趋势。启动大会各成员单位和与会代表纷纷就科技、交通协同发言，认为工程技术研究中心应以交通强国和粤港澳大湾区的建设为中心，做好行业科技创新发展的顶层设计；充分利用粤港澳三地联合共建科研机构的资源优势，打造"工程应用＋科技研发＋人才培养"的融合创新模式，为用好管好港珠澳大桥提供坚实技术保障。虽然研究过程中依然存在诸多困惑，但三地的积极性很高，动力也很足，在建设过程中已经建立了良好的合作机制，工程技术研究中心将以此为抓手推动全省科技、交通协同发展，加强三地科技创新交流，为创新驱动发展战略的实施，为粤港澳大湾区建设和交通强国建设作出新贡献、树立新标杆，继续发挥港珠澳大桥试验田的作用。

（撰稿：港珠澳大桥管理局）

参考文献

[1] 周强. 虹起伶仃：逐梦港珠澳大桥 [M]. 广州/郑州：广州出版社、中州古籍出版社，2019.

[2] 白巧鲜. 磨剑十二年：港珠澳大桥岛隧工程建设纪实 [M]. 北京：人民交通出版社，2019.

[3] 俞季新. 心桥永恒：中国港珠澳大桥启示录 [M]. 广州：广东人民出版社，2018.

[4] 林郁鸿，袁佩如，张由琼，等. 你好！港珠澳大桥 [J]. 南方日报，2018-10-24（6）.

[5] 朱永灵. 融合与发展：港珠澳大桥与粤港澳大湾区 [J]. 港珠澳大桥，2018，42（1）.

港珠澳大桥主要参研单位包括港珠澳大桥管理局、中国交通建设股份有限公司、同济大学、长安大学、清华大学、华南理工大学、东南大学、招商局重庆交通科研设计院有限公司、广东长大工程有限公司等。核心成员包括苏权科、林鸣、徐国平、孟凡超、时蓓玲、王胜年、柴瑞、陈越、刘晓东、余烈、张劲文、景强、王彦林、方磊、袁勇、董志良、张鸿、刘刚亮、李克非、段国钦、方明山、谢红兵、谢永利、吴伟胜、苏宗贤、闫禹等。

港珠澳大桥科研团队为应对和解决港珠澳大桥建设面临的技术瓶

颈，围绕跨境桥岛隧集群工程设计、施工与运营管理，开展了系统的科技攻关，形成了一系列科研成果。目前，共取得项目创新工法36项、软件13项、装备31项、产品3项，申请专利542项；创新成果获得省部级特等奖7项（其中获评2018年度广东省科学技术进步奖特等奖）、一等奖16项、二等奖10项，获评全国优秀海洋工程奖，形成专著37本、论文723篇、技术标准60册；荣获国际隧协（ITA）2018年重大工程奖、英国NCE2018年度隧道工程奖、美国ENR全球最佳桥隧项目、国际桥梁与结构工程协会（IABSE）2020年度杰出结构奖、国际桥梁大会（IBC）2020年度超级工程奖等国际奖项。

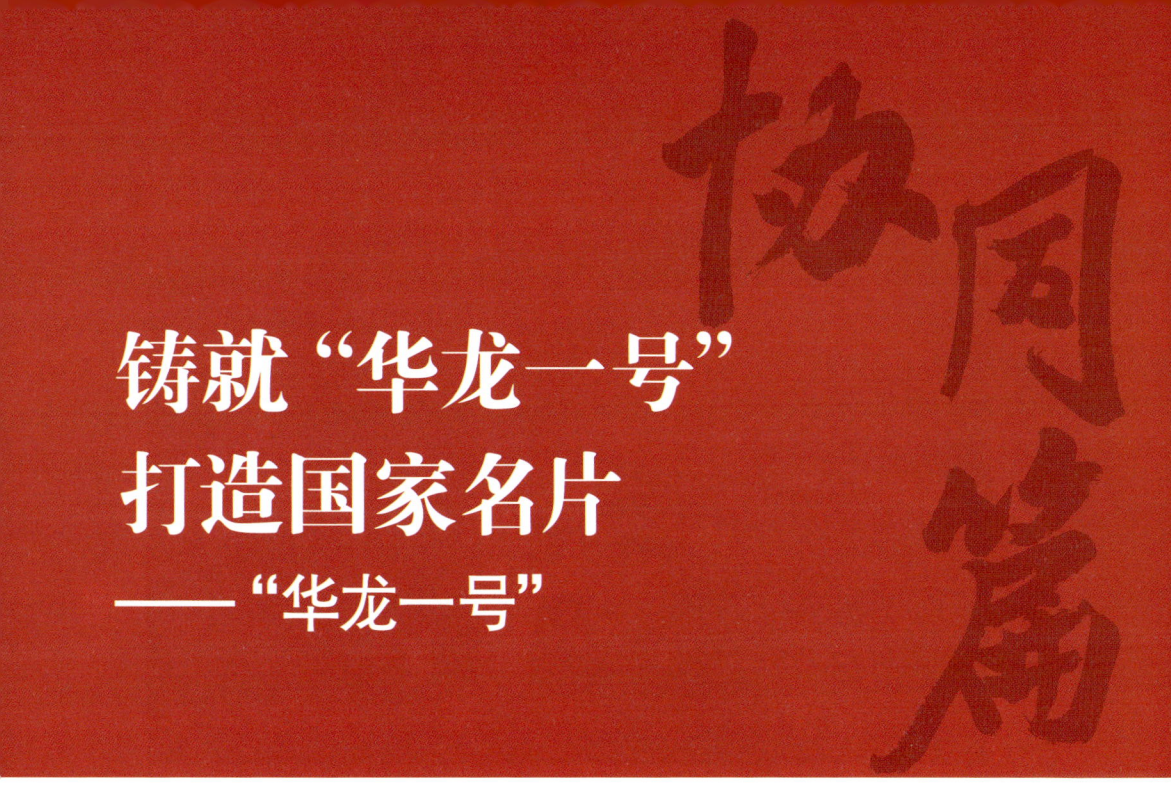

铸就"华龙一号"
打造国家名片
——"华龙一号"

2020年11月27日0时41分,"华龙一号"全球首堆——福清核电5号机组主控室响起热烈的掌声,我国自主研发的三代核电技术并网成功,创造了全球三代首堆建设最佳业绩。此刻,它已落地5年6个月20天。

"华龙一号"的建成,实现了几代核电人的梦想,是我国核电发展历史上具有里程碑意义的重大成果,这是几万名科技工作者协同攻关、跨界合作的结晶,也是10多万名工程建设者紧密配合、奋勇拼搏的结果。中核集团旗下的中国核电工程有限公司(简称"中核工程")作为研发设计总体单位和总承包单位,协同国内17家高校、科研机构,联合东方电气、哈电集团等58家国有企业,联动140余家民营企业,带动上下游产业链5300多家企业,共同突破了411台核心装备的国产化,形成专利700余件,获软件著作权120余项;近20万人参加了全球首堆示范工程的建设,谱写了雄壮的大国重器进行曲。

科学家精神 协同篇
SPIRIT OF SCIENTISTS

序曲：小核心、大协作，圆梦自主先进核电

研发具有完整自主知识产权的先进核电型号，是中国核电人的共同梦想。这个梦想，起步于国之光荣"秦山一期"，成功于国家名片"华龙一号"，我国核电人，联合上下游装备制造业，为之奋斗了35年。

中核集团"华龙一号"总设计师、中核工程总工程师邢继现在还记得，他1990年在大亚湾现场工作时，核电建设所需要的原材料都是从国外进口的，在管理方面更是深刻感受到我国与西方核电强国之间的差距。在那时，他就意识到，核电的背后是一个国家强大的工业基础，核电绝不仅仅是电力供应，更是强国标志，是大国话语权的体现。

核电是世界上最复杂的能源系统，涉及70多个专业，邢继和他的伙伴们深刻认识到，要想实现整体升级，必须在全球范围内汲取经验、加强合作。

"华龙一号"从研发之初，就确定了"小核心、大协作"的合作模式，搭建了全球化的政产学研用协同创新研发平台。中核工程、核动力院等研发设计单位，与清华大学、哈尔滨工程大学等高校、科研机构，以及14家外国机构和大学建立了研发合作关系，有效整合了技术资源，实现了强强联合、优势互补，最终圆满完成自主先进型号开发的艰巨任务。

最高的安全标准、177堆芯、双层安全壳、能动与非能动安全系统、抗震能力、抗大飞机撞击能力，这些关键词共同构成了"华龙一号"这一中国自主核电堆型"画像"。

其中，能动与非能动相结合是"华龙一号"设计团队基于福岛核事故经验反馈提出的革新性创新思路，非能动安全壳热量导出系统（PCS）则是能动和非能动技术的核心难点之一。

PCS热交换器是"华龙一号"非能动安全壳热量导出系统的重要设备之一。PCS热交换器为3个相互独立的系列，布置在安全壳内圆周上。它的主要功能是使热交换器内的水和安全壳内的高温空气通过冷凝、对流和辐射传热进行热量交换，然后依靠热交换器与外部水箱的高度差和水温变化的密度差来形成自然循环，从而实现把安全壳的热量连续不断地传递到安全壳外的目的。整个过程是非能动的，不需要电力等外界干预。

在PCS研发过程中，中核工程研发设计团队、哈尔滨工程大学和哈电集团进行产学研协同创新，就原理性实验、系统性能综合验证试验、安全壳热工水力综合试验研究及非能动换热器的研制等领域进行了广泛的合作，建立了安全壳热工水力领域的联合实验室，联合开展相关工作；与西安交通大学就非能动系统模型设计、自然循环及安全壳计算软件开发等领域深入合作，建立了专用模型，并开发了自主软件。

研发团队从理论研究开始，设计出"华龙一号"安全系统。随着大型安全壳综合试验装置的建成，2018年10月底，研发团队历经8年完成全部11组工况试验并向国家核安全局提交试验报告，为"华龙一号"全球首堆福清核电5号机组顺利装料奠定了基础。

每一项核心技术都是一座山头，在攻克山头的过程中，有血有汗有泪，就是没有后退，而研发设计人员的智慧，也在一个个困难面前被不断激发。

核电站的特点是专业多、数据多、参与企业多，查询数据信息这项工作非常耗时。在"华龙一号"的研发设计中，工程师们创造性地利用互联网广泛互联的特点，将碎片化业务整合起来，为集中式的开发设计活动提供了统一的三维设计平台，实现了异地同步进行设计的方式。三维设计平台可使分布在北京、上海、成都、福建、西安、石家庄、郑州等地的20余家单位相连，协同设计平台的终端数量达到500个，通过三维设计平台，设计人员可以随时了解相关信息与其他专业设计情况，随时协调设计接口。

2015年5月7日，"华龙一号"全球首堆示范工程落地福清。

2017年6月8日，在哈萨克斯坦阿斯塔纳世博会开幕前夕，习近平主席向哈萨克斯坦总统纳扎尔巴耶夫介绍说："华龙一号"是中国完全自主知识产权的三代核电技术。

和弦：从"中国制造"到"中国创造"

我国核电起步初期，大到压力容器，小到一根电缆、一颗螺丝钉都需要进口，核电人梦寐以求的具有自主知识产权的先进核电型号，如果不能实现核电关键设备的自主化研制，出口时会受到各种限制。

在"华龙一号"的建设中，首堆国产化率超过85%，研发设计团队带动上下游产业链5300多家企业，共同突破了411台核心装备的国产化——国产核心设备在海内外首堆安装、调试均处于良好状态，我国中高端装备制造业实现了由"中国制造"向"中国创造"的飞跃。

"小核心、大协作"模式在核电设备自主化研制过程中，同样发挥了重要作用——反应堆压力容器、蒸汽发生器、堆内构件、主管道、反应堆冷却泵（主泵）、主蒸汽隔离阀、整体螺栓拉伸机、装卸料机、燃料运转装置等，一件件核心设备被攻克。

提到"华龙一号"主泵的国产化，邢继记忆犹新。

主泵是核电站一回路反应堆冷却剂系统中唯一高速旋转的核一级设备，作为堆芯冷却剂循环的动力源，被业界比喻为核电站"心脏"，结构精密、工艺复杂、制造难度极大。国内 2008 年以前已建成核电站的主泵均是从国外进口，当时国内接触过主泵的人非常少，真正了解主泵的人更是凤毛麟角，国内没有一家单位能够独立设计、制造主泵。

关键设备不掌握在自己手里，核电站的建设就可能存在制约性的影响。2008 年到 2018 年的十年间，中核工程、哈电集团和上下游单位一起，在国家核安全局的大力支持下，不断推进主泵国产化。从福清核电 1、2 号到福清核电 3、4 号，再到"华龙一号"福清核电 5、6 号机组，主泵的国产化是一步一个脚印，实现了最开始对主泵的不了解，到部件国产化范围逐渐增大、设计能力逐步提升。在福清核电 1、2 号机组中实现了泵壳和电机的设计和制造、主泵泵体少量部件的国产化；到福清核电 3、4 号机组，泵体国产化范围进一步扩大，而且还包含了绝大部分关键部件；最终在福清核电 5 号机组独立实现主泵的总装、试验。

电站所有的核级设备里，阀门是数量最多的。"华龙一号"用到的阀门高达 1.8 万台，这些用在核电站里的阀门，小到可以揣进兜里，大到需要用卡车来拉。与大型主设备相比，阀门虽然看起来不起眼，但对实现核电站复杂的系统功能起到关键性控制作用。

以往"二代加"核电站中，由于国外阀门有成熟的运用经验，重要阀门均为国外采购。购买国外设备，拿不到设备相关试验数据，"有些坑看不出来"。

拥有完全自主知识产权的"华龙一号"相较以往"二代加"技术有了很多设计改进，这样会导致阀门设计要求发生变化。这时候，现有的国外成熟阀门无法满足新系统工况，这就要求在短时间内开展特殊要求的梳理，确定阀门样机鉴定原则要求，设计制造出能完全符合"华龙一号"性能要求的阀门。

研发设计单位联合国内阀门供货商开展了多项横向科研，实现了所有关键阀门的样机研发、鉴定和产品供货，打破高端阀门国外供货商长期垄断，助力华龙"走出去"。

从主泵、压力容器到蒸汽发生器，从阀门、电缆到控制柜，在核电行业，这样的故事数不胜数。正是由于核动力院、东方电气、哈电集团等研发、制造单位齐心协力，才保证了蒸汽发生器、压力容器、稳压器等关键设备按时供货，也为"华龙一号"全球首堆按照计划推进提供了重要支撑。

华章：时来天地皆同力

2015年5月7日，"华龙一号"全球首堆示范工程在福建福清核电站开工建设，采用EPCS总承包管理模式，中核工程也是总承包方。

5万多台（套）设备、165千米管道、2200千米电缆，上千人的研发设计团队、5300多家设备供货厂家、近20万人先后参与了"华龙一号"项目的建设，协调、通联工作量浩大，华龙建设者用自己的智慧，创造了核电建设史的奇迹。

一切服务于工程，"华龙一号"机组建立了从国家、中核集团到项目层的全方位协调机制，调动一切可用资源，及时解决工程建设中的问题。

2015年，国家能源局成立自主三代核电技术"华龙一号"示范工程建设协调小组，小组成员包括国家能源局、地方政府部门、有关行业协会，以及有关设计、施工、设备制造涉及的集团，主要目的是集中优势资源、加快经验共享、稳步推进国内示范工程顺利建成投产，推动"华龙一号"核电技术加快"走出去"。

协调小组下设项目办公室，项目办公室主任由中核集团主要领导担任,成员由福建省发展改革委、中国核能行业协会、中国机械工业联合会、华电集团、中核建、中能建、中国一重、东方电气、上海电气和哈电集团等10家单位主要负责人组成,负责推进各自项目进展,协调各单位资源和行动,落实协调小组会议议定事项,并推动解决项目建设中的重大问题。协调小组高效地解决了示范工程建设过程中土建、安装和设备供货等重大问题,充分体现了集中力量办大事的中国特色和优良传统,有力保障项目节点按期实现。

中核集团层面开展了工程建设季度协调会,每个季度中核集团领导听取进度汇报,协调各成员单位之间的分歧;在项目层面开展总经理协调会、高层协调会和各领域协调会等,其中,设计、采购、施工、调试各板块每两周开一次协调会;此外,还有数字化仪控系统专题协调会、重要设备现场交底会等重要项目的随时协调会。在这样高强度的联合协作下,"华龙一号"关键设备接口按期关闭率均超过90%,数字化仪控系统设计固化周期缩短了31%。

"华龙一号"示范工程现场共有参建单位10余家,涉及班组400多个,建设人员约1.1万名,参加这个系统工程的每一个人,都把建设好"华龙一号"当作自己的事业,只要任务需要,大家都团结协作、奋勇向前、无怨无悔!

"华龙一号"示范工程成立了多个设计、采购、施工、调试联合专项组(核级小三箱专项组、主泵专项组、DCS专项组、常规岛及BOP协调专项组、冷热试节点优化专项组、装料条件推进专项组等),通过定期组织会议讨论、发布进展报告,在厘清上游设计输入和下游施工调试需求的基础上,为设备按需交付提供了有力保障。在DCS供货工作中,"华龙一号"示范工程首堆DCS在4年间召开协调会127次,处理文函16 078件,出席质量见证点2448个,最终提前计划2天交付现场,打破"首堆项目DCS供货必延期"的魔咒。

科学家精神 协同篇
SPIRIT OF SCIENTISTS

2020年7月，为实现年内商运目标，业主公司、总承包方与各参建单位联合成立"华龙一号"首堆装料条件推进专项组。专项组通过每日早会、主线计划协调午会和管理晚会协调、决策难题，重要工作24小时不间断推进，34天完成15 160项尾项的处理，为运行许可证的顺利获取提供了有力保障。

正是每一个个体，每一家企业、单位的大力协同和无私奉献，"华龙一号"全球首堆才能如期投产发电。这是我国高端装备制造业升级后的精彩亮相，也是我国自主核电技术的一次重大跨越，标志着我国进入世界核电第一阵营，实现了与美国、法国、俄罗斯等核电强国的并跑，迈出了由核大国转向核强国的坚实一步。

尾声：从首堆到批量化

2020年11月27日，"华龙一号"全球首堆并网发电，这是世界上首个按照计划工期完成的三代核电机组。

可以说，中国人在三代核电建设领域打了一场漂亮的翻身仗，可核电人并未满足。

"从'华龙一号'落地的那一天起，我们就要否定华龙。"在中核工程党的十九届五中全会精神学习党课上，邢继要求全体研发设计人员面向世界科技前沿、面向经济主战场、面向国家重大需求、面向人民生命健康，锐意进取，去研发更能对接国家发展战略的新技术。

这种突破和永不满足在华龙现有堆型上已经显现。相继开工建设的福清核电5、6号机组，其中，5号机组的核岛为圆筒形，而6号机组的圆筒外多了三角形斜面。这是因为在5号机组基础上，6号机组对安全壳结构施工技术进行了优化改进，增加了外挂水箱的钢结构支撑梁。这一变化，可以直接免除耗时2个多月搭建脚手架的环节，降低了施工难度，缩减了工程量，进一步保障了施工安全。

"我们在建设'华龙一号'第一台机组时就不断将经验反馈到后续项目中，这样越往后开工的机组在安全性和经济性上就能不断进行优化改进，指标也更优。"邢继表示。

从 2015 年 5 月落地福清到 2019 年 10 月漳州核电开启批量化建设，其间开工建设的每台"华龙一号"机组图纸都不一样。

在首堆工程福清核电 5、6 号设计方案基础上，在漳州核电 1、2 号机组设计中，拟实施 50 余项如提升功率、完善设计扩展工况等设计改进项目，以及百余项基于业主运行经验反馈的设计优化项目，并充分吸收海内外首堆工程的工程经验反馈，从而满足最新的核安全法规及导则的要求，进一步降低造价、缩短建造工程以提高经济性，并提升机组性能与运维便利性。

研发设计不断优化的同时，工程建设同样在不断提升。

8 月的漳州，酷暑难耐。漳州核电建设现场人流穿梭，但相较于同期福清核电 5 号机组工程现场上万人的繁忙景象，现场作业人员数量进一步压减。

这是因为漳州项目在总平面布置阶段就开展智能化、自动化探索与改造设计，钢筋加工实现了自动化，埋件加工实现了机器人作业，许多作业在车间完成。

相对示范工程，漳州项目突出的特点就是大量应用高效工机具。总承包方、业主与施工单位共同推动、密切合作，从安全壳钢衬里到预埋件钢筋、不锈钢水池覆面及埋件生产线，自动化范围、自动化程度稳步提升，综合应用占比约达 30%，局部核心产品如安全壳钢衬里、大型套筒和不锈钢水池覆面的模块化拼装到现场安装，实现全面植入应用。特别是激光切割、自动弯曲机、爬行机器人等设备，均是首次在核电项目建设中使用，不仅提高了大型钢构件制作安装的自动化程度和效率，也极大提升了产品质量的稳定性，精度可达到 0.5 毫米，效率提高了至少 2～3 倍。

科学家精神 协同篇

在持续优化华龙的同时,"华龙一号"标准体系建设一直在有条不紊地推进着。

2018年10月11日,美国能源部发布《美国对中国民用核能合作框架》,对我国核能进口实施选择性禁止。这让邢继更加深刻地认识到"华龙一号"对国家经济、大国政策、"一带一路"、核工业强国、装备制造升级的意义和价值,拥有并建成三代核电是最基本的,要真正实现领跑还要形成华龙标准,因为标准就是话语权。"不仅要输出我们的核电,还要按照我们自己的标准去建设,这样才能完全不受制于人。"

建立标准体系更是复杂的系统工程,需要全产业链的高度协同、共同推进。

2020年11月10日,中核集团宣布,"华龙一号"已形成一套完整的、自主的型号标准体系,涵盖核电厂前期、设计、设备、建设、调试等全生命周期,可有力支撑"华龙一号"批量化建设和"走出去"。

(撰稿:中核集团中国核电工程有限公司　王丽丽)

"华龙一号"主要研发设计单位包括中国核电工程有限公司、中国核动力研究设计院等75家高校、科研机构、设备厂家,国外14家组织、机构或大学;科研团队包括邢继、荆春宁、吴琳、刘昌文、王长东、赵侠等千余人。研发设计团队通过自主创新形成国内专利716件、国际专利65件、海外商标200余件,获软件著作权125项、核心科研报告1500余篇及海量的科技创新论文,覆盖了设计、燃料、设备、建造、运行、维护等核电行业各个领域,形成了国内首个完整的核电自主知识产权体系。

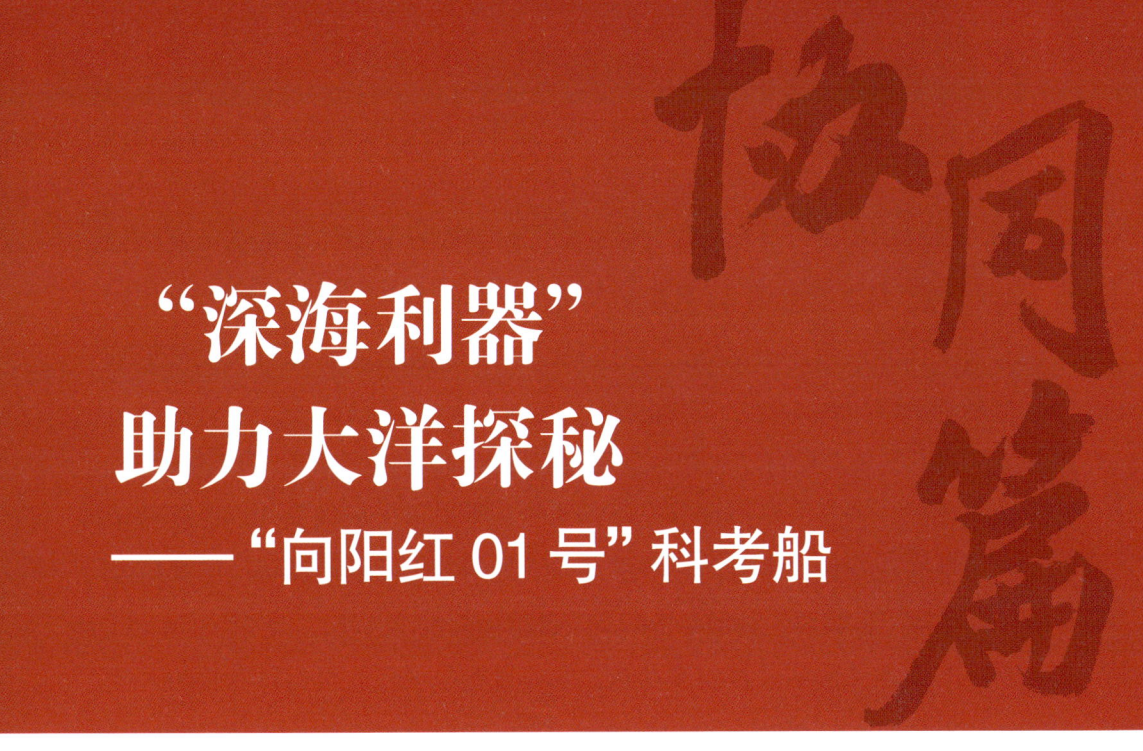

"深海利器"助力大洋探秘
——"向阳红01号"科考船

执行中国首次环球海洋科考

此次的中国环球科考第一次尝试将海洋中的大洋科考和南极的极地科考整合在一起,这使得本次科学考察难度非比寻常,但经过全体科考队员的集智攻关,中国科考队顺利实现了环球海洋科考的历史壮举。

第一代"向阳红01号"科考船属于我国综合海洋调查船,型号为614I,为中船重工集团有限公司建造,于1969年12月14日正式离开造船厂,被我国海洋局公海分局接管和使用。其船身总长度为65.22米,宽为10.2米,深为4.8米,总吨位最大可以达到823.94吨。作为我国国内最先进的科考船,"向阳红01号"科考船是以中国科学院海洋所"科学号"为基础进行设计并建造的,并在此基础上做了优化和改进,以提高"向阳红01号"科考船的综合海洋考察能力。这艘船2012年年底通过审批,2013年6月开工建造,2016年6月在青岛交付使用,并列入国家海洋

科学家精神 协同篇

调查队。优化后,该船浸水 5.6 米深、宽度为 17.8 米,全负荷排水量为 4980 吨,最多能容纳 80 名船舶人员。续航能力持久、抗风能力强都是它海上作业最明显的优势,并且兼具灵活操作的优点,亦可实现对船舶的精确定位功能。

因其具备高度自动化和信息化通信装置,也有电子图表、自动驾驶仪、无人机舱、独立网络系统等,所以即便在海上遇上极端天气,也能确保科考队在进行科学考察时充分实现与陆地的数据交换交流等,以满足海上通信等工作需要。除了必备的高端自动化工作设备外,"向阳红 01 号"还配有全方位数字监控测控功能,保证科考船平稳安全运行和船舶人员工作安全。

本次环球科学考察任务开始于 2017 年 8 月 28 日,从青岛出发的"向阳红 01 号"穿越印度洋、南大西洋及太平洋,将科学研究任务的范围主要集中在认知较少的南半球,试图增添其考察数据。在全体队员的努力下,"向阳红 01 号"顺利航行了 263 天,走过 38 600 海里后,顺利完成了大洋科考和南极极地科考的研究任务,实现将资源、环境、气候研究成功融合。

早在科考船准备穿越马六甲海峡之前,由科考队组成的临时党支部便已经高度重视海盗事件。党支部书记、船长、首席科学家和各部门负责人,召开了一次反海盗专题会议,充分研究和评估了当前航行形势,制定马六甲海峡航道通航应急预案和培训方案,当日下午 15 时,"向阳红 01 号"便开展反海盗演习,对人员职责和撤离路线进行了重要说明和预案规划。船长同一些科研小组成员被组织到甲板上巡逻,并部署巡逻路线。在全体人员齐心协力共同坚守下,经过两天安全的连续航行,"向阳红 01 号"安全通过马六甲海峡。

本次环球科学考察是以中国第 46 次大洋航次和中国第 34 次南极科学考察两部分为主体任务,"向阳红 01 号"与"雪龙号"联合组队,对环境、资源、气候等进行了全面研究。本次环球科学考察是世界上第一次将海洋和南极科学研究结合起来的世界性科学考察,也是"向阳红 01 号"科考船第一次在中国执行海洋极地整合考察研究任务。环球科考行程主要分为 6 个航段,包括对中印度洋盆地的稀土资源和深海环境的研究,南大西洋聚合硫化物环境的综合研究,南半球海洋环境全面调查及东南太平洋的稀土资源和环境综合调查。

环球科考航行使资源、环境和气候科学考察实现了高度融合:对稀土沉积物和聚合硫化物的范围有了更深入的了解;对海洋水文和气象、气流、海洋地质的时空分布了解更加深刻;对季风系统和海陆关系的认识进一步加深;对气流系统之间、高纬度和低纬度之间的内在联系过程机制更加明确。此外,也关注全球海洋热点科学问题,如海洋微塑、漂浮垃圾、海洋酸化等,有助于以多视角、大区域视角探索海洋,并为规划中国海洋气候布局提供数据支撑。

"向阳红 01 号"在转战了印度洋、大西洋、太平洋三大洋之后,穿越重重极端地理条件进军南极洲,航行 3.86 万余海里,顺利实现了中国科考队环绕地球一周,创造中国科考队"进军三大洋,首航南极洲"科考历史性壮举。

开创海洋科考多项奇迹

在"向阳红 01 号"的全球综合海洋科考任务中,科考队布放了我国自主研发的"白龙"气象浮标,收集到最大单体硫化物,实地证实了海底冷热现象的存在,还发现大面积富稀土沉积,为中国海洋研究创造了许多新纪录,这也是"向阳红 01 号"和科考队员们为中国海洋科学研究史作出的重要贡献。

布放"白龙"气象浮标于印度洋

2017 年 9 月 8 日,经历艰难的海上航行后,"向阳红 01 号"到达印

科学家精神 协同篇

度洋科考任务作业区，准备布放一个长5000多米的我国自主设计研发的"白龙"浮标。集浮球、观测仪器、绳索、重块于一体的"白龙"浮标可以观测海面温度、气压等大气要素，并实时采集温度等重要参数，参数数据可实时返回地面站，并实现全球共享，在改善全球天气预报方面发挥着重要作用。

上午8点左右的印度洋海面，巨浪有3米高，风力6级左右，这不但加剧了投放难度，更导致投放危险系数增大，因为一个小的纰漏都将导致灾难性后果。为此，科研团队已经准备了几个月，做了10多次项目测试。当布放工作准备就绪后，"向阳红01号"改变航向，保持船舶稳定，并保持低速逆流航行。甲板上的绞车工作人员控制起重机，使得"猿臂"慢慢放松，扑通一声，主浮体被投放在海上，漂得越来越远。海浪不断打在"向阳红01号"科考船上，船体左右摇摆颠簸。尽管操作难度很大，研究小组成员仍仔细监控电缆紧固率，并安装相应的传感器，玻璃浮球和释放装置依次下水。下午2点，浮标锚定在海平面上，科考船向浮标浮动位置航行，

确认其在预定位置。同时，这表明了"向阳红01号"在首次环球科考中实现了首战的圆满胜利。

收集国内最大单体硫化物于大西洋

国际海底区域是人类共同的继承财产，中国在深海大洋进行热液硫化物调查，是代表全人类的开创性活动。大洋底部多金属硫化物由海底热液作用形成，富含铜、铅、锌、金、银等具有较高经济价值的金属及重要的科学研究价值。

2017年11月30日，伴随着大西洋海上的巨浪，"向阳红01号"科考船本次环球考察的第三航段开始了。彼时的科考研究小组已经进入大西洋收集单体硫化物的作业区，进行单体硫化物的样本收集。收集器皿逐渐深入水中，500米、1000米、2000米，直奔大海底部。为避免与围岩相撞，工作人员始终不敢离开监控视频，观察图像的细微变化，并不断修改收集位置和姿势。在一位科学工作者下定决心说"抓取"时，队员们干净利落地捕捉到硫化物样本，然后将其升起放置到船上。最终，一个较大块、红褐色、形状不规则的硫化物出现了，经过测量，这也是中国科学考察队迄今为止收集到的最大单一硫化物样本。

实地证实"热冷现象"共存于南极

随着时间的推移，窗外的能见度越来越差。科考船的工作人员从一个窗口往外看了看，然后跑到另一个窗口告诉控制小组无突发情况并继续前进。这是科考队进入南半球进行科学考察任务的第11天的一幕。根据气象条件显示，"向阳红01号"科考船遭遇了10级和11级强飓风，迫于情况危急，因此决定前往南奥克尼群岛掩护，但在这之前并未有中国科考队前往南奥克尼群岛避险的先例。为确定是否有突发情况发生，船长时刻关注电子海图和雷达的变化，不断调整航向，小心绕过浮冰，通过了8小时连续航行的狭窄航道。"向阳红01号"科考船终于安全抵达南奥克尼群岛的锚地。这次避风,"向阳红01号"为在南极航行的中国科考船提供了一手航行数据。

南极航行中也有新发现,近年来国际海洋研究的热点是热泉和冷泉,这些地区的水和冷资源含有丰富的矿物和生物资源,这就驳斥了"万物生长要靠太阳"这一观点。在南极海区,科研团队在了解海底的地震性和低剖面性后,采集了相距不到100米地质单元的沉积物,获取了热液活动和冷泉活动的产物,证实了存在一个共生的热液和冷泉系统。从艰难的冰上航行到重大科学发现,科研团队超额完成南极航段科研任务,在海洋地质方面取得突破,以弥补中国对南极洲认知的空白。

发现大面积富稀土沉积于太平洋

东南太平洋的作业区内,"向阳红01号"科考船走走停停,正在进行本次环球科考第四航段的海洋地质调查研究,即深海富稀土沉积物的采集。

在外行人的眼中,深海沉积物可能与普通的海泥没有差别。但本次科考队的首席科学家石学法却认为深海沉积物无比珍贵。因为它不仅记载了历史上地球大洋变迁的有效信息,更有利于帮助科考队对东南太平洋的稀土资源进行评估研究。所以每次在工作人员采集到样品后,石学法都会用手捻一捻,再用鼻子闻一闻,来仔细观察采集到的样品。

采集样品后,科考队员运用专业检测仪器对其进行测试,据现场检测结果显示,科考队所采集的样品中稀土元素水平较高,符合"成矿"的条件。随后科考队员通过多种资料综合分析后,在东南太平洋的海底盆地初步划分出约150万平方公里的沉积区。而这同样也是全球范围内首次在东南太平洋发现如此大规模的富稀土沉积区,刷新了我国和国际上该项调查研究的纪录,也代表着中国深海稀土调查研究已处于国际领先行列。

这些都是新时代中国海洋科考的显著成果。此次环球科考,航段安排密、科考任务重、科研压力大，尽管困难重重，考察队员们仍旧坚守在第一线，不曾放弃一丝一毫，因此，整个考察队取得了令人瞩目的成果，这也标志着中国建设海洋强国的脚步从未停止，中国海洋科考的未来充满无限可能。

"向阳红 01 号"的使用优化

科学考察船的设计和建造是一个复杂的系统工程，它涉及多学科、多领域的协调。只有通过持续优化和改进，才能减小使用过程中的偏差。为有效应对国家海洋发展和国家海洋局的迫切需要，七〇八所设计组积极收集了中国科学院海洋研究所优化意见，并积极了解第一海洋研究所和第三海洋研究所的要求，为满足不同船东的需要，对船型进行了量体裁衣和优化。主要的设计优化包括设备更新、使用规则升级、适应用户需求、完善船型设计。

首先，在保证风稳定性的前提下，适当提高部分甲板的高度，以提高舱室高度，使新船符合最新的《2006 年海事劳工公约》（MLC 2006）的要求。科学考察船的结构在很大程度上受船载设备的影响。比较于母型船，"向阳红 01 号"有一套不同的海洋设备，特别是支持最终投标方科研控制的设备，设计人员采用液压推进方式驱动，并通过实验验证了系统设计的可靠性。根据各海洋研究所的研究需要，设计团队还对"向阳红 01 号"的住宿条件和实验室结构进行了调整，使其更能满足不同需求的船东要求。在住宿方面，减少 4 人舱室的数量，尽可能保证客厅的通风采光，船员和科研人员的居住环境进一步改善。在借鉴国外科研船经验的基础上，在新实验室的底座、墙壁和工作台上采用了 C 形槽夹具，方便科研设备的临时固定。

七〇八所设计团队针对"向阳红 01 号"在使用过程中可能出现的使

科学家精神 协同篇

用弊端问题进行了改造升级，从规则规范升级、船载设备更新、用户需求定制及母型船等方面进行优化，为我国海洋科考船的性能升级提供了实操性经验。

（撰稿：李红阳）

参考文献

[1] 俞启军，张浩然，谢博文，等."向阳红01"利用动力定位靠鳌山卫科考船码头方案[J]. 航海技术，2019（5）：1-4.

[2] 孙利，吴刚，胡始弘，等."向阳红01"号和"向阳红03"号海洋综合科考船优化设计[J]. 船舶，2017，28（S1）：44-49.

[3] "向阳红01"船在南大西洋获取海底热液"烟囱体"[J]. 科学家，2017，5（22）：134.

[4] "向阳红01"号开启我国首次环球海洋综合科考[J]. 船舶，2017，28（5）：104.

[5] "向阳红01"科考船青岛起航 执行中国首次环球海洋综合科学考察[J]. 黄金时代（学生族），2017（10）：18.

[6] 佚名. 向阳红01号14万里行程回顾 风雨不曾阻挡[EB/OL].（2018-05-17）[2020-12-17]. http://ocean.china.com.cn/2018-05/17/content_51361277.htm.

"向阳红01号"海洋综合科考船是目前国内最先进的科考船，该船以中科院海洋所"科学号"为母型船进行设计，并在此基础上进行了优化和改进，可从青岛直接开到美国西海岸。满足无限航区要求，具有全球航行能力。"向阳红01号"服役后，将承担全球海洋环境、海底资源和能源综合探测取样、国家海洋安全环境综合观测与实验等重大深远海科考任务。船舶具备大气、海面、水体及海底立体综合海洋探测能力，探测深度达到1万米，能够满足全球海洋环境和资源科学调查需求。

大力协同
探索宇宙星辰
——中国天眼（FAST）

群山深处"探天"

2020年12月1日，美国国家科学基金会（NSF）确认，被誉为地球"两大眼睛"之一的美国阿雷西博射电望远镜，因悬挂的500吨重的接收设备平台坠落，砸毁了反射盘表面，已不能使用。这意味着，全世界目前只有中国"天眼"——500米口径球面射电望远镜（FAST）是目前现存的唯一一台大口径望远镜，直径长达500多米，如果把FAST想成一口装满水的锅，全世界70亿人每人可以分4瓶矿泉水。FAST极大地推动了中国众多高科技领域的科技进步和产业升级，同时也为西部经济的繁荣和社会进步作出了卓越贡献。而这一切都离不开"中国天眼"背后的天团——FAST团队的日夜坚守。虽然它叫"FAST"，英文是"快"的意思，但整个望远镜的建设历程和调试历程恰恰相反，1994年，我国天文学家南仁东提出构想；2016年9月落地启用，进入调试；2019年4月通过工艺验

科学家精神 协同篇

收并向中国国内天文学家试开放；2020年1月通过国家验收，正式开放运行。FAST团队也从最初由南仁东先生等几位科学家代表组成的小团队，发展到现在已经拥有100多人。

FAST概念的诞生并不是天马行空，一般来说，望远镜的暗弱信号和探测能力与其收光面积正相关，大的收光面积可以观测到更多的样本数量；也能够探测更遥远的宇宙现象，对于研究宇宙和演化历史具有非常大的帮助。所以千百年来，建造更大口径的望远镜一直是科学家们永恒不变的追求。然而，自从德国人1972年将望远镜的口径做到100米之后，采用传统方式制造的望远镜这个范围上便难以获得大幅突破。因此，在1993年的日本国际无线电科学联盟大会上，科学家们提出在全球电波环境继续恶化之前，人类应该建造新一代射电望远镜，接收更多来自外太空的讯息。我国著名的天文学家南仁东获悉这次会议以后，就萌生出要建造一个属于中国自己的"天眼"，甚至是超越世界水平的"中国天眼"。抱着这份伟大的构想，南仁东于1994年开始主持国际大射电望远镜计划的中国推进工作，1995年11月，北京天文台联合国内20多所大学和科研机构，组建了由南仁东任主任的"大射电望远镜"中国推进委员会。团队成立之初，不仅要面对关键技术无先例的困难局面，还要面对材料和核心技术的封锁。最重要的是，仅仅是选合适的台址这一难题就花费了将近13年的光阴。

作为团队的领导者，南仁东和其他成员带着几百幅卫星遥感图，扎进中国西南部一座又一座大山，寻遍了贵州大山里的上百个窝凼，足迹遍布荆棘丛生的荒野和乱石密布的喀斯特石山，甚至有可能会面临山洪的艰险。为了更清晰地了解选址现场，掌握第一手资料，制定正确的危岩治理方案，他们整日奔波在没有路的陡峭山岩上。他们喝的是天然的浑水，吃的是自带的冷干粮，大山深处的冬天很冷，就捡几根柴火一起抱团取暖。即使在"中国天眼"落成启用前，大家的生活条件也极其艰

大力协同 探索宇宙星辰

苦,4个人一起住在彩钢房里,洗浴厕所都是公用的。房间隔音效果不好,只要周围有人在走动,房间里就感觉整座板房都在震动,更别说有人打呼噜讲话,隔着板壁都听得清清楚楚。最终,经过团队成员的反复勘察,"中国天眼"最终确定坐落于贵州天然喀斯特巨型洼地。"眼窝"这一问题终于解决,然而,随之而来的是更多艰巨的挑战和严峻的问题,如反射面的取舍、馈源支撑的循序渐进等。在建设中,各种技术问题困扰着工程师们,其中一个主要技术难点是索网制造与安装工程。传统的索网结构是用来承重的,但在"中国天眼"里是采用变位工作方式的索网体系,所以对索网的疲劳性能要求极高,"中国天眼"工程对拉索疲劳性能的要求高于国内外相关领域的规范要求两倍之多。同时,索网总重量约1300吨,由于场地条件限制,全部索结构须在高空进行拼装。为了解决索疲劳问题,南仁东非常着急,经常组织团队成员参会讨论。工程师们攻坚克难,在反复经历"失败—认识—修改—完善"这一过程后,历经近百次的失败,历时两年半,终于研制出适用于FAST工程的索结构。

科学家精神 协同篇

索疲劳问题只是索网制造与安装工程众多技术问题中的一个例子而已，其实很多子系统的研制都是这样一个如履薄冰的过程。现今担任"中国天眼"总工程师的姜鹏说道："现在的 FAST 的方案其实和它最初的设计已经发生了翻天覆地的变化，最终方案的形成是经过大量的计算分析和论证才得出来的。多少次我们都好像穷途末路、山穷水尽，但可能就是一个睡梦中的灵感又让我们有继续走下去的勇气。"正是团队里每个人的坚持和笃定，在 2016 年 9 月，这座 500 米口径球面射电望远镜终于落成启用。经过 22 年的设计、实施和修建，南仁东终于率领团队把图纸变成国之重器。时至今日，"中国天眼"FAST 拥有 3 项自主创新：一是利用贵州天然喀斯特巨型洼地作为望远镜台址；二是自主发明了主动变形反射面；三是自主提出轻型索拖动馈源平台和并联机器人。

"中国天眼"的成功离不开南仁东先生一辈子的岁月付出，也离不开每一位初心纯粹的成员，当时刚刚博士毕业的姜鹏，已在国家天文台工作了 21 年的研究员孙才红，结束夏威夷联合天文中心的派驻任务而加入 FAST 科学部的朱明……在团队的协作下，FAST 一步一步从设想到概念，从概念、方案到蓝图，再到活生生的现实。FAST 从构想、选址、建造、竣工再到最后调试成功，承接了几代人的心血。2016 年 9 月 25 日，FAST 落成启用，然而，在 2017 年 9 月 15 日南仁东永远地离开了这个团队。他的眼睛闭上了，他的精神将永远传承给年轻的 FAST 团队！

传承精神，砥砺前行

如今，FAST 团队已经扩大到 100 人左右，自 2011 年开工建设伊始，FAST 团队全体人员就肩负起望远镜现场建设的重任，开始了异地坚守、舍家拼搏的奉献之旅。从工程建设初始到调试阶段，团队成员需要一直驻守在望远镜现场，其中驻守现场的大多是年轻人。每个人都必须要驻

大力协同　探索宇宙星辰

守在望远镜现场达到 26 天以上，很多成员需要面临与亲人两地分居的状态。团队成员回忆起他们的第一次全体烧烤的场景：他们在山上找了一个平台，点燃篝火彼此做伴，头上是点点星光，背后是在建的"天眼"。虽然那时他们远离家乡，驻守在深山之处，但是他们内心有一团火在燃烧着，并且这火苗随着更多人的加入越来越旺盛。他们彼此做伴砥砺前行，只为了那份初心。处在大山深处，会面临很多困难，但是他们都很坚强。工程现场在野外，夏天时有很多不常见的蚊虫，很多人夏天从工地回到室内都会被叮咬，身上随之起了很多红疹。入冬以后大窝凼温度很低，但是每到清晨 6 点，大家都会忍受着阵阵寒意到总控室按部就班地忙碌起来。据团队成员回忆，观测基地在高温下就像一个大蒸笼，然而他们每天至少在这里走两三万步。吃水果对他们来说也很不方便，毕竟处于深山，想吃水果基本都要等北京或贵阳来现场的同事带来。对于团队成员来说，这些生活上的困难只要耐心坚持都会克服，但心里还是挂念着家。对于未婚青年来说，长期远离城市，成家是他们面临的一个大难题。尽管如此，团队年轻同志们都说："我们喜欢这里，像是和'天眼'谈'恋爱'，即便困难很多，大家也乐在其中。"对于已婚成员来说，家庭是他们面临的一个难题。到了春节时，团队中的很多成员都无法回到家人身边，而这时大窝凼反而更热闹了，家人们都会来到他们身边陪伴，过一个热闹团圆的春节。每每想到此刻，他们脸上都挂着幸福的笑容，家人的支持也是他们坚持这份事业的动力。

"中国天眼"建成以后，还需要面临的一个艰巨的阶段就是调试阶段，调试团队中的成员有刚毕业两三年的"90 后"，有扎根贵州大山十几年的博士，平均年龄只有 35 岁，但是他们承担了这项调试任务。如果说建设阶段解决了"能不能"的问题，那调试阶段就要解决"准不准"的问题。团队里的每个成员都希望能够调试顺利。姜鹏回忆刚开始调试的那段日子，

科学家精神 协同篇

他会挨个找团队的成员谈话,他明白调试顺利是团队里每个人最大的期待,但是调试成功并不是一个人努力的结果,关键在于发动集体力量,心往一处想,劲往一块使。近3年时间里,"中国天眼"调试团队扎根在贵州的寂静群山间,"五加二""白加黑"接力坚守,与望远镜一起全天候作战。他们每天难得的闲暇时间就是晚饭过后散步的时候,夕阳远远映照着"眼窝"周围的小路,他们在余晖下静静地享受这片刻的恬静时光。晚上7点半需要准时到总控室开会,这是从工程初始就形成的惯例,只不过地点从那时临时搭建的工棚到现在已经完善的实验室。每个人需要汇报自己当天负责的领域遇到的问题,大家一起出主意帮助他解决这个问题,如果不能解决就需要分组连夜讨论修改方案,第二天再落实。调试团队中的很多成员驻站时都在辛勤地工作,即使晚上10点以后回宿舍休息也会时刻待命。有些成员晚上睡不着或是突然醒了,也会查看自己负责的部分运行是否正常。建成世界之最的望远镜不是他们的终极目标,他们要让FAST建得美、动得准、调得灵,让FAST成为一台真正好用的望远镜。为了国家需求,为了不辜负期望,年轻的后继者必须让奇迹延续。他们中的很多人放弃了发论文、评职称,只为一个朴素的理想:把"中国天眼"的性能调到最优,让更多的科学家能够利用这个国之重器,取得更多更大的科研成果。

FAST团队经过不懈努力,快速实现了望远镜的系统集成,提前完成了功能性调试任务,仅用不到2年的时间就完成了调试任务。望远镜所有性能指标都达到验收要求,其中灵敏度和指向精度两项关键技术指标超出预期,并实现了跟踪、漂移扫描和运动中扫描等多种观测模式,打破了国外大口径射电望远镜几十年的技术垄断。2020年1月,"中国天眼"完成验收正式投入运行。目前"中国天眼"运行稳定,近一年已经观测服务超过5200个机时,科学家利用"中国天眼"高灵敏的观测性能,仅在调试期内就已经发现了90多颗新脉冲星，截至2020年11月4日，"中国天眼"累计发现超过240颗脉冲星。第23届"中国青年五四奖章集体"名单中，FAST工程（"中国天眼"）调试团队等6个科研领域的队伍位列其中。追真理、求科学，为中国科学事业贡献力量，是这些青年科技工作者拼搏的初心。

虽然FAST刚刚开始在国际上绽放属于自己的光芒，但是FAST团队中的很多成员却已陪伴它走过数十年的岁月，数十年足以改变太多太多的事情，但唯一不能改变的就是他们加入团队的初心——建造中国首台大口径望远镜。他们不畏付出、不言辛苦、不求名利，正是他们拥有足够的执着，才将1994年的蓝图跃然于现实之中。他们用自己20多年的青春将这个看似不可能的空中楼阁踏踏实实地做成了国之重器，也使人类终于张开了"天眼"，能进一步探索宇宙的奥秘。

（撰稿：王思惟）

参考文献

[1] 齐健."中国天眼"调试团队：青春洒窝凼三年磨利镜[EB/OL].（2019-06-10）[2020-12-17]. http：//www.xinhuanet.com/politics/2019-06/10/c_1124603260.htm.

[2] 国家天文台.创新筑天眼，奉献为报国：中国天眼FAST团队[EB/OL].（2020-10-16）[2020-12-10]. http：//www.bjb.cas.cn/story2/videos/202010/t20201016_5718244.html.

中国天眼（FAST）是由人民科学家、时代楷模南仁东先生于20世纪90年代提出构想，历时20余年建设完成的巨型射电望远镜，在党中央、国务院关怀下，在国家有关部委和贵州省支持下，前后数百名科研工作者前赴后继为FAST建设调试运行付出了巨大努力。FAST

于 2016 年 9 月落成启用，2020 年 1 月通过国家验收，无可争议地成为世界最灵敏的射电望远镜，大大拓展了人类的视野，也使中国的天文学家终于有机会走到人类视界的最前沿，对促进我国天文学实现重大原创突破具有重要的意义。

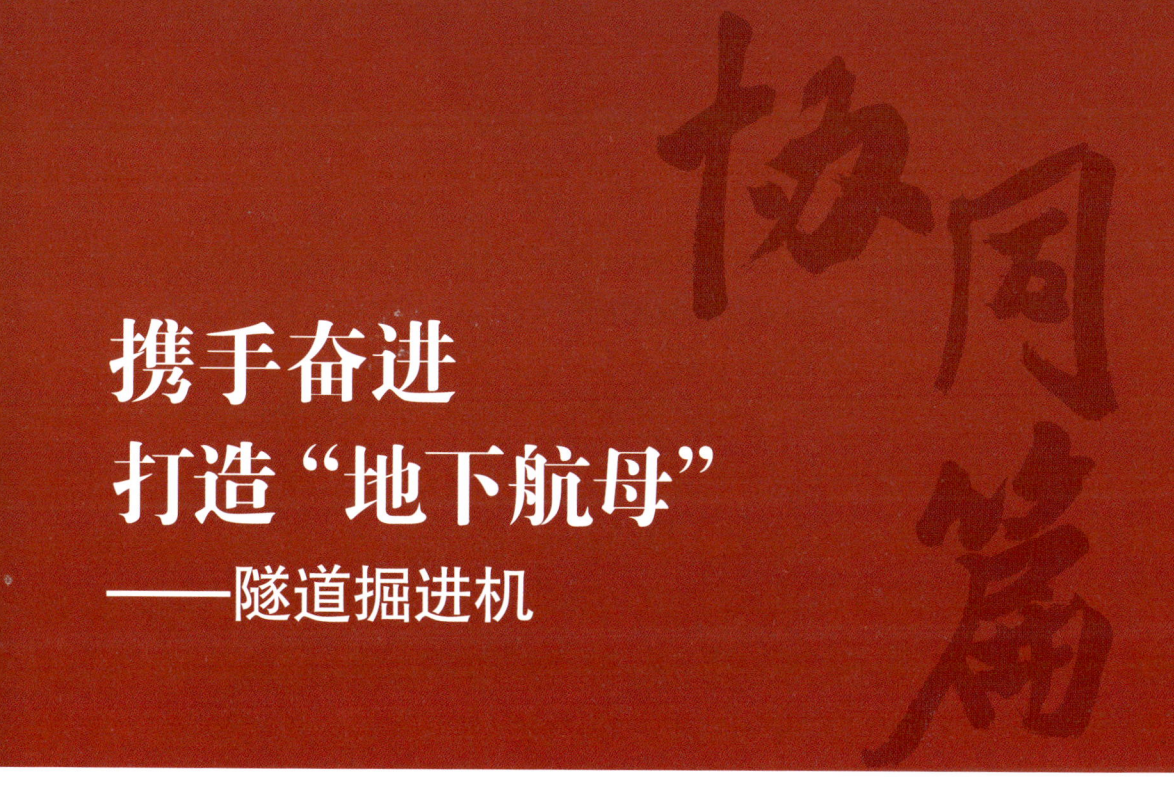

携手奋进
打造"地下航母"
——隧道掘进机

2014年12月27日,我国拥有自主知识产权的首台国产大直径全断面硬岩隧道掘进机(敞开式TBM)正式诞生。这台掘进机由中国铁建重工集团牵头研制成功,打破了国外对TBM的长期垄断,填补了我国大直径全断面硬岩隧道掘进机的空白,标志着我国在大型高端装备制造领域取得重大突破。

首台国产隧道掘进机诞生,攻克世界级难题

盾构机是指作用于软土地层的隧道掘进机,而作用于岩石地层的隧道掘进机称为TBM。相比于盾构机,TBM在技术工艺上更复杂,可以应用于较严峻的工程状况,产品附加值也更高。TBM以其自身的优越特点,被称为工程机械的"航空母舰"和"掘进机之王",可以说它是目前最先进的大型隧道施工成套装备。我国首次使用TBM施工是在20世纪90年

科学家精神 协同篇

代初，TBM 被用于西康铁路秦岭隧道，设备及施工技术全部由国外引进。这一次的成功尝试使得 TBM 相继在我国重大铁路、引水隧道工程中得到推广应用。然而在随后的十几年内，国外对 TBM 一直处于长期垄断状态，我国只能大量依赖进口，这成为国产高端地下工程装备自主化的薄弱环节。2014 年 12 月 27 日，我国拥有自主知识产权的首台国产大直径全断面硬岩隧道掘进机（敞开式 TBM）在长沙顺利下线，填补了我国大直径全断面硬岩隧道掘进机空白。很难想到的是，填补这一空白的是一支年轻的"80 后"团队。这支由铁建重工掘进机研究设计院工程师组成的团队虽然稚嫩，但是他们以团队的智慧和协作的精神为地基，建成了一座属于中国大型高端装备制造领域的高楼。

当时研发团队成员大多刚刚离开校园步入职场，有的人已在国产利器的研发上小试身手。和他们一样"稚嫩"的不仅是我国 TBM 自主技术和国产产品，还有大直径 TBM 关键技术研究及应用 863 课题刚在科技部立项。作为团队技术负责人的龙斌接手这项重任时也感觉到压力大，毕

携手奋进 打造"地下航母"

竟在隧道施工中会面临很多地质难题，如长距离、高岩强度，并伴随岩层不稳定、较多断裂带、围岩强度软硬交接等。"从零起步，如何研制出首台样机？"龙斌不禁思索起来，而且这只是摆在研发团队面前的第一道难题。好在该课题是由铁建重工牵头，联合中铁十八局和浙江大学、天津大学、中南大学等科研院校组成联合研发团队。

研发团队首先从图纸的设计部分开始着手，反复审核了约3000张机械部分图纸，与液压、电气设计人员交流电液控制，协调机电液接口问题和布置问题，针对工程地质情况和TBM系列化考虑，从参数配置、主机及后配套系统布置、刀盘刀具、主梁支撑推进系统、液压系统、电气系统等方面进行个性化、定制化设计。其中，研发团队成员考虑到隧道施工最大的噩梦莫过于掘进机刀盘在进行作业时遇到卡死的状况。刀盘是无法更换的，如果遇到刀盘卡死的情况，只能通过人工清理渣滓，工期往往会延长一两个月甚至是半年。研发团队成员冥思苦想用什么装置才能更好、更有效率地驱动刀盘。龙斌和团队想到超过7米直径的大型掘进机至少要配有8个电机，如果他们将其中一个换成液压马达，是不是可以解决卡机问题？因为液压马达的转速虽然低于电机，但在同样功率下，它的扭矩确是电机的5倍。这就相当于一个是超级跑车，速度快，一个是重载卡车，承载大。龙斌拿着图纸介绍说："团队成员都在想如果能设计出用液压马达和电机双机驱动的掘进机，就可能可以完全解决卡机问题！"经过团队成员的不懈努力，他们研发的这把让掘进机起死回生的驱动轴，只需要30分钟就可以修复卡机问题。这一突破性的研发成果使他们破解了困扰挖掘行业50年的世界级难题——卡机，也为中国制造赢得了尊严。

像这样的技术难题不止一个，团队成员同心协力，相继攻克了单护盾式、双护盾式及双模式等多种类型TBM。经过连续3年的紧张技术攻关，2014年12月，国产首台大直径TBM在长沙顺利下线，结束了我国作为TBM应用大国不能自主设计制造大直径TBM的历史。这台大直径敞开式 TBM 开挖直径 7.93 米，总长 180 米，总重达 1500 吨，装机功率超过 5000 千瓦，集隧道开挖、支护、出渣、通风、排水等功能于一体，掘进精度达到毫米级，能安全、环保、高效地一次完成隧道施工。

然而，研发团队并没有因为首台样机的研制成功就停下脚步，他们还承载着更重要的担子，他们面临的第二轮考验是设备能否成功高效掘进？2015 年 1 月，样机开始陆续抵达工地进行组装，龙斌回忆道："那时正是吉林最寒冷的季节，有时候还会出现零下 30℃的极寒天气。"就是在这样的室外条件下，他们要呆七八个小时确保样机的顺利安装。虽然他们要面临严酷的环境条件，但这一切的付出是值得的。这台设备在掘进期间不仅打破了国内敞开式 TBM 施工新纪录，而且开创了 TBM 同类断面施工之最，设备性能和施工水平整体都达到国际领先，并且与同类进口产品相比价格便宜 5000 万元以上，国外进口产品往往只拥有 20 公里的寿命，而国产 TBM 能够达到 30 公里。这台设备推动国产 TBM 产业核心技术达到世界领先水平、市场份额实现后来居上的惊人蝶变。

如今，在长沙的制造车间里每天有 6 台掘进机在同步进行组装，10 年前国产品牌的隧道掘进机占全球市场份额不到 1/10，现在中国已经完成了从技术到市场全面主导的历史性转变，拿下了全球 2/3 的市场份额。以掘进机为代表，中国工程机械领域液压、变频、控制系统等核心技术，都取得了关键突破，中国在工程装备上的研发和制造实力已经丝毫不逊色于任何竞争对手。在喜悦之余，研发团队也多了一份冷静。他们了解我国 TBM 正处于新生时期，未来 5～10 年，铁建重工还需要攻关许多前沿尖端技术，如极硬岩地层高效破岩、超长寿命重载刀座研制、新型高性能刀具材料制备等。研发团队希望用 10 年左右时间实现对国外知名 TBM 企业的全面超越。

国产首台 TBM 自主化攻关，龙斌和团队扛起了大国重器自主研发的责任。从推动国产 TBM 打破国外垄断，到推动产业向着超长距离超长寿命的高端化迈进，龙斌和团队不负青春和使命。他们不仅实现了隧道掘进机产业从无到有、从有到大的快速成长，还成为产业蝶变的发展引擎，创造了从"蹒跚学步"到行业领跑的发展奇迹。

自主攻关首台土压平衡盾构机，实现"弯道超车"

十几年前，由于国外隧道掘进机市场的垄断，我国的地下工程几乎都是靠着进口设备来完成。可是昂贵的费用、供应不及时的零配件及跟不上的服务，这些痛点让科研人员意识到，不能永远低声下气地跟在别人身后，中国的高端地下工程装备必须实现自主创新。因此，铁建重工从筹集人才入手，决定自己干，就这样开始了自主研发盾构隧道掘进机的第一步，并在摸索中不断前进。万事开头难，盾构机的研发更是难上加难。刚开始，各方面的条件都非常艰苦，办公的场所是用铁皮临时搭建起来的，夏天闷热难耐，冬天又冻得不行。可就是在这样的条件下，大半年的时间，团队出了10多万张图纸，做了无数次优化。

修改、优化，循环往复。最终在2010年，我国首台土压平衡盾构机自主研制成功，国产化率达到87%，创造了当时国产盾构机的最高纪录。这使得进口盾构机在中国市场被迫降价30%。这样从无到有的突破，离不开科研人员的团结合作、辛苦付出。有了一次成功的经验，铁建重工站在最高的角度，不断地向前看，致力于研发原始性、首创性产品和技术。注重理论结合实践，我国的自主创新路线持续强化产学研相结合，以市场需求为导向，施工团队、研发团队紧密协作，实现协同创新发展。技术创新的强大动力，促使铁建重工不断利用核心关键技术，实现产品研发到产业化的无缝衔接，相继研发了七大系列、50余个规格的盾构机产品，不仅满足国内基础建设的需要，更是走出国门，出口至俄罗斯、土耳其等"一带一路"国家。

其实并不是每一个项目在谈判之初都是一帆风顺的。针对每一次方案，参与技术谈判的铁建重工掘进机研究设计院的研究人员，都需要不断地完善修改设计方案，直到让客户感受到中国企业的技术实力。中国制造让世界叹服，离不开优秀的"中国方案"。每一个"优秀方案"的背后，都是研发人员花费无数个日夜的突破，也是铁建重工团队严谨科研态度的体现，不断地推导、研讨、仿真、修改，只为实现客户要求的完美方案。

这一过程中不难发现，隧道掘进机产业后发赶超的关键离不开"坚持原始创新、集成创新、协同创新的自主创新模式，完成逆袭突围，快速领跑行业"，铁建重工掘进机研究设计院的成功绝非偶然，铁建重工通过创新科研项目管理制度，让科技创新跑出"加速度"：实行研发项目制，以科研项目代表"战区"，以各研究院、各研究所代表"兵种"，以科研项目为纽带，将不同专业、不同研究院的研发人员协同起来，打破部门墙、专业墙的限制，实现"兵种 + 战区"的研发自组织模式。研发自组织，团队有活力。项目总设计师实行竞选制，通过推荐、自荐或公开竞聘等方式任命总设计师、副总设计师，再由总设计师在企业范围内甄选项目组成员，通过项目制的自由组合，打造跨部门、高效率、开放式协同研发团队。

出口 11 米级大直径盾构机，走出超强底气

2019 年 9 月，由中国自主研制的直径 11 米级盾构机于上海张华浜码头装船发往莫斯科，参与莫斯科地铁第三换乘环线建设。这台 11 米级、总重 1700 吨的盾构机是有史以来我国出口欧洲直径最大的机械设备，是名副其实的"地下巨无霸"。由于莫斯科所需施工隧道位于莫斯科河畔，地面交通繁忙、建筑密集，需连续掘进 3000 米，以大直径断面侧穿莫斯科河，最小水平转弯半径仅 400 米。这样恶劣的条件及苛刻的环境对盾构机提出了更高的要求。铁建重工掘进机研究设计院工程师陈庆宾介绍，

携手奋进　打造"地下航母"

一般大直径盾构机最小水平转弯半径在 500 米以上，而莫斯科隧道最小水平转弯半径仅为 400 米。为解决这一问题，研发人员通过对主机增设铰接和超挖功能，辅以浮动支撑结构推进系统，使整机具备 300 米半径的转弯能力。

由于俄罗斯的气候特点、地质结构都与国内具有较大的区别，因此，研发人员结合实际情况，研发适合当地环境的盾构机。综合分析莫斯科当地的气候特点，盾构机采用防寒设计，在零下 30 ℃低温环境中可以正常掘进。在地质适应性设计上，盾构机采用强度、刚度更高的六辐臂重型复合式刀盘结构，配置 19 寸大直径重型滚刀，可以应对 120 兆帕以上的岩层、卵石等复合地层。研发团队也专门设计了承压能力达 60 米水头的高承压密封，能够有效应对复杂地层的掘进挑战，通过搭载高效换刀系统，提高施工作业效率，降低换刀作业强度。团队人员严谨的科研态度，造就了铁建重工高品质、高可靠性、高稳定性的产品基因，代表了行业最顶尖、最智慧的技术水准。

这并不是我国的盾构机第一次出口欧洲。早在 2017 年 7 月，我国 5 台国产盾构机第一次走向欧洲，参与莫斯科地铁西南环线工程建设，被俄罗斯人民亲切地叫作波丽娜、玛利亚……这是俄罗斯家喻户晓的热播剧《爸爸的女儿》中 5 个女儿的名字。可见当地人民对中国盾构机的欢迎程度。当地超低温的工作环境，对盾构机又提出了新的考验。针对这一问题，铁建重工开发了可耐零下 30 ℃低温的主驱动，增加液压泵站、变频器等辅助加热系统。它们在莫斯科极寒环境中最高日掘进 35 米，创造了俄罗斯地铁施工最高日进尺纪录。正是由于这 5 台直径 6 米级盾构机在莫斯科地铁施工中表现优异、佳绩连连，莫斯科地铁业主 2019 年年初追加了这台 11 米级大直径盾构机采购订单。

近年来，越来越多铁建重工的设备凭借过硬质量赢得海外客户青睐，"走出去"参与重大工程。在中国铁建重工集团股份有限公司长沙第二

科学家精神 协同篇

产业园的车间里，一台将被发往秘鲁的敞开式岩石隧道掘进机静静矗立，工人们正在按步骤调试、拆机。不久的将来，它将用于圣加旺水电站隧洞工程建设，在圣加旺水电站隧洞工程最大硬度达到150兆帕的岩体环境中施工。这台掘进机集机械、电气、液压等技术于一体，适合在围岩稳定性好、中高强度岩层环境中掘进，具有施工速度快、效率高的优势。2018年3月，铁建重工签订印度孟买沿海公路隧道一台12米级泥水平衡盾构机的出口合同。这将是印度首台大直径泥水平衡盾构机，实现了中国同类设备在印度市场零的突破。

十几年前，中国几乎所有的高端地下装备全部依赖进口。到如今，中国的掘进机在全球占据了2/3的市场份额，国产设备在国内市场占有率达到90%以上，而铁建重工的掘进机则占据中国产品的半壁江山。这使得中国的掘进机在国外市场实现了从无到有、从有到强的转变。在这背后彰显的是，十多年来中国地下装备制造的技术和质量发生的翻天覆地的变化，中国制造"走出去"更有底气了。

逢山凿洞，从钢钎大锤的手工劳作，到风枪电瓶车等小型机械运用，再到凿岩台车盾构机……中国的隧道技术日新月异，征服各种世界级的复杂地质条件，实现了隧通天下！中国隧道掘进技术的发展历程很艰辛，铁建重工研发团队在艰辛中磨练意志、锤炼修养。在未来，必将直挂云帆济沧海。

（撰稿：鲁雪　王思惟）

参考文献

[1] 李荣华，尚正强，刘馨媛，等. 铁建重工：深耕隧道装备　打造国之重器 [J]. 中国公路，2018（23）：90-92.

[2] "铁建重工模式"是怎样炼成的 [EB/OL].（2019-01-24）[2020-12-17]. https://baijiahao.baidu.com/s?id=16235402346133480397&wfr=spider&for=pc.

[3] 向一鹏. 探访铁建重工地下工程装备制造基地:"走出去"更有底气了 [EB/OL].（2020-01-20）[2020-12-17]. https：//www.sohu.com/a/368066672_123753.

[4] 铁建重工出口欧洲最大直径盾构机　这个直径11米的巨无霸首次"欧漂"[EB/OL].（2019-09-27）[2020-12-17]. https：//www.icswb.com/h/103024/20190927/622549.html.

隧道掘进机(TBM)是现代隧道施工的先进机械，双护盾TBM更因其施工速度快、适用岩层广、施工质量优等特点成为长大隧道施工的首选对象。TBM是一种集机、电、液、传感、信息技术于一体的隧道施工成套专用设备，虽不及钻爆法机动灵活，但其最大的优点是快速，一般速率为常规钻爆法的3～10倍，月进尺可达千米以上。可实现凿岩、出渣、运输、衬砌多种工序联合作业。对围岩扰动少，开挖面光洁，衬砌工程量小，降低了施工人员劳动强度，减少了爆破污染，改善了工作环境，得到越来越广泛的应用。

打造量子通信中国"标杆"
——"墨子号"量子科学实验卫星

2016年8月16日凌晨,我国自主研制的国际上首颗量子科学实验卫星"墨子号"在酒泉卫星发射中心发射升空。"墨子号"的发射和科学实验任务的成功完成,引起了国内外的广泛关注,多次入选英国《自然》杂志评选的"年度十大科学事件"和美国物理学会评选的"年度物理学重大事件",美国著名媒体《华尔街日报》更是以"沉寂了上千年,中国誓回创新发明之巅"为题进行了报道。2018年年底,"墨子号"团队获得美国科学促进会"克利夫兰奖",这是该奖项设立90余年来,中国科学家在本土完成的科研成果首次获得这一重要荣誉。谈及"墨子号"的成功实施,首席科学家潘建伟表示,在"墨子号"的研制过程中,身处中国科学院系统,对我们来说是非常幸运的,因为在任何单个大学或研究所里都不可能找到如此完整的支撑团队。卫星工程常务副总师、量子卫星总指挥王建宇则认为,量子卫星是量子理论、激光技术、航天工程的完美结合。

"在中国建立世界领先的量子实验室"

1996年，潘建伟从中国科学技术大学（简称"中国科大"）硕士毕业，来到了奥地利因斯布鲁克大学攻读博士学位。潘建伟至今仍清晰地记得，他第一次见到导师蔡林格教授时，导师问，你的梦想是什么？潘建伟的回答是："在中国建一个世界领先的量子实验室。"

在因斯布鲁克大学留学期间，潘建伟进入了一个激动人心的新领域。他了解到，正在蓬勃发展的量子信息科学，包括量子通信、量子计算、量子精密测量等，可以在保障信息安全、提高运算速度、提升测量精度等方面突破经典信息技术的极限，将会带来极大的应用价值并具有重大的科学意义。因此，潘建伟立刻将目光投向了国内，迫不及待地希望祖国能很快跟上这个新兴领域的发展步伐，抓住这次赶超发达国家并掌握主动权的机会。

2001年，潘建伟回国在中国科大组建了量子物理与量子信息实验室。在中国科学院、科技部、自然科学基金委等科技主管部门和中国科大的支持下，这个年轻的团队发展很快。到2003年，团队一年的研究成果就有7篇发表在著名物理学期刊《物理评论快报》上，这无疑是个令人振奋的好态势。

然而，此时的潘建伟却在思考下一步的发展，甚至有一些忧虑。

在量子信息的众多方向中，量子通信是最先可能走向实用化的技术。与经典信息安全手段根本不同的是，量子密钥分发不依赖于计算的复杂性来保证通信安全，而是基于物理学基本原理，这使得量子密码系统的安全性不会受到计算能力和数学水平不断提高的威胁，从而可以有效提升信息安全水平。

利用丰富的光纤资源，可以方便地在城市范围内构建量子通信网络。然而，由于光纤固有的损耗，点对点的光纤量子通信很难突破百公里量级传输距离的限制。短距离的量子保密通信显然无法全方面满足国家的信息安全需求。

为了解决光纤的固有损耗对传输距离的限制，有两个途径：一是量子存储技术，但是量子存储即使到了现在，离实用化还需要 10 年左右的时间；二是利用自由空间信道，通过卫星的中转来实现遥远距离的量子通信。然而，把实验室里的装置搬到外太空，还要搭载到高速运动的卫星上，实现千公里级别的量子通信，这在当时还不是一件容易让人相信的事情，更何况，国际上也没有成功的先例。

从小团队到大协作

2004 年，在许多专家对自由空间量子通信还心存疑虑时，中国科学院果断支持了这个近似疯狂的想法。时任中国科学院副院长的白春礼拍板说："我们要相信潘建伟的学术判断，就让他试一下吧！"在中科院的支持下，团队的地面验证实验拉开了序幕。

第一步就是要验证，单光子能不能穿透大气层，光子的量子状态能不能保持，这是卫星量子通信的先决条件。当时还是中国科大在读博士生的彭承志挑起了大梁，他带领着一班 20 多岁的年轻人，选择了位于安徽合肥的大蜀山顶用来安装发射器，并在距离大蜀山分别为 7.7 公里和 5.3 公里的中国科大西校区和合肥肥西县安装了接收器。纠缠光子飞行的总路径是 13 公里，而在近地面的这个距离就相当于整个竖直大气层的等效厚度。团队的实验证明，经过 13 公里的水平大气之后，两个光子依然保持着纠缠，进一步用来进行远距离的量子通信是可行的。这项工作让国内同行们开始相信自由空间量子通信不再是一个天方夜谭。

如果说，大蜀山的验证实验还可以通过一个团队单打独斗攻坚克难来完成，那么，接下来把卫星送上天，并让卫星完成量子科学实验任务，打造量子通信中国"标杆"

就不是一个团队能够完成的。

2007年年底，在中国科学院领导的牵线下，潘建伟找到了具有丰富航天工程经验的中国科学院上海技术物理研究所，与时任所长王建宇讨论卫星工程技术的可行性。两人的碰面，开启了中国科大与上海技术物理研究所，以及中国科学院多达10余个相关单位的集体协作。

2008年，中国科学院知识创新工程重大项目启动，面向星地量子通信关键技术攻关的远距离量子通信研究项目成为首批13个重大项目之一。在中国科学院的前瞻性支持和统筹协调下，一支联合团队组建了起来：除了中国科大潘建伟团队和中国科学院上海技术物理研究所王建宇团队外，具有丰富的卫星平台研制经验的中国科学院微小卫星工程中心朱振才团队、在地面望远镜研制方面具有较好优势的成都光电技术研究院等单位，都加入了进来。

科学家精神 协同篇

卫星需要向相隔上千公里的两个地面站发送纠缠光子对,对于其中的技术难度,王建宇曾经提出过一个形象的比喻:"相当于从万米高空高速飞行的飞机上同时向地面两个旋转的储蓄罐细长的投币口扔硬币,而且不是扔一个,要两边都扔准才行。"很多问题没有参考答案,只能自己攻关。量子卫星对所有参与者来说,都是一个从未有过的巨大挑战。这正是考验多个单位协同攻关、相互配合的关键点。一支联合团队开始组成,来自不同单位、各有所长的年轻人们来到了人迹罕至的青海湖。

青海湖是我国面积最大的湖泊,其宽广的湖面为开展自由空间量子通信验证提供了最好的实验环境。尤其是青海湖中心有个小岛名字叫"海心山",将纠缠光源放在海心山的最高点,将纠缠光子分别发送到青海湖北岸的泉吉乡和青海湖南岸的151景区,让科学家能够在地面实现百公里纠缠分发实验。

中国科大负责实验的总体设计,并且研制了量子纠缠源。纠缠源被放置在海心山实验点,不停地向两岸分发神奇的纠缠光子对;北岸泉吉乡实验点的600毫米望远镜由中国科学院光电所负责研制;南岸151景区实验点的400毫米离轴望远镜由中国科学院南京天文仪器有限公司负责研制;两个实验点均高效稳定地抓住了飞向它们的纠缠光子。中国科学院微小卫星工程中心的同事在3个实验点之间建立经典信道,使实验数据能够第一时间进行处理。在这些兄弟单位共同的努力下,团队克服各种艰难险阻,成功地在国际上首次实现了百公里级的双向量子纠缠分发及量子隐形传态实验,进一步验证了在高损耗星地链路中进行量子通信的可行性。

虽然整个外场实验的实施条件非常艰苦,但团队以苦为乐,始终保持着乐观而又严谨的作风。团队成员们居住在湖心岛的一座尼姑庵的客房里,整个岛上没有电、没有淡水,每隔10天左右,会有小船为他们送来补给。大家工作在帐篷里,睡在大通铺上,过起了夜里做实验、白天睡觉的生活。好在年轻人有一种苦中作乐的心态,一日三餐各展厨艺,他们利用有限的食材和烹饪条件，展开了厨艺大比拼，川菜、湘菜、东北菜……各大菜系轮番上场，犒劳着大家的胃，也为紧张的实验增添了很多笑声。

在这期间，年轻人抓紧时间，完成了很多优秀的实验工作，不仅进行了全方位的卫星量子通信技术验证，包括气浮平台、模拟星地相对运动、百公里级量子密钥分发实验等，还开发了"墨子号"量子卫星上很多的关键技术，如高精度的获取、指向、跟瞄技术等，为后来"墨子号"的成功实施奠定了基础。

送"墨子号"上天！

地面验证紧锣密鼓地进行，终究还是为了未来量子通信卫星的顺利工作，团队当然不会止步于青海湖。2011年，在各项关键技术已经得到充分验证的基础上，中国科学院果断决策，空间科学先导专项"量子科学实验卫星"正式立项。

这时的彭承志被委以重任，担任了科学应用系统总设计师和卫星系统副总设计师。科学应用系统和卫星系统双重责任，使得他的工作发生了重大的转变，不仅仅要对自己熟悉的领域负责，还要和其他相关合作单位的科学家和工程师沟通、协作，共同解决问题。其中，和老航天人的沟通，至今都让彭承志记忆犹新。

合作初期，无论对于量子团队，还是对于合作单位的人员来说，都存在很大的挑战。做前沿基础研究的人与做航天工程的人在学术背景、技术路线、专业术语、思维方式各个方面都存在差异，无时无刻不考验着各方沟通协作的能力和艺术。好在工作方式上的差异处理得当，就会成为互相学习、取长补短的机会。现在回忆起来，彭承志认为，经过几年的磨合，航天人那种对差错零容忍的工作方式，已经被自己消化吸收，用在了平时的团队工作中。正是当时的磨合、交流、耐心学习，才体现了合作的意义。

"墨子号"量子科学实验卫星是一个复杂的系统工程，研制过程中一路上碰到了许多坎坷，团队成员们戏称为"打怪兽"，任何一个细小问题都不能放过，要杜绝卫星"带病上天"。潘建伟说："这个联合团队最让我感动的，就是遇事绝不互相推诿，而是一起想办法解决问题。"

例如，对于地星量子隐形传态实验来说，低暗计数是关键技术之一。所谓暗计数，通俗地理解，就是由于各种原因，本不是有效光信号的噪声被探测器当作了有效信号。在稳定的实验室环境里，可能还可以容忍一定程度的暗计数，但是对于卫星和地面之间的实验来说，有效光信号本就远远低于平时在实验平台上的信号强度，如果混入过多的暗计数，工作就无法开展了。具体到"墨子号"，实验需要暗计数低于 500 cps，而外太空的辐照将使其不断上升，即使用上当时国际上最好的空间单光子探测器，按照每天接受的空间辐照剂量估算，探测器大概只有 17 天的寿命。

为了解决这一关键问题，联合团队充分发扬协同精神，联合攻关。中国科大提出深度制冷方案，通过降低辐照导致晶格缺陷的热激发而降低暗计数，完成探测器驱动方案升级，结果显示，如果降低温度到约零下 50 ℃，暗计数将降低到原设计方案的 1.5%；上海技术物理研究所增加了探测器的散热结构，并通过热管与微小卫星创新研究院设计的卫星外框互联，确保了探测器能够降低到零下 50 ℃ 工作；上海技术物理研究所还增加了钽和铝结合的屏蔽措施，又可以降低约 50% 的暗计数；此外，运载系统、发射场系统、测控系统等联合完成了卫星降低轨道的论证和实施，辐照降低到原设计方案的 1/3。

最终，联合团队实现了比国际最好结果还要好 2 个数量级的噪声抑制，确保了后来地星量子隐形传态实验的完成。也正是因为此，"墨子号"发射 2 年后设计寿命期满时，探测器暗计数仍然不超过 500 cps，又为"墨子号"在完成预定科学实验任务后,继续开展物理学基本原理检验、量子精密测量等一系列空间量子科学实验提供了保障。

2016年8月16日,"墨子号"量子卫星在酒泉卫星发射中心成功发射。仅仅在轨运行半年,就圆满完成了全部既定科学目标,在国际上首次实现了千公里星地双向量子纠缠分发,首次实现星地高速量子密钥分发,首次实现了地星量子隐形传态,充分验证了通过卫星平台实现远距离量子通信的可行性,为我国在未来继续引领世界量子通信技术发展和空间尺度量子物理基本问题检验前沿研究奠定了坚实的科学与技术基础。

在"墨子号"量子卫星主要科学实验任务成功完成之后,团队与奥地利科学院开展了国际合作,首次实现了从北京到维也纳之间相距约7600公里的洲际量子通信。非常令人感触的是,在量子科学实验卫星立项的差不多同一时期,蔡林格教授也计划开展卫星量子通信研究,也在向欧空局申请经费。结果,欧洲的类似项目当时没有立项,而我国决策快、动作快,所以蔡林格教授后来请求加入我国的项目中开展国际合作。回想起当年他问的关于梦想的问题,潘建伟感慨,随着国家经济实力的增强,在国内一定能够拥有比国外更广阔的事业发展空间。

目前,"墨子号"团队与俄罗斯、瑞典、意大利、新加坡、加拿大、南非、印度等很多国家都在开展合作,共同推动全球化的量子通信。可以自豪地说,在传统的信息技术领域,我国整体上是处于跟随者和模仿者的角色,但到现在,至少在量子通信方向上,已经实现了国际引领。

大兵团作战助推量子科技深化发展

在"墨子号"的研制过程中,中国科学院系统完整的科研布局和统筹协调发挥了至关重要的作用,组织起了一支庞大的团队协同作战。"墨子号"涉及卫星平台、空间光跟瞄、地面大型望远镜的接收等多种高精

科学家精神 协同篇

尖技术，除了中国科大科研团队外，先后有中国科学院上海技术物理研究所、中国科学院光电技术研究所、中国科学院上海微小卫星工程中心、紫金山天文台、国家天文台、中国科学院上海光学精密机械研究所、中电集团第44研究所等将近十几个研究所加入，同时参与人数达到数百人。各个单位的看家本领综合集成在一起，造就了这颗举世瞩目的卫星。如果把目光放得更加深远，除了相关单位的技术储备，我们国家几十年来高速的经济发展、中国科学院高效的决策机制，都为"墨子号"的成功研制和运行提供了强有力的保障。

量子信息科技发展到今天，已进入到快速突破的历史新阶段，迫切需要多学科的密切交叉及各项关键技术的系统集成。在量子信息领域整合科技资源、集中力量突破已在主要发达国家中形成广泛共识。特别是受到我国"墨子号"量子卫星成功实施的引领，近年来欧美发达国家的政府、科研机构和产业资本正在加速进行战略部署，大幅增加研发投入，对我国取得的局部领先优势发起强烈冲击。

"墨子号"的成功实施，已经体现了协同创新的巨大力量，而面对量子信息科技新的发展形势，则更加需要凝聚各方面的优势力量，进行大兵团作战。令广大量子科技工作者深感振奋的是，为应对激烈的国际竞争，牢固掌握未来的发展主动权和创新主动权，党和国家做出了在量子科技领域组建国家实验室、统筹组织实施"科技创新2030—重大项目"的战略决策。

通过国家实验室对全国优势力量的整合和重大项目的高强度集中支持，我国量子科技未来发展的宏伟蓝图已显现：在量子通信领域继续保持和扩大领跑优势，构建完整的空地一体广域量子通信网络技术体系，全面服务于国家信息安全；在量子计算领域确立和巩固我国在全球第一方阵的地位，研制出对特定问题的求解能力超越超级计算机的专用量子模拟机；在量子精密测量领域力争进入国际先进水平行列，突破与导航、环境监测、

打造量子通信中国"标杆"

医学检验、科学研究等领域密切相关的量子精密测量关键技术。

可以预见,随着我国经济实力和科研实力的不断增强,协同创新的巨大力量将愈发凸显,一定会成为支撑中国走向世界科技强国的强大动力。

(撰稿:中国科学技术大学)

> 中国科学技术大学潘建伟及其同事彭承志等组成的研究团队,联合中国科学院上海技术物理研究所王建宇研究组、微小卫星创新研究院、光电技术研究所、国家天文台等,自主研制了世界上首颗量子科学实验卫星"墨子号",圆满完成了全部预定科学任务。系列成果赢得了巨大的国际声誉,标志着我国在量子通信的研究与应用领域已处于国际引领地位。团队被授予2018年度美国科学促进会克利夫兰奖、2019年中国科学院杰出科技成就奖。

协同创新
保障国家能源安全
——天然气水合物国家重点实验室

与天然气水合物的初相识

天然气水合物的外形像冰，遇火即可燃烧，所以又被称作"可燃冰"。它是一种新型高效能源，燃烧值高，而且清洁无污染，被世界公认为石油、天然气的接替能源。据统计，全球天然气水合物的储量约为油气储量的两倍，在我国资源量也非常丰富，具有广阔的开发前景，但如何实现商业开采至今仍属世界性难题。

水合物对于海油人来说并不陌生。1993年3月11日，刚刚投产不久的锦州20-2凝析气田发生海底管线堵塞事故，这条管线长50千米，是由锦州20-2海上平台直接到辽宁兴城的海底管线，直径为12英寸。由于这是我国第一次出现海底管线的堵塞，中国海洋石油集团有限公司（简称"中国海油"）非常重视，委派时任中国海油开发生产部副经理周守为作为事故处理组长、时任中国海油副总工程师张振国作为总技术顾问，到现场进行处理。由于这种状况在我国尚属首次，国外也鲜有现场的经验和总结，周守为即刻组织专家进行会诊，通过8天的努力和各种实验，注剂、降压等各种方法轮番上阵，最终解堵成功，恢复正常生产。这条海底管线的日处理量是80万立方米，事故的主要原因是海底温度较低，大

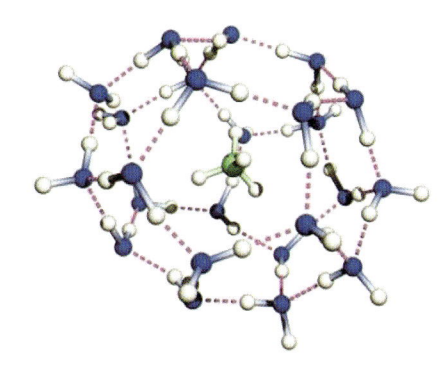

约在2℃左右，加之压力较高，上下游压差大，上游大约在6.38 MPa，下游为5.1 MPa，在这样的温度压力下，如果注入水合物抑制剂乙二醇的量没有达到预定的标准和要求，时间稍长，就会形成天然气水合物的堵塞。实际上，因为乙二醇压力表的损坏，出现了已经注入乙二醇的假象，注入的乙二醇的量很少甚至停输，所以造成了事故的出现。通过这次事故的处理，得到了几项非常重要的认识。这些认识不仅对于排除管道的天然气水合物有重要意义，对于今后天然气生产的流动安全保障也有非常重要的意义，同时对于后来将天然气水合物作为一种资源来开发同样具有非常重要的意义。这就是对于天然气水合物堵塞事故的初步认识，也是海油人和水合物的初相识。

从合作开发到自主设计

1998年，刚刚获得博士学位的李清平关注到，在深水高压低温条件下，连接着各个井口的海底油气水多相流动体系面临着水合物、蜡等固相生成、段塞流、多相腐蚀等流动安全问题，从而认识到流动安全是制约深水油气田开发的核心技术之一。多相流动是她从本科到博士不变的专业方向，她敏锐地嗅到了这项技术的价值。

科学家精神 协同篇

深水流动安全保障目的在于保证从油藏到水下设施、海底管道及其他工艺设备中，油气水多相流动体系的安全运行。简单来说，如果将海底管道比作一条环路，油气水是行驶在路上的车辆，只有预知路况，及时处理堵车（段塞）、路面塌陷（腐蚀）等事故，才能保证交通顺畅，油气才能运移到预订位置。而这些"事故"在深水区更容易发生，也更难控制。

1999年，李清平第一次在中国海油提出流动安全课题立项。"流动安全保障，这项技术太冷门了吧？""能否解决面临的生产难题、提高产量？"……面对领导、同事们的不同观点和友善的质疑，李清平觉得不无道理，"科研服务于生产"本就是她选择加入中国海油时的初心。但如果知道企业在走向深水时迈不过这道坎儿，现在不做技术储备将来怎么服务生产？她心里着急，生怕中国海油与这项技术擦肩而过，落后于国际同行。

在她的坚持下，2002年，中国海油科技部就"海底混输管道流动安全技术预研"项目组织了专家论证。一些专家同样对这项冷门技术提出了质疑。这次，申请团队有备而来，详细的技术数据和潜在需求分析、预期成果与产业的结合等一一道来，同时拿出国际同行的做法作为辅证。最终，立项申请通过了。虽然争取到的经费不多，但研究总算可以启动了。

2002—2007年的5年间，中国海油内部很少有人知道流动安全保障这个团队的存在。直到2008年，我国第一个深水气田荔湾3-1进入开发阶段，这项储备技术才有了登场亮相的机会，而且不鸣则已，一鸣惊人。

荔湾3-1气田是我国首个水深近1500米的大气田，由中国海油与美国哈斯基公司联合开发。深水油气田开发是世界难题，南海陆坡区独特的地质条件和复杂的环境条件给开发带来了更大的挑战。

2007年年底，时任中国海油副总经理的周守为主持会议，盘点公司的深水技术家底。听到流动安全保障时，周守为问道："我以前在平台工作时，遇到过水合物堵塞的情况，当时在浅海，有办法处理，如果在深水水下遇到类似的情况，怎么解决？"李清平马上汇报了研究成果和解决思路。

此后不久,在一次中国海油与哈斯基公司的谈判中,哈斯基提出,由在深水领域经验丰富的外国专业公司设计荔湾 3-1 气田的开发方案。时任中国海油副总经理周守为、时任工程建设部经理金晓剑提出让中国海油的科研人员参与其中,开展联合研究、平行设计,理由是"我们在深水领域也有技术储备,如流动安全技术就达到了国际领先水平"。

通过联合研究和平行设计实现深水工程技术的积累和储备,是中国海油决策层的有意部署:"通过参与荔湾 3-1 项目,培养一支中国自己的深水人才队伍。"因此,不能放过任何学习的机会。

此后一年多,中国海油集中科研优势兵力,对我国第一个深水气田荔湾 3-1 气田的开发方案展开攻关,最终采用 1500 米深水水下生产系统回接到 200 米浅水平台的方案。流动安全技术成为克服大高程、长距离油气混输的关键,保证油气安全输送。

2009 年 7 月 24 日,在马来西亚吉隆坡,与哈斯基约定的开发方案交流会如期到来。时任研究总院工程总师李新仲带领的团队提前一天到达。吉隆坡的夜晚有些闷热,尽管对提出的技术方案有信心,但那一晚,李清平失眠了。

最初,对于研究深水油气水多相流动安全技术,质疑的声音多,她曾像推销员一样,向专家们解释它对于深水开发的重要性,争取立项;她也曾联合相关高校建立实验系统和装置,开展模拟实验;她还曾与团队成员多次深入海上生产现场,获得一手数据……还有几个小时,开发方案就要在国际同行面前亮相了,她期待、兴奋,也对未知的结果感到忐忑。

方案交流会开了整整一天。在李清平看来,技术交流是一种无声的较量。"手中有牌,才有话语权。"只有自己亲自做决策,才有可能及时调整方案细节,并从中发现潜在的降本空间。"如果自己没有深入研究,就不知道对方亮出的是花拳绣腿,还是独门秘籍。没有过硬的数据更无法和真正的高手过招，合作就无从谈起，只能被别人牵着鼻子走。"李清平说。

交流会开到最后，中国海油提出的水下方案被采纳，哈斯基同意与中国海油开展进一步的深度联合研究，以流动安全保障技术为核心的深水油气多相集输工程技术为中国海油争得了技术决策的话语权。这是吉隆坡、卡尔加里和北京三地中国海油荔湾 3-1 联合工作团队集体智慧的结晶，中国海油、流动安全保障技术团队和李清平一战成名。

2018 年 12 月，中国首个自营深水高产大气田陵水 17-2 正式进入实质性开发建设阶段。5 年来，项目团队攻克了 1500 米开发井深水水合物防治等技术难题，填补了国内空白，完成了可行性研究、施工设计等技术方案审查。从荔湾 3-1 气田的合作开发到陵水 17-2 气田的自主设计、自主运营，中国海油逐步具备了自主开发 1500 米级深水油气田的技术能力。

目前，流动安全保障技术已经广泛应用于中国海油国内外的深水油气田开发工程中。"走向深水，我们虽然取得了一些技术突破，但与国际能源公司相比，还存在不小的差距。"李清平非常清醒，"习近平总书记说'关键核心技术是要不来、买不来、讨不来的'，只能靠我们自己。" 为保障国家能源安全，为实现海洋强国梦，李清平在产学研用一体化创新驱动战略中不断开拓进取，贡献着自己的力量，逐步向着"深水梦，海洋梦"前进。

孤独坚守十余载　　南海点燃可燃冰

"领眼气出来了么？钻到目标层没有？沉积层特性怎么样？"2017 年 5 月 25 日，电脑前的李清平不停地向团队询问着现场的情况，虽然身在北京，但她的心早已飞向南海，飞向"海洋石油 708"勘查船。

"成功了！成功了！"当看到从海底深处采出的洁白的可燃冰被点燃，释放出橙红色的火焰时，她静静地凝视着屏幕，松了口气，泪水早已夺眶而出。由 12 位中国科学院、中国工程院院士等组成的专家组一致认定，

协同创新　保障国家能源安全

中国海油运用全球首创的水合物开发技术，试采南海天然气水合物获得成功，标志着我国在具有自主知识产权的天然气水合物勘探开发关键技术上取得历史性突破。这一刻对于李清平来说，更是意义非凡，为了这一刻，求索十余年，这能量巨大的"能源水晶"终究没有辜负执着的海油人。

早在 2004 年，当很多业内人士还对天然气水合物一知半解之时，李清平接到了研究天然气水合物开采技术的任务。当年，美国、日本等国家在天然气水合物的勘探和试采领域已经先行一步，并对有限的研究成果进行了严密封锁。"创新，就需要敢于做第一个吃螃蟹的人！"李清平带领团队白手起家，从最基础的机制研究向天然气水合物的技术高地发起冲击。2006 年，凭着初生牛犊的干劲，争取到 863 计划"天然气水合物模拟开采技术"项目支持。

2011 年 2 月，围绕"十二五"863 计划天然气水合物的研究方向研讨会在大连召开，中国海油团队提出了"海洋水合物目标勘探和试采关键"研究策略和立项建议书，经过初步研究，围绕目标勘探、钻探取样、开采模拟、风险评价等 4 个部分开展核心技术攻关的格局逐步明朗。同年，中国海油承担起了国家在水合物研究方面的重任，承担了 863 计划"十二五"重点项目"海洋天然气水合物钻探取样工程实施"，由此中国海油水合物储备技术研究，由研究总院扩展到深海公司和中海油服。然而，水合物保温保压取样装置的研制却一波三折，课题长施和生一次次强调，要兑现承诺，与中国石化胜利油气田钻采院一道，实现水合物保温保压取样工具、带压转移等研制，并成功完成海上取样成功；研究总院通过国家科技重大专项，与胜利油气田钻采院一起从保压、取样工艺上进行突破，深海公司李元平则一头钻进去，对取样工具各个部分如数家珍，中海油服周洋瑞则从取样器如何适应海洋作业环境、"海洋石油 708"钻井系统等方面提出独到见解。俗话说，三个臭皮匠，顶个诸葛亮。可是 2015 年在"海洋石油 708"等船舶连续二次海试，这个新工具出现了"水土不服"，别说 1200 米，40 多米水深的实验仅勉强过关。在研究总院的重大专项验收会上，根据室内性能测试结构对取样工程机进行验收，缺失海上试验成功，总是有些遗憾。胜利油气田钻采院一再承诺，最终将向国家交上一份满意的答卷。

2014年年底，围绕如何结合海域水合物钻探取样工程实施，进行海上天然气水合物试采，最大限度地降低海上试验费用成为中国海油关注的重点，公司层面上成立联合工作组，时任总经理助理的陈伟担任项目长，周守为院士为总技术顾问，科技部总协调，研究总院负责技术方案制定，深海公司负责钻探目标，中海油服负责海上实施。其间，周守为、陈伟多次参加技术方案的头脑风暴，周建良、李清平、韦红术、罗俊峰、张俊斌、周洋瑞等专家多次集中办公，全身心地投入其中，进行方案的碰撞，勘探、钻采、工程各个专业板块不分解，研究总院、深海公司、中海油服及合作单位不分家。很快，依托"海洋石油708"船提出了钻探取样和试采同期实施的技术方案，这其中包括中国海油首次亮相的科技创新技术和产品。同时，针对流化过程，研究总院、西南公司、中海油服、深海公司多次开展专题研究，以冰为模型的一次次实验测试，围绕地面分离系统和点火系统厂家试验改进，连续油管与钻杆的配合等，以及实验过程中地层稳定性分析、药剂系统等，只要能想到的，项目组都尽力落细落实。

2016年，李清平团队联合国内9家科研院所申请水合物国家重点研发计划。申报过程一路过关斩将，到了最后答辩阶段，时间紧、任务重，竞争十分激烈，准备稍有不足，一番心血将付诸东流。身为水合物领域领军人物的李清平更是不敢松懈，带领她的水合物团队连续昼夜奋战，答辩材料反复修改琢磨，为的是能将中国海油在天然气水合物开采方面的优势呈现在30分钟的答辩里，有充分的底气面对专家提问。答辩结束后，她满脸疲惫却微笑着说："连续好几个晚上都是凌晨3、4点睡觉，今晚我要睡个好觉了。"功夫不负有心人，最终她带领的团队成功拿下国家重点研发计划"海洋天然气水合物试采技术和工艺"项目，这也是研究总院第一个获批的国家重点研发计划项目。

既然决定要干,就要全力以赴地投入。数不清的深夜,办公室和会议室依然灯火通明……从最初的艰难求索中走来,一路骁腾,由她带领的这支团队数次让国内外业界瞩目:在国内首次提出了水合物控制新技术,首次进行了天然气水合物开采过程的模拟研究。2017年,具备自主实施海洋天然气水合物钻探取样与试采能力,进入到试采阶段。在海洋天然气水合物试采总体方案设计阶段,李清平夜以继日,高质量、高标准地完成前期方案。

在水合物试采期间,李清平没有睡过一个好觉,做好顶层设计,搭建试验研究平台,开展风险评价储备技术研究,指导试采工作。2017年4月18日,"海洋石油708"船停靠在惠州港,由我国自主研制的随钻测井装备、保温保压取样系统、带压转移装备、在线分析设备,以及样品的保存和转移系统等第一个航次的设备已经全部到位。周守为院士、时忠民博士、中国海油总经理助理陈伟、科技部闫江梅、深海公司米立军和朱明、研究总院李新仲和李清平等参加出海前方案审查会,并登船部署各项工作。2017年5月6—7日,中国海油团队依靠自己的力量在南海海域荔湾3-1气田西成功实施测井装备首秀,并获取完整的测井曲线,为钻探取样指明方向。钻探取样并不顺利,小小插曲后进入正轨,在线测试系统一点不敢怠慢,饱和度、甲烷含量等测量快速而准确。2017年5月25日,从海底深处采出的洁白的可燃冰被点燃了!那一刻,为水合物奋战的人们心中的希望一起被点燃。中国海油采用全部自主研发的技术、装备、设施,进行了国际上首次海域水合物固态流化试采,其成本仅为常规降压法开采技术的几十分之一。通过自主创新,中国在天然气水合物试采技术领域走在了世界前列。

2017年12月,科技部正式批复同意中国海油建设天然气水合物国家重点实验室,我国第一个国家级天然气水合物研究平台正式运行。李清平

科学家精神 协同篇

和团队成员再次整装出发,"国家需要时,我们就要有能力拿出中国方案、贡献中国智慧。"为了更好地发展我国的天然气水合物事业,中国海油联合18家国内高等院校、研究机构、企业等单位共同发起成立"天然气水合物技术创新联盟",打造我国天然气水合物研究的国家级团队,构建"产学研用"格局,破解瓶颈问题。李清平为此又开始了忙碌的脚步。

10余年,无论经历多少失败和质疑,她始终坚守、前行。有人问她:"如果您的研究几年甚至十几年没有突破或无法应用于实际,您还会坚持下去吗?"李清平没有直接回答,她说起出差时曾在飞机上看过一部电影,名为《至暗时刻》。电影讲述的是丘吉尔在第二次世界大战期间临危受命,从出任英国首相到成功组织英军敦刻尔克大撤退的20天中所发生的事。李清平说:"影片最后的那段话令我印象深刻,'没有最终的成功,也没有致命的失败,最重要的是继续前进的勇气'。"

马克思讲过:"在科学上没有平坦的大道,只有不畏劳苦沿着陡峭山路攀登的人,才有希望达到光辉的顶点。"

自从海油人将目光投向深海的那一刻起,就开启了荆棘与荣光并存的征程。在这场筑梦、追梦、圆梦的艰辛历程中,以周守为、李清平等为代表的一代代海油人铸就了不计得失、爱国奉献的赤子情怀和自强不息、百折不挠的精神力量。

2020年9月11日,习近平总书记主持召开科学家座谈会,勉励广大科技工作者肩负起历史赋予的科技创新重任,强调大力弘扬科学家精神。

一代人有一代人的奋斗,一个时代有一个时代的担当。科学无国界,科学家有祖国,实施创新驱动发展战略,建设创新型国家,为实现"两个一百年"奋斗目标提供强大科技支撑,是中国特色社会主义进入新时代赋予我国广大科技工作者的历史使命。在新时代的伟大征程上,中国海油的科技工作者将自觉践行科学家精神,主动肩负起历史重任,把自己的科学追求融入建设社会主义现代化国家的伟大事业中,砥砺"以身许国,何事不可为"的勇毅担当，激扬"敢为天下先"的创造豪情，为实现中华民族伟大复兴作出新的更大贡献。

（撰稿：中国海洋石油集团有限公司）

参考文献

[1] 王清，秦蕊. 逐梦蓝海：中国海油奉献者的足迹 [M]. 北京：中国工人出版社，2018.

天然气水合物国家重点实验室，依托中海油研究总院有限责任公司建设。以深水油气和水合物一体化勘探开发为目标，建立了与世界接轨的深水流动安全保障、天然气水合物资源勘探、天然气水合物开采模拟技术和风险防控等四大研究领域和"产学研用"一体化研究团队。创建了以 Chen-Guo 水合物双壳模型（成为国际模型）为核心的研究成果，为我国南海第一个深水气田水深 1500 米的荔湾气田群、147 千米（世界第三）深水远距离集输工程提供了强有力的技术支撑和保障；自主研制了国内首套深水天然气水合物保真取样及在线检测全套系统，成功获得 1720 米超深水全层段水合物样品，打破了国外技术封锁，使我国成为世界上第三个拥有全套技术的国家；国际上第一次提出深水浅层非成岩水合物固态流化试采原创技术，完全自主技术和装备于 2017 年 5 月 25 日全球首次成功实施，入选 2017 年 *Science* 十大成果。研究团队拥有发明专利为国内第一、世界第三，获得第十二届水合物大会的主办权，引领国内水合物研究的方向，在国际水合物研究领域占有一席之地，获得国家科学技术奖特等奖、国家发明奖二等奖、国家自然科学奖二等奖等国家级、省部级奖励 29 项，获得日内瓦发明展特许金奖 1 项，创造的直接经济效益达 70 亿元。